区域内义务教育均衡发展问题与对策

quyu nei yiwujiaoyu junhengfazhan:
wenti yu duice

主编／杜复平　张谦

中原出版传媒集团
大地传媒

大象出版社
·郑州·

图书在版编目(CIP)数据

区域内义务教育均衡发展：问题与对策 / 杜复平，张谦主编.— 郑州：大象出版社，2014. 12
ISBN 978-7-5347-8242-8

Ⅰ. ①区… Ⅱ. ①杜… ②张… Ⅲ. ①地方教育—义务教育—发展—研究—中国 Ⅳ. ①G522. 3

中国版本图书馆 CIP 数据核字(2014)第 293921 号

区域内义务教育均衡发展：问题与对策

杜复平 张 谦 主编

出 版 人 王刘纯
责任编辑 郭一凡
责任校对 钟 骄
书籍设计 王晶晶

出版发行 大象出版社(郑州市开元路 16 号 邮政编码 450044)
发行科 0371-63863551 总编室 0371-65597936
网 址 www.daxiang.cn
印 刷 河南省诚和印制有限公司
经 销 各地新华书店经销
开 本 787mm×1092mm 1/16
印 张 17.5
字 数 315 千字
版 次 2015 年 6 月第 1 版 2015 年 6 月第 1 次印刷
定 价 48.00 元
若发现印、装质量问题，影响阅读，请与承印厂联系调换。
印厂地址 郑州市丰庆路北段
邮政编码 450044 电话 0371-63779016

主　编:杜复平　张　谦

副主编:李智慧　刘曼曼　申明展　冯东辉

刘俊杰　宋立虎　吕中伟　宋祥山

可凌超　陆水东　杜岸政　杨会萍

目　录

第一章　区域内义务教育均衡发展概述　1

第一节　区域内义务教育均衡发展的内涵　2

一、均衡发展　2

二、区域内义务教育均衡发展　5

第二节　区域内义务教育均衡发展的价值追求　8

一、教育公平:义务教育均衡发展的核心追求　8

二、质量与效率兼顾:义务教育均衡发展的最高追求　10

第三节　区域内义务教育均衡发展的时代背景　13

一、义务教育均衡发展是应对知识经济和全球化挑战的战略选择　13

二、义务教育均衡发展是促进社会公平、建设和谐社会的时代要求　14

三、义务教育均衡发展是解决发展失衡,破解“择校”“乱收费”等教育热点难点问题的必由之路　15

四、义务教育均衡发展是我国现今乃至今后相当长一个时期教育事业发展的基本战略　16

第二章　区域内义务教育均衡发展的理论依据　18

第一节　教育公平理论:区域内义务教育均衡发展的指导理念　19

一、教育公平的内涵　19

二、教育公平理论的演进　23

三、教育公平的原则　31

第二节　资源优化配置理论:区域内义务教育均衡发展的资源分配原理　36
一、从公共经济学理论看义务教育的性质　36
二、资源优化配置理论的内涵　38
三、教育资源配置的两种方式　40
四、教育资源优化配置应遵循的原则　42
第三节　教育民主化理论:区域内义务教育均衡发展的基本取向　45
一、民主的历程　45
二、由“民主”到“教育民主化”　48
三、教育民主化的含义　50
四、教育民主化的主要内容　52
第四节　科学发展观:区域内义务教育均衡发展的政策思想支撑　59
一、科学发展观提出的背景　60
二、科学发展观的内涵　62
三、科学发展观对区域内教育均衡发展的启示　66

第三章　区域内义务教育发展失衡的表现及原因　75
第一节　义务教育发展失衡表现概述　76
一、义务教育发展失衡的空间地域表现　76
二、义务教育发展失衡的过程阶段表现　79
第二节　义务教育发展失衡的原因　81
一、教育理念的偏差　81
二、政策体制的偏向　82
三、经费投入不足　84

第四章　开封市义务教育均衡发展存在问题及影响因素分析　87
第一节　开封市城乡义务教育失衡现状及影响因素分析　88
一、开封市城乡义务教育机会失衡现状及影响因素分析　88
二、开封市城乡义务教育资源配置失衡现状及影响因素分析　91
三、开封市义务教育质量失衡现状　107

第二节　开封市义务教育校际均衡发展问题及影响因素　122
一、开封市义务教育校际均衡发展存在问题　122
二、开封市义务教育校际均衡发展问题的影响因素分析　129
第三节　开封市流动儿童义务教育存在问题及影响因素分析　131
一、学校教育方面存在的问题及影响因素分析　132
二、家庭教育方面存在的问题及影响因素分析　137
三、社会教育方面存在的问题及影响因素分析　146
第四节　开封市留守儿童义务教育存在问题及影响因素分析　169
一、开封市留守儿童义务教育阶段存在的问题　171
二、开封市留守儿童义务教育存在问题的影响因素分析　178

第五章　国外推进义务教育均衡发展的经验　187
第一节　依法实施义务教育均衡发展　188
第二节　保障义务教育师资均衡　190
一、保障义务教育教师工资　190
二、教师定期流动制度　191
第三节　义务教育均衡发展的财政政策　191
一、美国义务教育均衡发展的财政政策　191
二、日本保障义务教育均衡发展的财政政策　193
第四节　提倡义务教育发展的积极差别政策　195
一、英国的“教育优先区”政策　195
二、美国的积极差别政策　196

第六章　义务教育均衡发展在国内的实践探索　198
第一节　名校集团化均衡发展模式　199
一、名校集团化均衡发展模式的内涵　199
二、名校集团化均衡发展模式的国内实践　199
三、对名校集团化均衡发展模式的评价　201
第二节　学区化均衡发展模式　204

一、学区化均衡发展模式的内涵　204
二、学区化均衡发展模式的特点　204
三、学区化均衡发展模式的实践　205
四、学区化均衡发展模式评价　207
第三节　捆绑式均衡发展模式　211
一、捆绑式均衡发展模式的内涵　211
二、捆绑式均衡发展模式的特点　211
三、捆绑式均衡发展模式的国内实践　212
四、捆绑式均衡发展模式的评价　215
第四节　学校托管均衡发展模式　219
一、学校托管均衡发展模式的内涵　219
二、学校托管均衡发展模式的特点　219
三、学校托管均衡发展模式在实践中的运行方式　220
四、学校托管均衡发展模式的评价　222
第五节　兼并重组均衡发展模式　224
一、兼并重组均衡发展模式的内涵及特点　224
二、兼并重组均衡发展模式的实践　225
三、兼并重组均衡发展模式的优点　225
四、兼并重组均衡发展模式的局限性　226
五、兼并重组均衡发展模式实施应注意的问题　228

第七章　实现区域内义务教育均衡发展对策　230
第一节　构建区域内均衡化发展评估指标体系　232
一、区域内义务教育均衡发展评估指标体系的内涵　232
二、区域内义务教育均衡发展指标体系构建的基本原则　233
三、区域内义务教育均衡发展评估指标体系的构成　235
四、区域内义务教育均衡发展数据的获得和均衡性测度　240
第二节　构建均衡发展的政策选择机制　244
一、依法保障义务教育均衡　245

二、改革完善教育经费投入制度　246
三、完善和改革人事管理制度　248
第三节　构建区域内校际间硬件资源均衡发展模式　249
一、义务教育均衡发展需要合理布局学校　249
二、校舍、场地建设标准化,保障义务教育建筑面积达标　252
三、其他硬件资源的均衡化　252
第四节　优化软件资源配置,实现均衡发展　254
一、师资队伍均衡化　255
二、信息技术均衡化　257

参考文献　260

后　记　267

第一章

区域内义务教育均衡发展概述

第一节
区域内义务教育均衡发展的内涵

一、均衡发展

（一）均衡

一般而言，“均衡”是指事物各个方面、各种要素之间暂时的、相对的平衡、和谐，是事物发展稳定性和协调性的标志之一。均衡是个相对概念，它与不均衡相辅相成，相互转化。均衡本初是物理学中的术语，是指某一系统的特殊状态：相互对立的多种力量在系统中相互作用，它们正好相互抵消，作用的结果等于零。

后来，均衡的概念被移植到社会经济领域。在此方面，英国著名经济学家阿尔弗雷德·马歇尔做出了创造性的贡献。马歇尔认为，经济学中的均衡，意指构成某一经济系统的相互作用的各种变量的值经过调整，使该系统不再存在继续变动的倾向，经济处于相对稳定状态。从经济学的角度讲，人类所能利用的资源是有限的，为了更合理、有效地分配和利用资源，实现较好的社会经济效益，经济学家提出了市场均衡理论和市场非均衡理论。为保证社会的正常有序运转，人们运用市场均衡理论解决资源稀缺性与人类需求无限性和多样性之间的矛盾，使国民经济各部门、各要素成为一个相互联系、相互依存的有机整体，使资源按照一定的标准和比例分配到国民经济的各个部门，从而确保有限的资源得到最充分、最高效的利用。

经济学中的均衡发展理论在现代社会生活中不仅是一种比较新的理论，而且对消解社会发展过程中出现的不公平、不合理现象有重要启示，因此这一理论逐渐受到众多学者的青睐，并随之扩展到社会生活的各个方面。义务教育均衡发展观就是经济均衡发展观在教育领域中的引入和扩展。

（二）发展

发展是当今世界的时代主题。世界进入21世纪，发展已经成为各国普遍关心的主题，这一主题涉及的内容日益广泛。因其与人们生活特殊的关联性，这里有必要对发展的含义进行阐释。“发展”这一术语，是可以从哲学、生物学、心理学、经济学等不同角度言说的概念。即便是在同一个学科，由于语境和言说者价值观的不同，人们对发展的理解也存在差异。这里取其一般含义，意指事物随时间推移所产生的变化。正是对发展的不同理解，才导致形形色色的发展主张、发展观点、发展学说、发展理论。

随着时代的前行，人们对发展的认识和理解也日益多样化、深刻化，由片面、狭隘的经济发展观向多元、和谐的人文发展观演进。狭隘的经济发展观片面强调经济效率，其结果不仅导致各个地区之间的经济不平衡，更引发了政治、文化等之间的不平衡，最终损害的是人的生活和人的心灵。这种狭义的发展观仅关注经济增长，只强调生产总值的增加和工业化的进步。但是，随着时代的进步和社会的变革，狭隘的经济发展观已经被一种新的多元的人文发展观所取代。多元、和谐的人文发展观强调经济、政治、文化等各个方面的协调发展，发展的最终目的是提高人的生活质量，提升人的心灵尊严。在新发展观的视域下，“发展”具有多维度、多层次的含义。现在，各个学术领域的学者都将发展视为一种累积。在持续的累积中，社会、文化、政治和经济均产生新品质，个人的人生目标也在不断修正，思想和行为趋向成熟。这种发展观的价值取向表现在以下三个方面：

其一，以满足人的基本需要为基础。按照马斯洛的需要层次理论，人的最基本也是最强烈的需要是生理需要，这样的需要不能满足生命将难以存续。这些基本的需要主要包括食物、住房、健康和安全，其中任何一项需要缺失，人的其他方面的发展都无从谈起。因此，一切经济活动的一个最基本的功能，在于消解人们由于缺少食物、住房、健康和安全而产生的痛苦、凄楚和屈辱。从这个意义上讲，经济增长是改善物质生活条件的前提，是人存在发展的前提，因而也就是最重要、最基本的发展。没有经济进步所带来的物质富足，人的潜能的开发就不可能，满足人类基本需要的能力就会被削弱。中国古语所说的"仓廪实而知礼节,衣食足而知荣辱",就是这个道理。衣不蔽体,食难果腹,生存已成奢望,何谈修身养性,立德修行！所以,经济的发展,收入的增加,就业机会和生活质量的提高,构成了发展的基础性条件。

其二,享有生命的尊严。发展的第二层要义是维持和增进人的自尊,让人过有尊严的生活。每一个人都不应该被用来作为实现他人目的的工具。当下,所有国家、民族和个人都在寻求维持和增进自尊的基本形式,这些形式包括个性、真实、尊重、尊严、荣誉,等等。自尊的性质和形式,在不同的国家、民族、阶层中有着显著的差别,这是正常的。在经济、政治等各方面日益全球化的今天,文化的交流与融合乃大势所趋,但其中存在的文化侵蚀、文化消解、文化奴役现象值得警惕,国际交流中的以大欺小、恃强凌弱现象应该批判。当今世界,发达国家强势输出自以为是的价值观念、行为方式,致使许多有着浓厚文化传统和自我独立感的发展中国家遭受严重的文化混乱的折磨。由于之前的封闭和贫乏,这些国家人们的自尊受到严重损害。现实世界,物质财富具有巨大的影响作用,自尊和价值越来越多地由拥有经济财富和科学技术的国家享有。因此,对发展中国家而言,"发展"成为重获自尊的努力争取的目标。

其三,享受身心的自由。发展的第三种具有普遍意义的价值是自由。这里的自由,其核心在于摆脱生活物质条件的异化,摆脱自然、物质、他人、机构和教条性的信念的奴役,让心灵无拘无束地思想,让身体自由自在地活动,让每一个人都获得适合自己的发展。自由伴随社会及其成员选择范围的扩大的前提是实现社会和个人发展目标的外部限制的减少。毫无疑问,自由还涉及政治方面的表达自由、法制、政治参与和机会平等。经济增长和物质财富的增加,有助于增进自由、减少奴役。

（三）均衡发展

均衡发展是人类资源有限性在经济领域的自然反映。资源经济学认为,人类的资源是有限的,而人们的需求是无限的。国民经济是由相互联系、相互依存的各个组成部分构成的有机整体,要解决资源有限性、稀缺性与人们需求的无限性、多样性之间的矛盾,必须使有限的资源按照一定的比例分配到国民经济的各个组成部分,并使资源得到最充分、最有效的利用。因此,为了合理地配置人类有限的资源,实现市场需求与供给的相对平衡,经济学家提出了市场均衡理论。

经济学领域的均衡是指经济主体行为的相互一致。在市场经济条件下,如果某种商品的供给和需求相当或匹配，说明卖方的销售行为和买方的购买行为相互一致，此时市场达到局部均衡；如果所有商品的供给和需求同时相当，就说明所有卖方的销售行为和所有买方的购买行为相互一致，此时市场达到一般均衡。人们对资源分配问题进行长期的思考、探索、总结、提炼，逐渐形成较为系统、完善的理论，这就是“均衡发展观”。

从一般意义上来讲，均衡发展是事实状态的一种描述：就价值引导而言，它体现了一种追求平等和公平的思想；从政策视角分析，它是一种资源配置的原则。“均衡发展”所表达的是追求公平的诉求，它具有普遍而永恒的价值，是人类为之奋斗的理想目标。但是，在现实生活中，公平的主张并不总是受到尊重，尤其是在具体政策的制定上，并不像决策者所宣称的那样，公平总是成为主要的价值取向。均衡发展是一个相对的、动态的概念，它会随着社会经济文化的发展而变化。

二、区域内义务教育均衡发展

（一）教育均衡发展

教育均衡是经济均衡在教育领域的发展和移植。如同经济均衡一样，教育均衡问题也是由于教育资源的稀缺和有限，以及教育资源配置不科学、不合理引发的。从一定意义上讲，教育均衡是人们相对于目前现实存在的教育需求与供给不均衡、教育发展水平和教育质量差异过大而提出的教育发展的理想。一般来说，教育均衡可以从三个方面衡量：一是受教育权利的均衡，二是资源配置的均衡，三是教育质量的均衡。支撑教育均衡理念的是教育公平思想和教育平等原则，起保障作用的是教育政策和法律制度。

教育均衡发展，是指国家通过制定法律法规、相关政策，确保公民享有同等的受教育的权利和机会；通过政策的制定，调整资源配置，从而提供相对均等的教育机会和条件，以客观公正的态度和科学有效的方法实现教育效果和成功机会的相对均等。教育均衡发展包含彼此紧密相连的三层含义：一是确保人人都有平等的受教育的权利。这种权利通常由国家通过法律的形式给予确认和保障。二是国家提供相对平等的接受教育的机会和条件。具体而言，教育均衡还应包括学习条件的均等，即在教育经费、师资水平、教学内容、教育设备等方面有相对均等的条件，学生有大体相当的学习、生活条件。三是成功机会和教育效果的相对均等。接受教育的每个学生都应达到一个最基本的水平，都能获得学业上的成功，在德、智、体、美等方面实现全面发展。上述教育均衡发展的三要义既紧密联系又逐层递进。其中，受教育权利的平等是最基本的要求，是受教育机会均等、条件均衡、教育成功机会和效果相对均衡的前提；受教育机会均等和条件均衡是进一步的要求，又是教育效果相对均衡的前提和条件；而教育效果的相对均衡是最高要求，教育均衡发展所追求的最终目标不在于教育的"输入"均等，而在于教育要有大致相同的基本成果。

（二）义务教育均衡发展

众所周知，教育均衡发展是一个历史概念，随着时代的进步，其内涵也相应地发生变化。在某一国家或地区为实现普及义务教育目标而努力的时候，义务教育均衡发展的主要追求在于为更多的人提供均等的受教育机会；在义务教育普及之后，义务教育均衡发展的要旨在于向所有人提供基本的教育；当社会经济、政治、文化发展到一定水平后，义务教育均衡发展的主要目标应该是为所有人提供优质教育。

义务教育均衡发展同样也包含教育机会均衡、资源配置均衡、教育效果均衡三个递进的层次。义务教育属于基本公共服务的范畴，因此义务教育均衡与一般的教育均衡不同，它对均衡程度的要求更加严格，以保证全国范围内义务教育阶段的少年儿童都能得到基本的教育服务。目前，我国义务教育机会均衡的目标已经基本实现，但资源配置均衡的任务仍很艰巨。教育质量均衡是资源配置的结果，是提供相对均等的教育机会和条件的重要构成，从目前情况来看，我国实现教育质量均衡还有很长的一段路要走。至于教育效果的均衡则是理想追求，但在教育质量均衡的基础上，义务教育阶段的学生都应达到一个最基本的标准，那就是在德、智、体、美等方面得到基本而全面发展，其前提是教育质量的均衡。

综上，这里将义务教育均衡发展定义为：国家通过政策的制定、调整及资源的调配，而提供相对均等的，能满足学生达到学业要求、获得学业成功、实现全面发展的基本的教育机会和教育条件，包括提供均等的教育资源和相当的教育质量两方面。

从范围或层次上讲，义务教育均衡发展包括我国不同地区之间、城乡之间，同一地区不同学校之间，同一学校不同群体之间的均衡发展。从一定意义上说，义务教育均衡发展是人们在教育均衡发展理论指导下，针对目前现实中广泛存在的义务教育需求与供给不均衡状况而提出的教育理念。为确保义务教育均衡发展得到正确理解和科学实施，必须特别强调以下两点：其一，"均衡发展"并非"平均发展”。真正的均衡发展强调的是全面、协调、可持续的科学发展。因为均衡是动态而非静态的，是相对而非绝对的。促进义务教育均衡发展是一个长期的、动态的历史过程，均衡发展注重的是过程，而不是结果，其主要目的是要打破目前教育发展中的严重失衡现象，缩小校际间过大的差距，努力办好每一所学校。其二，“均衡发展”并非“同步发展”。均衡发展不是低水平、低层次上的整齐划一、步调一致，而是高水平、高层次上的多样化、特色化发展。正所谓“一花独秀不是春，百花齐放春满园”。义务教育均衡发展的具体实施，要与各个学校的特色发展结合起来，应该着力追求学校之间的错位发展，以便充分激发学校的办学活力，促进学校的个性发展，最终实现优势互补、整体提升。

（三）区域内义务教育均衡发展

如前所述，义务教育均衡发展是一个美好的教育理想，这个理想的实现要经过一个长期的过程，这个过程既涉及时间的维度，还要考虑空间的维度。众所周知，我国是一个幅员辽阔的大国，从一定意义上讲，穷国办大教育依然是我国教育必须面对的基本国情。由于历史、环境、政策等多方面的原因，各地区甚至在同一区域不同地域之间存在着巨大的经济、文化与教育发展水平差距。因此，不同区域之间的差距应在推进义务教育均衡发展的过程中得到关照和体现。

区域内义务教育均衡发展就是使区域内义务教育阶段的各级学校在办学经费投入、硬件设施、师资调配、办学水平和教育质量等方面大体上处于一个比较均衡的状态，与义务教育的公共性、普及性和基础性相适应。考虑到我国幅员辽阔、各地经济文化教育发展不平衡的实际，义务教育的均衡发展不能统一要求、平均发展，应根据各地区的实际情况，有计划、分步骤地实施，以实现县（区）域内均衡发展为基础和先导，再渐次推进市域、省域均衡发展，最终实现更大区域内乃至全国范围内的均衡发展。

第二节
区域内义务教育均衡发展的价值追求

一、教育公平：义务教育均衡发展的核心追求

（一）均衡发展是义务教育的根本属性

义务教育是政府、社会、家庭、学校为全体国民提供的基本的也是强迫性的教育，实质上是为提高全民族的素质而对适龄儿童进行的合格教育。义务教育具有强迫性、公益性和福利性，其强迫性中蕴含着对每个受教育者的公平性。教育属于社会公益事业，发展教育是政府的重要职责。

与其他阶段的教育相比，义务教育更应该是政府首先应予以保证的教育，办好义务教育是政府义不容辞的责任和义务。不管是资本主义国家还是社会主义国家，不管是发达国家还是发展中国家，也不管是中央集权制国家还是分权制国家，政府对于义务教育的责任都是不可推卸的。我国是社会主义国家，社会主义的本质是解放和发展生产力，最终实现共同富裕。我们党的根本宗旨和国家的根本职责是为最广大人民群众谋利益。满足人民群众受教育特别是接受义务教育的要求，让人民群众享受较高质量的义务教育，是我国建设社会主义教育事业的根本任务。《中华人民共和国义务教育法》的制定，以法律的形式确定了义务教育各有关主体的责任，实质上也从法律的角度进一步明确了政府在义务教育中承担的责任。义务教育既然是政府的首要责任，既然是公民的基本权利，既然是每一个公民所必须接受的保底性的大众教育，那它必须是均衡发展的教育，否则就会造成明显的不公平。不论是社会主义制度还是资本主义制度，也不论是哪一个政党执政，政府的重要职能之一就是承担社会公共事务的管理，维持社会的公平和正义，以政府为责任主体推进义务教育均衡发展，就是追求其公平性，以确保整个

社会的公平、公正。

（二）义务教育均衡发展是基本人权在教育上的体现

1948 年 12 月 10 日，联合国大会通过《世界人权宣言》，其中第二十六条规定："（一）人人都有受教育的权利。教育应当免费，至少在初级和基础阶段应如此。初级教育应属义务性质。技术和职业教育应普遍设立。高等教育应根据成绩而对一切人平等开放。（二）教育的目的在于充分发展人的个性并加强对人权和基本自由的尊重。教育应促进各国、各种族或各宗教集团间的了解、容忍和友谊，并应促进联合国维护和平的各项活动。"1990 年 3 月 5 日至 9 日，在泰国宗天召开的世界全民教育大会上通过的《世界全民教育宣言》指出："……教育是全世界所有人的一项基本权利，不论他们是女性还是男性，不论他们的年龄如何：接受教育可以有助于确保一个更安全、更健康、更繁荣和环境更为美好的世界……每一个人，儿童、青年和成人，都应能够受益于旨在满足他们的基本学习需要的教育机会……要使基本教育做到公正，必须为所有儿童、青年和成人提供机会以达到和保持一个令人满意的学习水平。"《中华人民共和国宪法》规定："每个公民都享有受教育的权利和义务。"义务教育均衡发展的实质是人权平等在教育上的体现。国家举办的义务教育是在每个纳税人的支持下发展起来的社会公益事业。政府作为资金的收集和再次配置者应当考虑到最广大的社会人群的利益。哈佛大学教授约翰·罗尔斯曾提出教育公平的三个层次：一是教育权利公平，即确保人人都有受教育的权利与义务；二是教育条件和机会公平，就是学生所接受的教学条件、教学内容、教育经费和师资水平大体持平；三是教育结果公平，要求教育追求差异性的平等。根据每个学生的先天禀赋和已有智能向他们提供一种他们所期望或适合于他们潜能的教育。要保证公民在接受义务教育方面的基本人权的平等，必须推进义务教育均衡发展，关键是解决儿童就学条件的严重不平等。

（三）义务教育均衡发展是实现教育公平、维护社会稳定的有力保证

教育是社会发展的平衡器、稳定器。教育的一个基本功能就在于让每一个社会成员都得到应有的发展，从而促进社会阶层流动化，社会地位平等化。具体言之，教育能够促使社会中处于弱势状态的人群向上层流动，从而增进社会的平等，促进社会的稳定。教育公平是社会公平的基本构成和重要保证，是促进社会公平的有效工具。义务教育是旨在提高全民族素质的具有基础性、全局性和先导性作用的国民教育，其均衡发展对于推动当代社会结构的变革，促进社会稳定具有重

要意义。

教育对社会稳定所起作用主要表现在两个方面：一是让全体成员共享基本的知识和信念，降低彼此之间的陌生感，从而稳定社会秩序。英国知名经济学家和政治哲学家弗里德里希·哈耶克指出："在当代社会中，对于达到一定的最低标准的义务教育的争论有两个方面。有一种普遍的论点认为，如果我们的同胞与我们共享某些基本的知识和信念，我们所有的人都将面临较少的风险，我们便会从我们同胞那里得到更多的益处。而在具有民主制度的国家，还有一个更加重要的考虑，那就是民主不大可能在部分文盲的人民中实现，除非在最小的地方范围内。"二是通过提供公平的基础教育，为进一步实现社会的合理分层奠定基础。按照社会阶层分布理论的一般观点，橄榄型的社会结构（社会上中产阶层占人口比例的大多数）比较稳定；金字塔型的社会结构（贫困人口或社会下层占人口多数）是极不稳定的。对此，诺贝尔经济学奖获得者刘易斯有详尽的阐释，他指出，收入分配的变化是发展进程中最具有政治意义的方面，也是最容易诱发嫉妒心理和动荡混乱的方面。就我国现状分析，占人口大多数的是收入处于最底层的农民，如果不改变这种状态，长此以往必然会引起他们的不满，危及社会稳定。教育的一个属性就是面向未来，同社会出身相比，教育对实现人们在社会关系中的调节作用是巨大的，它能够给弱势群体一个向社会上层流动的机会，使他们寄希望于教育，相信个人努力与社会回报之间的正相关关系。总之，教育是社会阶层流动的调节器，是社会弱势群体的希望所在，教育的公平有利于合理的社会阶层的形成与调节，有利于维持社会的稳定。

二、质量与效率兼顾：义务教育均衡发展的最高追求

（一）追求均衡不意味着放弃效率

当下，在推进义务教育均衡发展的进程中存在一种错误的认识，即追求公平与讲究效率是一对不可调和的矛盾，二者不可兼得，推进义务教育均衡发展必须以牺牲教育效率为代价。这种错误认识的根源在于没有理清教育公平与教育效率之间的关系。

实际上，抛开二者在内涵、范畴上的差异，教育公平与教育效率之间存在着互相依存、互相促进、互相转化的密切关系。公平与效率是人类社会追求的两大理想，从整体上看二者是相互依存的，不能孤立和片面对待。教育公平以教育效率

为衡量尺度，如果没有教育效率，教育既不能促进个体的发展，也不能给社会发展带来效益，那样的教育公平就没有意义；反之，教育效率必须以教育公平为衡量的尺度，如果在教育发展过程中，只是强调教育投入的直接效果，尤其只考虑社会整体中部分成员的教育要求，对最广大民众特别是弱势群体接受均等、优质教育的呼声置之不理，那么，这样的教育效率是徒有虚名的，而且不利于社会的和谐与稳定，最终效率也得不到真正意义上的体现。教育公平要求把有限的教育资源合理地分配给社会成员，让他们满足各自的需要，保证社会秩序的稳定，从而促进社会的进步、发展；追求教育效率要求把有限的教育资源科学合理地加以配置，使有限的投入取得最大的效果，一方面提高社会整体产出，另一方面提高社会个体的收益。效率的提高，对社会整体的稳定和繁荣、对个体的生存与发展都具有积极意义。效率提高了，社会资源更能公平地分配，资源公平分配了，也就更能提高社会成员的积极性，从而进一步提高教育的效率。这里表现出质量和效率的一致性：一方面，教育越公平越有效率，越不公平效率越低；另一方面，教育资源配置的原则越公平，教育给社会、给个体带来的效率越高，反之亦然。

辩证地看，教育公平与教育效率是教育资源分配中质的规定性与量的规定性的和谐统一。教育公平从本质上讲是维护公民平等的受教育权利，而要体现这一公平理念，就必须扩大教育规模。就现代社会而言，教育在数量上的增长是基于教育平等和教育机会均等的公平的理念，普及义务教育是教育平等的公平理念在国家政策上的体现。现实中，教育公平必然受到教育资源有限性的制约，任何国家都要考虑到教育投入的收益问题。不讲究效益的公平是一种浪费，它不仅不能促进社会发展，反而会阻碍社会、经济发展。教育是社会的一个子系统，教育投入只不过是国民经济分配的一个方面，必须与本国或本地区的实际相适应。教育增长的目的旨在促进教育公平，维护公民的受教育权利，然而数量上的增加并不必然带来实质上的教育机会均等，教育规模的扩张只是教育公平的必要条件，没有质量上的保证，数量上的增加将变得没有意义。因此，不切实际地增加教育的机会并不一定能够体现教育公平；相反，教育的盲目扩张还会影响教育公平的真正实现。

教育公平和教育效率的关系实际上是质的规定性与量的规定性的统一，离开质的规定性来谈教育效率和离开量的规定性来谈教育公平一样没有意义。公平和效率是人类追求的两个基本目标和理想，两者具有内在一致性和辩证统一性。公平并不必然带来低效率，从某种程度上说，适度的公平倒是高效率的源泉，关键要把握好它们之间的关系，找准其最佳结合点，这也是教育均衡发展的使命所在。

具体到义务教育而言，其效率的体现并不在于个别学生的优质发展，而在于完成义务教育学业标准的学生数量和比例。义务教育均衡发展不是教育平等发展，更不是绝对的平均发展，而是以公平为先的发展，绝不会像有些人认为的那样会出现教育的僵化、低效甚至停滞不前。义务教育均衡发展恰恰不仅是以公平为目的，而且以高效率为其价值取向，均衡在其本义上应该包括公平与效率的平衡。

（二）讲求质量是义务教育均衡发展的应有之义

追求教育公平与追求教育质量，是教育永恒的两大追求。“教育”一词既有作为事业的宏观的教育意蕴，又有作为活动的微观的教育内涵，无论从宏观讲还是从微观讲，都有一个公平和质量的问题。究其本质还是教育公平和教育效率的关系问题，也就是如何在保证公平的前提下，最大限度地提高教育质量。教育均衡发展的提出，实际上正是这种社会需求或矛盾发展到一定阶段的产物。均衡发展的真实意蕴就是追求这种结合点，尽可能地在保证教育公平的前提下实现教育的优质、高效发展。似乎这是一个永远无法实现的梦想，既要公平，又要质量，二者何以兼得？许多人认为这种均衡发展的追求只能是一个理想，现实中是不可能实现的。其实，教育公平与教育质量并非“鱼与熊掌不可兼得”。我们认为，对二者关系的认识应基于以下几点：

其一，教育均衡发展不是纯粹的平等发展或平均发展，不是要追求教育结果的绝对平等，而是要追求一种平衡，一种教育的公平公正，寻求教育起点上教育资源配置的合理性，以及教育过程中对待学生的公正性。义务教育公平具有其个性，其实质在于教育资源配置上的平等，或在教育起点上教育条件的相对平等。

其二，公平和效率质量并不是势不两立的矛盾对立面，而是一对相关的范畴。公平不仅不会必然带来低效率，而且真正的公平恰恰是教育高效率高质量的源泉。

其三，均衡在本质上就隐含着公平与效率质量的均衡，教育均衡发展实际上是科学发展观在教育领域的具体化。科学发展观坚持以人为本，坚持统筹兼顾，坚持经济社会统筹、区域发展统筹、城乡统筹、人与自然统筹、内部改革与对外开放统筹等，要求社会各因素、各系统全面协调可持续发展。而教育均衡发展实质上也是对过去那种片面追求效率和所谓的质量（升学率）的狭隘教育发展观的扬弃和超越，体现了统筹兼顾的要求和以人为本的原则，体现了公平优先、兼顾效率质量的科学教育发展观。因此，提高质量是义务教育均衡发展的题中之义，而且教育均衡发展不仅是美好的追求，而且是可以实现的理想。

第三节 区域内义务教育均衡发展的时代背景

一、义务教育均衡发展是应对知识经济和全球化挑战的战略选择

当前,新的科技革命和信息化浪潮加速推进全球化趋势,这使得知识经济不断延展、深化,并日益改变着各国、各地区人民的生活方式,改变着国家之间的竞争格局。教育是知识生产和再生产的重要阵地,教育日益成为国家发展水平和国际竞争能力的决定性因素,现在和未来都将在经济社会发展中发挥巨大作用,因此教育问题已引起各国政府的高度重视。全球化对基础教育的影响主要表现在以下两个对立的方面:其一,基础教育是消除分化与差异的重要途径;其二,基础教育成为造成社会分化与差异的一个重要原因。

知识经济的不断深化和全球化进程的不断加速,要求各个国家的社会发展应当具有全球战略,更加具有开放性。对于一个开放的现代社会而言,教育越来越成为一种重要的社会资源;对于个体而言,受教育程度日益成为获取社会资源的一个重要指标,并成为弱势群体向上层社会流动必需的一个先决条件。这就意味着,在全球化的背景下,在开放的现代社会,个人地位的提升已不再仅仅依赖于社会的支持和帮助,而更多地依靠个人自身的资本、努力和成就。这样,教育平等化的重要性更加凸显。基础教育特别是其中的义务教育面向全体国民,为每一个国民的终身发展奠定基础,它不仅是弥合社会分化与差异的重要途径,而且对人的平等、社会的平等起着奠基性作用。

总之,知识经济在信息技术革命的推动下不断加快全球化进程,世界各国综合国力的竞争空前激烈,综合国力的竞争表面上是科学技术的竞争,本质上是人才的竞争,归根结底是教育的竞争。努力办好基础教育特别是义务教育,是决定各级各类人才培养数量和质量的基础性工程,关乎国民素质的提高,关乎国家的

可持续发展能力，进而影响中华民族伟大复兴的进程。正如中国近代著名思想家梁启超早在一百多年前所言："少年智则国智，少年富则国富，少年强则国强，少年独立则国独立，少年自由则国自由，少年进步则国进步，少年胜于欧洲，则国胜于欧洲，少年雄于地球，则国雄于地球。"推进义务教育均衡发展是应对知识经济挑战，应对经济全球化时代综合国力竞争挑战的战略选择。

二、义务教育均衡发展是促进社会公平、建设和谐社会的时代要求

社会公平虽然是一个历史概念，但"人人生而平等"已成为近现代以来世界各国人民追求人身权利和社会公平的至理名言。近年来，我国公民的社会公平意识不断觉醒并日益增强，公平理念日益深入人心。教育公平是社会公平的基础，是社会民主思想和教育民主思想的体现。《世界人权宣言》规定：人人都有受教育的权利；《中华人民共和国义务教育法》规定：凡具有中华人民共和国国籍的适龄儿童、少年，不分性别、民族、种族、家庭财产状况、宗教信仰等，依法享有平等接受义务教育的权利。义务教育均衡发展是保证儿童、少年真正享有平等接受义务教育权利的基础。目前，我国已从法制和现实层面普及了义务教育，保证了所有儿童、少年享有平等接受义务教育的权利；但改革开放后我国经济和社会发展差异扩大，区域间义务教育发展水平的差异明显存在，并呈现扩大趋势，儿童、少年接受义务教育的权利实际上仍然不平等，教育公平和社会公平面临挑战，进而影响社会的稳定、和谐。

2004 年 9 月，中国共产党十六届四中全会通过《中共中央关于加强党的执政能力建设的决定》，首次完整提出了"构建社会主义和谐社会"的目标、措施。2006 年 10 月，党的十六届六中全会通过《中共中央关于构建社会主义和谐社会若干重大问题的决定》，明确提出："到二○二○年，构建社会主义和谐社会的目标和主要任务是：社会主义民主法制更加完善，依法治国基本方略得到全面落实，人民的权益得到切实尊重和保障；城乡、区域发展差距扩大的趋势逐步扭转，合理有序的收入分配格局基本形成，家庭财产普遍增加，人民过上更加富足的生活；社会就业比较充分，覆盖城乡居民的社会保障体系基本建立；基本公共服务体系更加完备，政府管理和服务水平有较大提高；全民族的思想道德素质、科学文化素质和健康素质明显提高，良好道德风尚、和谐人际关系进一步形成；全社会创造活力显著增强，创新型国家基本建成；社会管理体系更加完善，社会秩序良好；资源利用效率

显著提高，生态环境明显好转；实现全面建设惠及十几亿人口的更高水平的小康社会的目标，努力形成全体人民各尽其能、各得其所而又和谐相处的局面。”社会主义和谐社会是我国社会发展的理想目标，其中蕴含着社会各阶层自由平等、和睦融洽、共享幸福生活的美好愿望。在我国构建社会主义和谐社会的进程中，人们对社会公平的关注程度迅速提高。社会公平正义是社会和谐的基本条件，而教育公平是社会公平的基石，是实现社会公平的“最伟大的工具”。要实现教育公平，教育均衡发展必不可少，推进教育特别是人人共享的义务教育均衡发展不仅成为关系国家战略的重大问题，也是落实科学发展观、践行以人为本治国理念的客观需要。对此，《中共中央关于构建社会主义和谐社会若干重大问题的决定》特别强调：“坚持教育优先发展，促进教育公平。全面贯彻党的教育方针，大力实施科教兴国战略和人才强国战略，全面实施素质教育，深化教育改革，提高教育质量，建设现代国民教育体系和终身教育体系，保障人民享有接受良好教育的机会。坚持公共教育资源向农村、中西部地区、贫困地区、边疆地区、民族地区倾斜，逐步缩小城乡、区域教育发展差距，推动公共教育协调发展。”义务教育均衡是教育均衡的基础和底线，义务教育均衡发展是教育均衡发展的首要目标。

三、义务教育均衡发展是解决发展失衡，破解“择校”“乱收费”等教育热点难点问题的必由之路

如果说非均衡发展是教育现代化发展必然要经历的一个过程的话，那么，均衡发展乃是教育现代化所努力追求和必然要实现的目标。改革开放以来，我国经济、社会各项事业发展突飞猛进，尤其是近年来经济持续保持快速增长的强劲势头。这些可喜成果以及持续发展的强大后劲，正是得益于我国在经济发展模式上一直采取的非均衡发展战略，也就是鼓励一部分地区、一部分人先富起来，然后走共同富裕之路。但是，这种非均衡发展策略在带动经济快速发展的同时，也造成了地域之间、城乡之间和群体之间经济发展水平的差异，并且这种差异呈扩大趋势。与经济发展不均衡相对应，教育领域也同样存在着地区、城乡和学校之间的严重失衡问题。截至 2002 年年底，北京和上海等经济发达地区已纷纷宣布普及大学专科阶段高等教育，而我国西部仍有 370 多个县尚未完成普及九年义务教育的任务，其中 60 个县甚至还没有普及小学教育；上海市 2004 年的高考录取率和本科录取率分别达到 84.59%和 47.17%，而同年山东省的高考录取率和本科录取率则分别为 68.2%和 27.4%。也就是说，在同一个以公有制为主体的社会主义国家中，

人们接受教育的基本权利还存在着极大的差异,教育机会存在着事实上的严重不平等,包括义务教育在内的教育发展在不同区域之间极不均衡。

此外,由于长期以来国家政策的倾斜(这种倾斜实际上也是囿于教育资源短缺的无奈选择),教育领域过于重视重点学校、示范学校的建设,造成了一批相对薄弱的学校,导致了同一地区也存在着学校之间的不均衡。教育领域学生择校、学校乱收费现象产生的两种完全相反的原因正说明了这一问题。一是城市的重点学校、示范学校乱收费。这是由于学校在建设过程中,政府投入力度大,学校设施、设备和师资力量配备强,教学条件优越,教学质量好,社会知名度高,形成了品牌效应,家长趋之若鹜,竞相将子女送入这种学校读书。但是,这些学校的承受力是有限的,校长抵挡不住数量众多的“条子生”“关系生”的巨大压力,同时又要保证教育教学的正常运行,不得不采取两种办法来缓解学校生源压力:一方面加高门槛,提高入学成绩;另一方面,通过大幅度提高择校生收费标准来限制生源流入。究其本质,这实属一种无奈的自我保护式的乱收费。二是农村的薄弱学校乱收费。新中国成立以来,我们长期实行城乡二元化经济模式,农村经济发展与城市相比存在巨大差距,经济力量十分薄弱,分级办学、分级管理体制造成农村学校经费投入根本不能保障正常办学所需,再加上重点学校政策的推行,使薄弱学校江河日下、难以为继。为了学校的生存和正常发展,校长们不得不违反一些政策收取一定数量的费用。虽然一年下来这些薄弱学校违规收取的费用总额不一定能比得上城市重点学校一名学生的择校费数额,但毕竟是乱收费,这是一种不得已的求生存式的乱收费。由此不难看出,重点学校政策导致学校之间的差距进一步拉大,使得强者愈强,弱者愈弱,这是教育领域极为典型的“马太效应”。这种现象的长期存在造成学校的两极分化日趋严重,进而导致大众受教育条件走向两极,最终将会危及社会的和谐与稳定。

四、义务教育均衡发展是我国现今乃至今后相当长一个时期教育事业发展的基本战略

世界各国教育改革发展的历史表明,在义务教育普及以后,教育发展的重心应从关注规模、追求效率转移到讲求公平、提高质量上来。在全国基本普及九年义务教育之后,国家积极推进义务教育均衡发展,这是审时度势、高瞻远瞩的明智选择。

2005 年 5 月,教育部发布《关于进一步推进义务教育均衡发展的若干意见》,

提出把义务教育工作重心进一步落实到办好每一所学校和关注每一个孩子健康成长上来，有效遏制城乡之间、地区之间和学校之间教育差距扩大的势头，积极改善农村学校和城镇薄弱学校的办学条件，逐步实现义务教育的均衡发展。2006 年 6 月修订的《中华人民共和国义务教育法》第六条明确提出，要"促进义务教育均衡发展"，从国家层面确立了义务教育均衡发展的法制保障。2007 年 10 月，中国共产党第十七次全国代表大会也明确提出"优化教育结构，促进义务教育均衡发展"的目标，义务教育均衡发展成为党和政府工作的重要目标。2010 年 5 月 5 日，国务院常务会议审议并通过了《国家中长期教育改革和发展规划纲要（2010—2020 年）》（以下简称《纲要》）。《纲要》在第二章"战略目标和战略主题"中明确指出："形成惠及全民的公平教育。坚持教育的公益性和普惠性，保障公民依法享有接受良好教育的机会。建成覆盖城乡的基本公共教育服务体系，逐步实现基本公共教育服务均等化，缩小区域差距。努力办好每一所学校，教好每一个学生，不让一个学生因家庭经济困难而失学。切实解决进城务工人员子女平等接受义务教育问题。保障残疾人受教育权利。"《纲要》在第四章"义务教育"中进一步强调："推进义务教育均衡发展。均衡发展是义务教育的战略性任务。建立健全义务教育均衡发展保障机制。推进义务教育学校标准化建设，均衡配置教师、设备、图书、校舍等资源。"可见，均衡发展义务教育作为党和国家的一项战略任务，已经成为今后相当长一个时期我国教育特别是义务教育发展改革的重中之重。

第二章

区域内义务教育均衡发展的理论依据

第一节
教育公平理论：区域内义务教育均衡发展的指导理念

20世纪中期以后，教育公平成为全球最为关注的问题之一，也是我国20世纪80年代以来教育改革与发展的重要内容。教育公平是我国政府制定教育政策的重要依据之一，尤其是我国推进区域内义务教育均衡发展的关键指导理念。

一、教育公平的内涵

（一）公平的基本含义

"公"字意为公平、公正；"平"字意为不倾斜、均等、公平。公平在《辞海》中的意思是：作为一种道德要求和品质，指按照一定的社会标准（法律、道德、政策）、正当的秩序合理地待人处世，是制度、系统、重要活动的重要道德性质。它反映社会生活中人们的作用和地位、权利和义务以及努力和结果之间的合理关系。公平对同一地位的人应该平等对待，对不同地位的人要有所区别。公平不仅体现在经济领域中收入和财富的合理分配，也体现在政治领域中各种权利的合理分配。公平不是永恒的，它受社会生产力的制约，它为促进生产效率的提高和生产力的发展服务，不同历史时期公平的内涵各不相同。公平是相对的，不同的阶层、不同的个人，对公平的理解是不一样的。哲学大师、自由主义思想家约翰·罗尔斯强烈地表达了对社会公平的重视，在《正义论》中提出了正义原则，主要包括：平等自由原则、差别原则和机会公平原则。诺贝尔经济学奖得主阿马蒂亚·森对流行的功利主义发展观予以深刻的揭示，提出应当树立一种新的公平观，并认为自由由政治自由、经济自由、社会机会（教育、医疗保健等）平等、透明性保证（知情权、信用等）、防护性保障（社会救济等）建构而成。

（二）教育公平的基本含义

随着社会的快速发展，公平的理念逐渐在政治、经济、文化、伦理等各个领域深入人心，成为人们进行价值判断的重要依据。教育系统是社会系统的一个子系统，是一种重要的社会公共资源，正义是教育发展的根本旨趣。教育公平是公平在教育领域的拓展与延伸，它具有公平的一般属性，也具有其独特性质。关于教育公平的概念，可谓多种多样。关于教育公平的基本含义，西方学者科尔曼和胡森提出了起点平等（入学机会的均等）、过程平等（学校条件、受教育过程的机会均等）、结果平等（学业成就甚至未来的生活成就的机会均等）的观点。麦克马洪提出了三类型说："（1）水平公平，指相同者受相同对待。（2）垂直公平，指不同者受不同对待。（3）代际公平，指确保上一代人的不平等现象不至于全然延续下去。"① 我国学者立足我国实际，也对教育公平的基本含义进行了深入的探讨，如杨东平认为"教育公平包括教育权利平等与教育机会均衡两个基本方面"②。郭元祥认为"从教育本体的教育来看，教育公平是指教育活动中对待每个教育对象的公平和对教育对象评价的公平"③。张良才、李润洲认为："教育公平的本质主要表现在三个方面：第一，教育公平蕴含着人对自己、对他人，乃至对人类的意义关怀。第二，教育公平反映着教育利益在人们之间的分配关系。第三，教育公平是规范概念与描述概念的统一。"④"教育公平作为一种价值观，在宏观上指适龄儿童、青少年享有同等的受教育权利和机会，享有同等的公共教育资源服务，并向社会弱势群体倾斜；在微观上指教育者（包括校长和教师）应同等地对待每个受教育者（学生）。"⑤"教育公平的内涵可以分为三种类型，即观念层次上的教育公平（对教育市场公平和教育社会公平的一种主观的价值判断）、教育市场公平（一种使教育效

---

① 翁文艳：《教育公平的多元分析》，《教育发展研究》。2001(03)。

② 杨东平：《从权利平等到机会均等——新中国教育公平的轨迹》，《北京大学教育评论》，2008(05)。

③ 郭元祥：《对教育公平问题的理论思考》，《教育研究》，2000(03)。

④ 张良才、李润洲：《关于教育公平问题的理论思考》，《教育研究》，2002(12)。

⑤ 王善迈：《教育公平的分析框架和评价指标》，《北京师范大学学报（社会科学版）》，2008(03)。

率达到最大化的教育资源的最佳配置）和教育的社会公平（学生已有的受教育程度和一定时期内所受教育程度的平等）。”[①]“所谓教育公平，是指国家对教育资源进行配置时所依据的合理性的规范或原则。这里所说的‘合理’是指要符合社会整体的发展和稳定，符合社会成员的个体发展和需要，并从两者的辩证关系出发来统一配置教育资源。”[②]

由以上定义可以看出，不同的学科视角或不同的出发点都会获得不同的定义。政治学的视角强调教育权利与教育机会，经济学的视角强调教育资源的享用与分配，教育社会学的视角强调教育制度的公正性与合理性。无论是从哪个视角对教育公平基本含义的深入探索都在某种程度上反映了客观现实，都具有一定的合理性，都有助于对教育公平丰富内涵的深入认识。综合以上定义，我们认为，无论是哪种视角，无论是教育机会均衡还是教育资源均衡配置，都应该明确教育公平的目的是促进每个个体全面而有个性地发展。教育是一项趋向至善的活动，要促进人的全面解放，促进生命个体自由而全面地发展，公平的教育意味着要重视个体差异，要为个体提供与其自身条件相匹配的教育，使强者更加卓越，弱者实现最大程度的发展。

从教育内部要素来看，教育公平可分为学校公平、教师公平与学生公平。学校公平是指对待和评价同一类别的学校是否公平的问题；教师公平是指对待和评价所有教师是否公平的问题；学生公平则是指对待和评价所有学生是否公平的问题。

从教育实践活动过程来看，教育公平可分为起点公平、过程公平与结果公平。起点公平包括教育权利平等和教育机会平等两个方面。权利平等是指人人享有的基本权利应该完全平等以及人人享有的非基本权利比例是相同的。教育机会平等，主要是指每个人无论性别、出身、民族、身体状况、智力水平、政治地位、经济基础、居住地等情况，都有接受教育的机会。过程公平是指在接受教育的过程中享受平等的待遇，不仅包括建筑、场地、教学设施等硬件资源，还包括学校管理、教师队伍等软件资源，同时还包括教师在课堂教学过程中平等对待每一位学生，根据每位学生的身体智力水平、家庭背景、特长爱好、教养程度进行教育。结果公平即教育质量的公平，是指学生在毕业时所获得的知识与技能、过程与方法、情感态度价值观在同一水平，实现实质上的平等。

---

① 郑晓鸿：《教育公平界定》，《教育研究》，1998（04）。

② 百度百科，http：//baike.baidu.com/view/21982.htm。

教育公平不是教育平等。教育平等是教育公平的一项重要依据，也是教育公平的基本要求。教育平等主要指受教育者在教育地位、权利、资源分配和利益分配等方面的同等状态，具有较强的客观性；教育公平则是人们对于受教育者在教育地位、权利、资源分配和利益分配上的一种价值认识和价值判断，它反映的是人与人之间利益关系的合理性问题，具有较强的主观性。在认可当前现实这一方面，或许存在着一些等级制、双轨制等不平等的现实，如当前我国教育政策中的“城市取向”，教育平等往往容易一味追求平等，导致抵触教育现实的倾向，而教育公平往往对当前的现实状况则是调适的。平等不是绝对的，而是相对的，没有绝对的平等，如果一味追求教育平等，过度的自由也会导致秩序失效，阻碍教育发展的活力，不利于教育质量的提高。

教育公平不是社会公平。教育公平是社会公平的重要内容，社会公平是教育公平的前提，教育公平对社会公平具有重要的促进作用，研究教育公平必须与社会公平联系起来。首先，在当前社会存在分层的状况下，不同的阶层存在着不平等的现象，社会资源、社会财富在社会成员之间分配不公，真正的社会公平是难以完全实现的。在这样一个社会公平难以真正实现的条件下，不同阶层对知识、信息、社会关系、财富等占有量是不同的，无论教育收费与否，都不可能实现真正的教育公平。其次，教育公平的推进能够促进社会公平的发展。在教育公平的环境下，不管是上层还是下层人民都可以享受到公平的教育，都可以提高自身的知识文化水平、增强创造财富的能力，同时能够增强社会的凝聚力，降低犯罪率，进而缩小社会层次之间的差距，增强社会的和谐程度，促进科学发展和技术进步，促进社会公平的实现。由此可见，教育公平对社会公平、个人发展都具有重要作用。

（三）教育公平的基本特征

1.教育公平是历史性和发展性的辩证统一

教育公平是社会历史发展的产物，它受当时社会经济发展和经济社会发展的影响。在原始社会，人在很大程度上依附于自然，每个社会成员都必须接受基本的生产经验的教育，否则个体难以生存，因此，在原始社会，每个社会成员都平等地接受了教育。但是，这种社会公平是低层次的公平。在奴隶社会和封建社会，接受教育是统治阶级的特权，广大人民群众是没有经济能力接受教育的，从这个角度看，教育是不公平的，但在统治阶级内部，教育是公平的。在资本主义社会和社会主义社会，由于机器大生产需要劳动者掌握一定的知识和技能，资产阶级提倡自由和平等，张扬公平和自由的理念，因此，从社会经济发展客观上需要广大人民群众接受教育。在经济全球化的今天,全球体系内部的异质化和文化多元主义成为全球化的必然逻辑,要求全世界所有人不分性别、肤色、种族等社会差异都具有平等受教育的机会和权利。虽然每个历史时期教育公平的内容与范围都带有深刻的社会历史的烙印,但在社会发展的历史长河中还具有一定的继承性。后一历史阶段的教育公平不管是对前一历史阶段教育公平的批判、否定,还是对前一历史阶段教育公平的吸取与传承,都或多或少地与前一历史时期的原则之间存在着一定的继承关系。

2.教育公平是现实性和理想性的辩证统一

从教育公平发展的历史来看,它一方面是对当时社会政治经济的反映,也是对未来社会的向往,是一种对现实继承与否定的理想追求。同社会公平一样,当社会现实中出现不公平的教育现象时,人们就会产生相应的教育公平价值观,并通过制定某种规则把它反映出来。比如古希腊城邦奴隶制即将走向衰落的时期,奴隶制所固有的社会矛盾和阶级矛盾日益尖锐和凸显,当时的社会制度已经无法解决,教育不平等达到了顶峰。柏拉图从“上帝创世”“天赋观念”出发,认为人是上帝创造出来的,有的人是“黄金质地”,有的人是“泥土质地”,每个人应从自己的天赋出发,接受相应的教育。显然他设计的这种教育规则体现了等级,同时又是对未来教育公平的一种理想。

3.教育公平是主观性与客观性的辩证统一

教育公平是一种价值判断,是人们对当前的教育事实的主观感受。当教育事实与人们的主观心理预期完全一致时,则产生公平感;否则,便产生不公平感。当然,在完全一致与不完全一致之间存在着很大的空间,从而使得公平感与不公平感都有一定的强度差异。教育公平受人们的价值观念影响很大,比如同样的教育事实,可能在教育大众化思想的持有者眼中就是公平的,在精英主义教育思想的持有者眼中就是不公平的。但是就教育公平所反映的内容而言,是不以人的意志为转移的客观现实。

二、教育公平理论的演进

(一)西方教育公平理论的演进

追求教育公平是人类社会古老的理念。在西方国家,对教育公平的探讨与追求的步伐从未停止过。

在古希腊时期,大思想家柏拉图最早提出教育公平的思想,在他所构建的理想国中,哲学家生来含有黄金,军人生来含有白银,手工业者和农民生来含有铜和铁,一个人应归入哪一类,不取决于他的血统和财产,而是取决于他的天赋和在教育、实践中表现出来的才德。柏拉图提出儿童公有公育,并且第一次提出了以考试作为选拔人才的手段之一,他强调身心协调发展、男女平等接受教育。但他认为只有哲学家才能成为国王,过于强调教育用一个刻板的模子铸造人,忽视个性发展。亚里士多德认为必须建立公共生活的正确制度,有良好的立法和法律,以此保证自由公民的受教育权利。

17 世纪捷克的伟大爱国者、教育改革家和教育理论家夸美纽斯具有强烈的民主主义思想,他从"把一切事物教给一切人","一切儿童都可以造就成人"的"泛智"思想出发,提出了普及教育的思想。他对当时的学校仅为富人设立表示愤慨,提出一切男女青年都应该进学校,不仅有钱有势的人的子女应该进学校,而且一切城镇乡村的男女儿童,不分富贵贫贱,同样都应该进学校。但他认为一切男女青年受教育的目的和程度应是不同的:权贵和富人的子女受教育是为了更加有智慧,成为领袖人物;地位较低的人接受教育,他们才能聪明地、谨慎地、自愿地服从长上。

18 世纪法国启蒙运动中最激进的思想家卢梭不同意按教育对象的贫富分设学校和课程的贵族性主张,要求儿童受同样的教育。他认为即使不可能建立一种完全免费的公家教育,不管是哪一处所收的费用都应该放低到使最贫苦的人也能付得起。

19 世纪瑞士著名的民主主义教育家裴斯泰洛奇对当时少数上层阶级的子弟享有教育的特权,广大劳动人民的子弟被排斥于学校之外的现象非常不满,并对瑞士的等级性国民教育制度提出了尖锐的批评,他呼吁人人都应该接受教育。但他认为所谓平等的教育权利,不在于富人和穷人、平民和贵族受到相同的教育,而是要求每一个人必须获得符合他的本性和社会地位的教育。

以圣西门、傅立叶和欧文为代表的 19 世纪的三大空想社会主义者尖锐地抨击了资本主义社会教育的弊病,都对教育问题提出了许多重要观点,描绘了未来共产主义社会的教育蓝图。欧文还力图在英国苏格兰纽拉克沙厂推行他的社会改革,在美国印第安纳州的"新和谐公社"尝试实践他的空想社会主义理论和教育设想。

马克思对教育公平问题的研究和探索,是通过对早期资本主义社会里存在的各种复杂的不公平现象的分析以及汲取前人理论的精华形成的。其中,马克思的公平理论(权利公平、机会公平、规则公平、分配公平)和人的全面发展理论(人的需要的全面发展、人的活动及其能力的全面发展、人的社会关系的全面发展、人的个性的全面发展)是其公平理论得以形成和发展的基础。马克思主义教育公平观主要包括以下内容:1.平等受教育权的实现是教育公平的基本要求。1866年马克思提出一个基本观点,认为教育是人类发展的正常条件和每个公民的真正利益,教育是每个公民都应拥有的一项平等权利。马克思公平观包括两层含义:一是教育是每个公民都应该拥有的一项平等的权利;二是这种平等表现为每个人智力和能力上发展的平等。平等受教育权是实现教育公平的起点,如果起点都得不到保障,就谈不上教育公平的最终实现。2.人的自由而全面发展是教育公平的最高理想。马克思提出资本主义教育的目的是为了让工人发展更加异化,更加畸形。这样的教育束缚了工人身心的发展,抑制了工人发挥自己主观能动性的可能。马克思认为平等受教育权的实现是教育公平首先要解决的问题,但这仅仅是获得教育公平的起点,而人的自由而全面发展才是教育公平的最高理想和归宿。社会政治、经济是实现教育公平的重要条件。马克思认为经济上的平等状况是教育公平发展的物质基础,政治上的平等地位是教育权利平等的制度保障。教育公平是代表着统治阶级的意识形态和价值取向的,在阶级社会里是不可能真正实现的,只有到共产主义社会,才能真正实现。

到了近现代,西方学者从不同的视角,如社会学、伦理学、经济学、法学等多方面进行剖析,提出了各具特色的教育公平观。

美国约翰·霍普金斯大学教授科尔曼通过分析一个多世纪以来教育机会均等观念的演变及对英美两国的比较,提出美国的教育机会均衡观念包括以下几个方面:一是向人们提供达到某一规定水平的免费教育;二是为全部的儿童提供普通课程;三是为不同社会背景的儿童提供进入同样学校的机会;四是地方税收提供了创办学校的资源,因此可在特定地区范围内提供均等的机会。科尔曼在教育调查中提出了五种有关不均等的界说:一是以社区对学校的投入差异进行界说,如每个学生的费用、校舍、图书馆、教师素质等;二是根据学校的种族构成进行界说,如果该体系内的学校由不同的种族构成,学校体系内就存在不均等现象;三是根据学校各种无形的因素进行界说,如教师的德行、教师对学生的期望、学生的学习兴趣等,其中任何一种因素都可能影响学生;四是根据学校对背景和能力相同的个体所产生的教育结果进行界说,若给予个人相同的投入,教育机会均等就是结果均等,不均等可能源于学校投入和种族构成上的差异或者上述多种无形的因素;五是根据学校对背景和能力不同的个体所产生的教育结果进行界说,教育机会均等是在个人投入不同的条件下获得均等的教育。[①]

瑞典教育家胡森认为所谓“平等”首先是指每个人都有不受任何歧视地开始其学习生涯的机会，至少是在政府所创办的学校教育中应该如此；其次，是指平等地对待每一个人，不管他的种族和社会出身如何；最后，在制定和实施教育政策时，应确保入学机会和学业成就的机会平等。[②] “机会”是一个变量，它包括学校内部因素（如图书馆、建筑物等）、学校外部因素（如家庭经济、学习开支总额、地理位置等）、家庭因素（如对子女的尊重、期望等）、学校因素（如教师专业发展水平等）。胡森认为教育机会均等包括起点均等、过程均等和结果均等。起点均等强调教育权利的平等，人人接受教育应受到法律的保护，但处于不同阶层具有不同能力的人应进入不同性质的学校；过程均等强调教育制度应平等地对待每一个孩子，但孩子和家庭有如何利用这种机会的选择权利；结果均等是指在确保人人都有受教育机会基础上，注重人的差异性，要选择不同的方式对待具有差异特性的孩子。

美国社会功能学派代表人物帕森斯认为教育公平是社会公平的基础和前提，是实现社会公平“最伟大的工具”。他认为社会平等包括四个维度，即成就获取的机会平等、法律保护的平等、制度个人主义所保障的阶层地位平等、信托责任中道德平等。教育的根本问题在于为现代社会提供一种文化认知层面的公共性，使得现代社会在日益分化和多元化基础上伴随一种相应的整合过程。

美国著名哲学家罗尔斯从伦理学的角度提出了独具特色的教育公平理论。他认为正义原则有两个：一是平等自由原则，二是差别原则。从教育意义上来看，为了平等地对待所有的孩子，提供真正的同等的教育机会，国家必须更多地关注那些天赋较低和出生于社会地位较低家庭的孩子，较多的教育资源应花费在智力较差而非较高的人们身上，至少在早期教育阶段应该如此。他的正义原则无疑有利于教育资源的合理分配，有利于改善弱势群体的教育环境和生存状况。[③]

（二）我国教育公平理论的演进

教育公平的观念在我国源远流长。两千年前的孔子就提出了“有教无类”的

---

① 易红郡：《西方教育公平理论的多元化分析》，《湖南师范大学教育科学学报》，2010年第4期。

② 易红郡：《西方教育公平理论的多元化分析》，《湖南师范大学教育科学学报》，2010年第4期。

③ 易红郡：《西方教育公平理论的多元化分析》，《湖南师范大学教育科学学报》，2010年第4期。

朴素的教育公平思想。“有教无类”作为私学的办学方针，与贵族官学的办学方针相对立，打破了贵贱、贫富和种族的界限，把受教育的范围扩大到平民，他认为本人只要有学习的愿望，并主动奉送10条干肉以履行师生见面礼，也就可以成为弟子。另外，孔子创造的因材施教的教育方法，提出要从每个人的实际情况出发，根据个性特点和具体要求来进行教育。

在唐朝，一方面要求地方官员向中央政府推荐德才兼备的人才；另一方面推行科举制，逐步扩大考试科目，增加考试内容，完善考试程序，如武则天针对试场舞弊之风，采取糊名考试的办法，要求在考试之日，自糊其名，暗考以定等第，从而使科举制取代了以荐举为主的选士制度。科举制在其发展过程中，形成了一套完备的制度，考试有一定的内容，分级进行考试，不同的科目采取不同的方法，为确保考试的公正合理而建立的一系列防范措施，比以前任何一种选士制度都更为公正客观，这对以后考试制度的发展产生了积极的影响。科举考试重视考生的学识和才干，而不是出身和门第，容许平民子弟参加，充分体现了教育公平思想。

清朝王夫之指出，学生之间存在着个别差异，他们“质有不齐”，有刚有柔，有敏有钝；“志量不齐”，有大有小；德行不同，有优有劣；知识不等，有多有少。因此教师应该根据学生的实际状况，有针对性地施教，即“因人而进”。正因为要“因人而进”，所以教师在实际教学活动中应该采用各种不同的方法。他说：“顺其所易，骄其所难，成其美，变其恶，教非一也，理一也，从人者异耳。”①

太平天国在1853年定都天京后，颁布《天朝田亩制度》，规定凡25家的儿童每天都要到礼拜堂区听两司马教读《旧遗诏圣书》《新遗诏圣书》和《真命诏旨书》等宗教性读物，这反映了太平天国希望普及儿童教育的朴素的教育公平思想。

洋务运动开始后，随着“西学东渐”的深入以及近代工商业的产生和发展，中国思想界涌动着一股资产阶级启蒙思潮。康有为在《请开学校折》中设计了一个学校系统：在乡间设立小学，时间为8年，7岁以上儿童必须入学。县立中学，儿童14岁入学，加深小学阶段内容。在他所设计的大同社会中，根除了愚昧和无知，教育昌盛，文化繁荣，语言统一，教化相同，儿童是整个社会的儿童，不再是某个家庭或个人的子女，对儿童的抚养和教育均应由社会承担。梁启超在《时务报》上发表《记江西康女士》一文，以介绍中国早期女子留美学生康爱德的经历和优异成绩为由头，号召发展女子教育。梁启超还在《变法通议·论女学》中，系统论述女子教育问题，从女子自养自立、成才成德、教育子女、实施文明胎教等方面揭示女子教

① 《张子正蒙注·中正篇》。

育的必要性。他认为接受教育是女子的天赋权利，也是男女平等的保障；提出女子有耐心、喜静等特点，与男子相比，各有所长，可以相互补充。

清末壬寅学制和癸卯学制的颁布，解决了当时各地兴学无章可依的矛盾，为新式学堂的发展奠定了基础。其中有两点体现了较强的教育公平思想：一是在学制中开放了“女禁”，继近代第一所国人自办的学堂——经正女学之后，全国各地不同形式的女子学校相继出现。1907 年，学部颁布《女子小学堂章程》和《女子师范学堂章程》，虽离全面开放女子学校教育相差甚远，但这是我国女子教育在学制上取得合法地位的开始。二是针对民间关于初等小学堂难于按章程规定普及的议论，1909 年颁布了《变通初等小学堂章程》，规定根据师资和入学对象的情况，原章程中初等小学完全科的部分课程可以删减，初等小学简易科的年限可缩短 4 年或 3 年。这些措施有助于扩大教育的对象和范围，促进了新式学堂的发展。

以民主和科学为旗帜的新文化运动，促使中国现代教育观念发生了巨大变化。对民主、科学的呼唤，对文化传统的反思，对专制主义的批判，折射于教育，即是增强了人们对个人价值的肯定、对个性化教育的倡导。个性主义思想体现于教育，其一强调在教育上使个人享自由平等之机会而不为政府、社会、家庭所抑制。其二要求在教育中尊重个人，又从尊重儿童始，甚至“以儿童为中心”。其三尊重个性意味着不以“划一单调”的“模型”塑造个人，让社会淹没个性。其四，学校教育尤忌“随便教育”，作为教师必须深知儿童身心发展之程序，而选择种种适当之方法以助之，作为学生必须学会自动地研究和自治，灌进去的知识学问是没有多大用处的，真正可靠的学问都是从自修得来。可见，“个性解放”思想使学校内外的教育观念都在发生变化，人们开始习惯于站在教育对象的立场上去思考教育问题。新文化运动对教育观念的又一改变是教育平民化观念的形成，这是民主思潮在教育领域里的回响。当时所谓民主包括了自由、平等、互助等要素，要求个人有独立发展的自由，将剥夺个人发展权利的封建制度、阶级势力解放得干干净净。求得男女之间的平等、社会阶级和阶层之间的平等，进而通过互助与合作予以保障。同时，受第一次世界大战时世界性的民主、民治声浪的影响，受陆续传入中国的“互助论”“泛劳动主义”“社会主义”等思想的影响，以提倡白话文反对文言文为发端的新文化运动几乎可以被看成是一场平民主义运动，它力求沟通和消除知识阶层与“社会上一般人”在语言上因而也是在思想上的隔阂，使新知识、新思想传播到一般社会民众中，由此焕发出民众中蕴藏着的巨大能量。当时有不少人提出必须坚持教育的“庶民”方向，打破以往社会有贵贱上下、劳心与劳力、治人与被治种种差别的阶级教育。在民主思想的推动下，平民教育呼声强烈，义务教育得到倡导。1917年10月,第三届全国教育会联合会通过《请促进义务教育案》,次年10月又提出《推行义务教育案》,要求政府切实实施义务教育,各地也纷纷推进落实。倡导平民教育,是新文化运动中的民主思潮在教育领域里的反映和重要组成部分。1916年10月全国教育会联合会通过《注意贫民教育案》,1919年10月又通过《失学人民补习法》,表明平民教育问题已引起教育界和社会的重视。宣传平民教育思想、投身平民教育运动的有初步具有共产主义思想的知识分子、小资产阶级知识分子和资产阶级知识分子。

从1926年始,一大批有见识的教育家,将平民教育实验运动从大城市转向中国广大的农村。晏阳初、陶行知、黄炎培、梁漱溟等一大批教育家在20世纪20年代后期几乎同时开始了由城市向农村的战略"转移"。至20世纪30年代,形成了声势浩大的乡村建设实验运动,晏阳初主持的中华平民教育促进总会所进行的河北定县乡村教育实验,在这场运动中占有举足轻重的地位。

自新中国建立后,我们国家就在为促进教育的公平而不断地努力,国家一直把教育当作头等大事,教育事业得到蓬勃发展,取得了举世瞩目的成就,人的全面发展不断进步。在不同的时代,几代领导人都以马克思主义教育公平观为行动指南,为实现教育公平做出了卓越的贡献,他们立足于我国的国情,继承和发展了马克思主义教育公平观,经历了漫长的发展历程,实现了马克思主义教育公平观的中国化。①

作为新中国的缔造者,毛泽东继承和发展了马克思主义教育公平观,其教育公平思想以教育的普及和人的全面发展为主要特点,是继承马克思主义教育公平观的教育普及、人的全面发展及教育与生产劳动相结合等思想发展而来。毛泽东的教育公平思想主要包括以下内容:在教育起点公平方面,不分性别,男子、女子共同享有受教育的权利;不分阶层等级,各个阶层的群体包括干部子弟、资本家子女与广大劳动人民的子女,不论其出身和地位都有受教育的权利;没有种族差异和地区差异,无论汉族还是少数民族,不论中原腹地人民还是西北边远地区人民都有受教育的权利。在教育过程公平方面,提出教育资源的分配要均匀,他强调教育要为工农服务,还在高等学校录取方面规定工农群众和干部入学成绩稍差、从宽录取的原则;教育经费的投入以政府财力为主体,并依靠群众力量,坚持"两条腿走路""多种形式办学",将政府办学与群众办学结合起来;教育课程的设置要

① 宋友根:《马克思主义教育公平观视野下促进我国教育公平的对策研究》,华东理工大学2012年度硕士学位论文。

合理，要少而精，符合社会实际，遵循教育规律，适应学生身心发展特点；实施启发式教学，调动学生的主动性和积极性；个人具有参与选择何种教育资源的权利。在教育结果公平方面，教育要同生产劳动相结合，消灭劳动分工差别，培养德、智、体、美、劳全面发展的人，培养“又红又专”的人才。在教育与政治、经济的关系方面，他强调教育发展依赖于政治和经济水平，同时教育要为政治、经济服务。

作为党和国家的第二代领导人，邓小平结合当时的中国国情，在继承马克思主义教育公平观和毛泽东教育思想的前提下，提出了自己的教育公平观。他的教育公平观主要包括以下内容：一是注重教育的普及和提高，不仅重视入学的学生数量增加，还重视教学质量的提高，在他的思想引领下，我国制定了农村小学普及教育和九年制义务教育等政策；二是实行教育公平法制化，《中华人民共和国教育法》《中华人民共和国义务教育法》等一系列教育法规都是在他的教育公平理论指导下制定的；三是重视教育者的公平，提出了尊师重教，要对教师的工作进行考核，要奖惩分明，提高教师的社会地位；四是结合时代发展，提出教育要面向现代化，面向世界，面向未来，培养目标是培养有理想、有道德、有文化、有纪律的四有新人。

江泽民在“三个代表”重要思想的指导下，提出了他的教育公平观：全面实施素质教育，重点扶持落后地区的教育发展，不断推进教育创新。胡锦涛教育公平观主要包括：一是教育要均衡发展。胡锦涛在中央政治局第三十四次集体学习时明确强调：“教育涉及千家万户，惠及子孙后代，是体现发展为了人民、发展依靠人民、发展成果由人民共享的重要方面。保证人民享有接受教育的机会，是党和政府义不容辞的职责，也是促进社会公平正义、构建社会主义和谐社会的客观要求。”二是以人为本的教育理念。马克思主义教育公平观提出了教育的最终目的是为了促进人的全面发展，胡锦涛提出了以人为本的教育理念目的也是实现人的全面发展，是对马克思主义教育公平观的继承和发展。

习近平同志反复强调，要让13亿人民享有更好、更公平的教育，努力让每个人都有人生出彩的机会。促进教育公平，必须解决好农村和贫困家庭孩子教育问题。扶贫要扶智，治贫先治愚。政府要保障贫困家庭的孩子都能够接受义务教育，并为他们提供进一步求学的机会；基础教育资源要向农村倾斜，向边远地区、贫困地区、民族地区倾斜；进一步健全资助体系，想方设法解决贫困地区、贫困家庭孩子上学面临的实际困难；等等。促进教育公平，必须积极稳妥有序推进高考改革。应通过深化考试招生制度改革，促进教育公平，提高人才选拔水平，适应培养德、智、体、美全面发展的社会主义合格建设者和可靠接班人的要求，努力做到高考机会公平、过程公开、结果公正,切实维护社会公平。现在,高考招生中屡屡出现弄虚作假、徇私舞弊现象,引起社会各界强烈不满。我们必须通过更严格的法规、更先进的技术、更得力的举措,遏制腐败之风在高考领域滋生蔓延。要规范自主招生、高考加分等,使各种初衷良好的政策不走样、不变味;合理配置教育资源,科学投放生源指标,缩小区域、城乡差距,促进入学机会公平。总之,要以有力的措施确保高考成为"一片净土",以明显的成效取信于民。①

三、教育公平的原则

立足当前社会现代化、市场化的现实,依据现代社会平等、自由、民主、合作等基本理念,考虑到教育目标以及个体间的差异情况,合理恰当地确立教育公平的原则是非常必要的。教育公平的原则主要有:

(一)平等原则

平等原则包括教育权利平等和教育机会平等两个方面。

公民的受教育权就是公民接受教育的权利,是人权的重要组成部分。《世界人权宣言》第二条规定了人权的基本原则:"人人有资格享受本宣言所载的一切权利和自由。不分种族、肤色、性别、语言、宗教、政治或其他见解、国籍或社会出身、财产、出生或其他身份等任何区别。"公民的受教育权是国家法律赋予公民的基本权利。为保障我国公民受教育权利的实现,我国不仅在《中华人民共和国宪法》中作了明确规定,并且颁布了《中华人民共和国教育法》《中华人民共和国义务教育法》等法律法规。如《中华人民共和国宪法》第十九条规定:"国家发展社会主义的教育事业,提高全国人民的科学文化水平";《中华人民共和国教育法》第十八条规定:"各级人民政府采取各种措施保障适龄儿童、少年就学。适龄儿童、少年的父母或者其他监护人以及有关社会组织和个人有义务使适龄儿童、少年接受并完成规定年限的义务教育";《中华人民共和国教育法》第三十八条规定:"国家、社会、学校及其他教育机构应当根据残疾人身心特性和需要实施教育,并为其提供帮助和便利"。同时,各地方政府也在不断制定与完善各种法律法规与实施办法,来保障公民的受教育权。如河南省在制定《河南省实施〈中华人民共和国义务教育法〉

① 瞿振元:《发展具有中国特色世界水平的现代教育(深入学习贯彻习近平同志系列重要讲话精神)——深入学习贯彻习近平同志关于教育工作的重要论述》,《人民日报》2014年9月10日。

办法(草案)》时,主要是在1986年省第六届人民代表大会常务委员会第二十二次会议通过的《河南省实施〈中华人民共和国义务教育法〉办法》和1995年省第八届人民代表大会常务委员会第十六次会议修改的基础上,依据《中华人民共和国教育法》《中华人民共和国义务教育法》《中华人民共和国教师法》《中华人民共和国未成年人保护法》《教师资格条例》《残疾人教育条例》《中小学幼儿园安全管理办法》《河南省人民政府关于进一步规范办学行为推进素质教育的意见》《河南省人民政府关于进一步做好进城务工农民随迁子女义务教育工作的意见》和《河南省未成年人保护条例(修订草案)》,同时借鉴浙江、山东、北京、上海、湖北、河北等省市义务教育立法成果,进行了再次修订,体现了连续性、与时俱进和创新精神。该办法草案按照2006年6月第十届全国人民代表大会常务委员会第二十二次会议修订的《中华人民共和国义务教育法》的条款顺序,设总则、学生、学校、教师、教育教学、经费保障、法律责任、附则八章,删除了1986年河南省第六届人民代表大会常务委员会第二十二次会议通过、1995年修订的《河南省实施〈中华人民共和国义务教育法〉办法》中的管理、奖惩两章,增添了学生、教育教学、法律责任三章,条文由原来的四十一条增加到五十六条。具体来说,公民的受教育权利主要包括两个方面:一是教育的自由权,公民没有是否接受教育的自由权,但是有选择教育形式的权利,有选择公立或私立学校的权利;二是有受到适合其发展的教育的权利。

根据平等的理念,每个受教育者应当具有相同的发展权利,因而人人享有平等的教育机会。教育机会是指受教育者发展的可能性空间,是每个受教育者进入教育机构和参与教育活动的各种条件的总和。教育机会的不同将会直接导致受教育者将来能力的差异与未来发展可能结果的不同。教育机会平等包括每个受教育者都有大致相同的基本教育机会与受教育者之间的教育机会有着程度不同的差别。教育公平首先保证每个人平等地接受基本的保底教育,“正义或公平确实要求,人们生活中由政府决定的那些状况,应该平等地提供给所有的人享有”①。在义务教育阶段,政府必须注意起点公平,确保每个适龄儿童平等地接受一定程度和质量的义务教育。其次,教育公平要考虑到每个受教育者家庭地理位置以及自身天赋的不同,使每个受教育者获得的教育机会有差异。

(二)能力差异原则

由于每个受教育者个体的差异,他们学习的态度、学习的时间、学习的方法、

① 哈耶克:《自由秩序原理》,生活·读书·新知三联书店1997年版。

学习的效率、学习的质量不尽相同,因而,他们各自对于社会的“未来”贡献是不一样的。根据每个受教育者的学习能力进行有所差别的分配,一方面能够体现教育平等的理念,另一方面能够体现出对受教育者个体的尊重,能够体现出自由的理念。按照受教育者的学习能力进行教育资源分配,是将受教育者的学习能力同自身的切身利益紧密结合起来,有利于教育者因材施教,也有利于充分激发受教育者学习的积极性。这种分配原则符合市场经济,与现代社会相适应。

由于国家在义务教育阶段保障了每个孩子平等地接受最基本的教育,保障了每个孩子都要接受一定程度和质量的教育,因此在义务教育阶段不存在教育机会按学习能力分配的问题。但义务教育阶段后的教育属于发展型教育,当前国家还没有能力保障所有人接受所有的教育,因此,只有通过比较科学合理的分配方式让一部分能力较强的孩子接受更高层次的教育。

如何科学合理地分配高层次的教育机会呢?依据平等、自由和合作的现代社会理念,依据能力的大小来分配教育机会,让一部分能力较强的孩子优先获得相应的教育机会不失是当前更为科学、合理的一种方法。当然,这种方法并不是绝对公平的,因为受教育者的发展是不均衡和有差异性的。

以能力差异作为分配教育机会的规则,一个相应的问题就是应确保规则的程序公正。“纯粹的程序正义的巨大实践优点在于,它在满足正义的要求时不必追踪无数种特殊的环境和每个人不断变化的地位。这就避免了当这些细节具有相关性时,为了处理由此产生的十分复杂的情形而定义原则的问题。集中注意个人不断变化着的相对地位,并且要求作为单个行为孤立考察的每一种改变本身都是正义的,那将是错误的。需要判断,并且是从一般观点判断的是基本结构的安排。除非我们是从一个处于特殊地位的相关代表人的立场批评它,我们就不会对此作出抱怨。”①如何采取相应的公正的程序来区分受教育者的能力大小呢?自我国隋唐时期沿用至今的考试成为解决这一问题的重要办法。通过考试,让社会来检验学生的“文化资本”,依据其文化资本的数量与质量,配给相应的教育机会。凡是在考试中没有通过检验的学生,则不能获得进一步接受教育的机会。其合理性体现在,它主要以人的才识和能力为参照,鼓励真才实学。

(三)教育公平与效率并重原则

关于公平与效率的关系,不同的学者有不同的观点,有认为“效率优先,兼顾

① 约翰·罗尔斯著,何怀宏译:《正义论》,中国社会科学出版社 1988 年版,第 87—88 页。

公平”的，有认为“公平优先，兼顾效率”的，有认为“公平效率并重”的。“研究公平和效率问题，必须十分重视不同时代、不同范畴、不同领域、不同层面、不同学科的界限，不能以此时代、此范畴、此层面、此学科的概念去解读彼时代、彼范畴、彼层面、彼学科的同类概念，更不能将此时代、此范畴、此层面、此学科的公平概念，与彼时代、彼范畴、彼层面、彼学科的效率概念相配对，否则，只能是南辕北辙，缘木求鱼。”①党的十六大报告中所讲的“效率优先，兼顾公平”主要指收入分配领域的问题。如果将其泛化到教育领域是不合适的，尤其是教育效率问题有其独特性。教育效率是教育规模与教育质量的统一，是指投入较少的资源，培养出较多的、高水平的人才。教育效率的本质是教育质量，片面追求升学率的教育对个人和国家而言不是高效率的，只有以人的全面发展为教育目标的素质教育才能对个人发展和国家发展具有高贡献率，这才是我们应该追求的高质量、高效率的教育。因此，素质教育、教育质量、教育效率是三位一体的教育追求。

在明晰了教育效率的概念之后，我们发现教育公平与教育效率不是一个逻辑维度上的，不存在矛盾冲突关系，也不是主次关系，而是两个独立的、同等重要的教育追求或教育目标。

因此，在教育领域内部，我们必须坚持“教育公平与教育效率并重”原则，不管是“效率优先，兼顾公平”还是“公平优先，兼顾效率”在教育领域都是行不通的。

“在理论上，教育公平与教育效率的状况可以有四种组合方式：高公平，高效率；高公平，低效率；低公平，高效率；低公平，低效率。这四种状况在我国不同的区域、不同的学校都有表现。尽管改革开放以来，经过近30年的改革和发展，我国教育的公平和效率状况大有改善，但总体来看，我国教育与发达国家相比，尚处于‘低公平，低效率’阶段，我们追求的和需要的是公平高效的教育。实现教育公平的任务与提高教育效率（实施素质教育，提高教育质量，提升教育贡献率）的任务同样艰巨。”②

在世界工业化的进程中，我们国家的经济增长方式主要依赖于密集型制造业的快速发展，密集型制造业的主要特点就是密集、廉价的人力资源。在以后的经济发展中，我们是否可以还以此为优势或是实现产业的更新换代，关键在于我们的教育能否为我们培养出适合我国经济社会发展的人才。教育不公平的现象会影响低收入地区和家庭对教育资源的获取，也就影响到了低收入地区和家庭的人

---

① 李闽榕：《公平与效率真的是“鱼与熊掌不可兼得”吗?》，《理论参考》，2006年第3期，第63—69页。

② 褚宏启：《关于教育公平的几个基本理论问题》，《中国教育学刊》，2006年第12期。

力资本积累,这对于以密集型制造业为主体的工业化国家是很不利的,因此,教育公平必须惠及广大人民群众。在遵循教育公平与教育效率并重的原则方面,我国在2001年推行的新课程改革,其重要理念就是"为了一切学生的发展",有许多学校在实施时将其扩充为"为了一切学生,为了学生一切,一切为了学生",其中就蕴含了要面向全体学生,要面向学生综合素质的全面发展,美国也一直在提倡"不让一个孩子掉队",其目的就是追求平等和质量,实现国家的战略意图。

(四)弱势补偿原则

弱势补偿原则是指立足于教育的整体利益,对教育发展过程中形成的不利群体的教育进行必要的调整和补偿,使不利群体普遍地获得由教育带来的利益,进而不断提高教育质量。罗尔斯认为,"社会和经济的不平等(例如财富和权利的不平等),只要其结果能给每个人,尤其是那些最少受惠的社会成员带来补偿利益,它们就是正义的"①。这些不利群体通常是指那些家庭条件较差、社会地位较低或身体、智力存在障碍的孩子,也指与主流文化相对不利的孩子,如我国目前存在的农村务工随迁子女、留守儿童以及少数民族子女等。《学会生存——教育世界的今天和明天》一书明确指出:"教育某些部门的人享有高度的特权,其他则是贫苦的'农村兄弟',这种差别是根据他们所依附的阶级的社会地位决定的。穷人的子女或那些遭受民族歧视或社会歧视的集团的儿童们,从一开始就处于困难的地位。他们或者由于缺乏儿童早期所需要的身体上或心理上的适当照顾,或者是由于缺乏学前教育。他们同那些比较富裕阶级的儿童相比,都是处于不利地位的,这种不利的程度有时达到了不可挽救的地步。在学生增加很多而学校场所有限的地方,学校便采取任意挑选的办法,使得许多能够继续学习的学生不能升学。扫盲计划和校外职业训练没有得到充分的发展,因而那些从一开始就失去入学机会的人们感到,当他们年龄更大时就越来越不能使自己受到教育了。"②"在一个贫穷的社会里,他们是首先被剥夺权利的人;而在一个富裕的社会里,他们是唯一被剥夺权利的人。"③这些不利群体在教育上收益的局限性,使得他们在创造社会价值的能力发展方面有欠缺,从而带来经济收入和社会地位的局限性。

---

① 何怀宏:《契约伦理与社会正义》,中国人民大学出版社1993年版,第183页。

② 联合国教科文组织:《学会生存——教育世界的今天和明天》,教育科学出版社1979年版,第100页。

③ 联合国教科文组织:《学会生存——教育世界的今天和明天》,教育科学出版社1979年版,第101页。

因此,教育公平不仅意味着要促使一部分人接受良好的教育,而且还要对那些不利群体进行必要的教育补偿,从不利群体的视角来看问题、分析问题,在确定教育资源的分配时最大程度地满足这一不利阶层的利益,以弥补他们在能力上或地位上的欠缺,进而缩小有利群体与不利群体间接受教育的差距,以推动教育的整体化发展。“为了平等地对待所有人,提供真正同等机会,社会必须更多地注意那些天赋较低和出生于较不利的社会地位的人们……遵循这一原则,较大的资源可能要花费在智力较差而非较高的人们身上,至少在某一阶段,比方说早期学校教育期间是这样。”《中华人民共和国教育法》第三十八、三十九条分别规定:“国家、社会、学校及其他教育机构应当根据残疾人身心特性和需要实施教育,并为其提供帮助和便利。”“国家、社会、家庭、学校及其他教育机构应当为有违法犯罪行为的未成年人接受教育创造条件。”教育资源的分配存在一定程度的差距是必要的,但差距过大会导致社会不公正的扩大,不利于社会的稳定、和谐发展。

弱势补偿原则对于受教育者的整体水平提高具有重要作用。一方面可以使处于有利地位的众多受教育者不断改善自身的教育环境,增强自身的发展能力;另一方面,对于那些不利群体,可以通过有效补偿,弥补他们在能力或地位方面的欠缺,缩小不利群体和有利群体之间教育机会的差距,进而缓解有利群体与不利群体由于教育水平悬殊过大引发的冲突,提高教育整体的入学率、优秀率,降低辍学率、失学率,实现社会的稳定、和谐、健康发展。

第二节
资源优化配置理论:区域内义务教育均衡发展的资源分配原理

一、从公共经济学理论看义务教育的性质

根据公共经济学理论,依照社会产品消费时是否具有排他性和竞争性的标准,社会产品可以划分为公共产品、私人产品和准公共产品三类。公共产品是指这些产品或劳务的利益为全社会共同享有,而不能为一个人单独享有。公共产品

的最大特征在于消费的非排他性和利益的共享性，每个人对该物品的消费不会导致别人对这种物品或劳务消费的减少。[①] 因此，只能由公共生产或政府提供纯粹的公共物品（如国家事务）。

私人产品或劳务则是指这些产品或劳务的利益只能由购买它的消费者个人单独享有，不产生其他外在的利益。私人产品或劳务的最大特征在于消费的竞争性和利益的排他性，每人对该物品的消费都会导致其他人对其消费的减少。所以，只能由私人生产、市场提供纯粹的私人产品（如家用电器、食品等）。准公共产品则是公共产品与私人产品之外的另一种产品。准公共产品一方面在消费上具有排他性，在供给上可实行排除，将不付款的人排除在外；另一方面，又具有外在的利益性，可以为社会共同享受，不能在个人间划分，也不能将一些人排除出去。

从消费上是否具有排他性、供给上是否具有外在利益等特征看义务教育，正如北京师范大学教育经济学专家袁连生博士所说，根据公共产品理论对产品属性的分类，是从产品的消费特性出发的。作为产品属性分析对象的教育是指学校提供的教育服务。从教育服务的直接消费看，它具有竞争性和排他性，每增加一个学生，它的边际成本并不为零。比如说，一个班级增加一名学生，学生平均占有的资源就会减少，他们受教师关注的程度也会降低。正因为它的竞争性和排他性，公共经济学权威阿特金森和斯蒂格利茨也认为，教育是“公共供应的私人产品”。从教育服务的间接消费看，教育服务是具有竞争性和排他性的，因为教育能够使受教育者得到更高的收入与社会地位，这些是其他人所不能够分享的。同时，受教育者走入社会后，也能使社会的物质财富和精神财富更加丰富，这些又是全体社会成员可共享的。因此，公共选择理论权威布坎南也认为，教育是准公共产品。[②] 事实上，虽然不同学者在教育产品的属性问题上还存在一定的分歧，但越来越多的人把教育看成是一种准公共产品。中国教育经济学研究会理事长、北京师范大学经济学院博士生导师王善迈教授认为国家举办的公立教育应归属准公共产品；中国教育经济学研究会副理事长、华中师范大学教科院博士生导师范先佐教授也认为，教育不是一种纯公共产品，而是一种混合产品，即准公共产品。[③] 由上可以看出，义务教育作为大教育系统中的一部分，它不仅有外在利益性，可让全

① 姚永强：《关于基础教育资源优化配置的理论思考》，《西华师范大学学报（哲学社会科学版）》，2005(2)。

② 袁连生：《论教育的产品属性、学校的市场化运作及教育市场化》，《教育与经济》，2003(1)。

③ 王善迈：《教育经济学简明教程》，高等教育出版社 2000 年版。

社会共同享有，而且在具体消费上又具有竞争性和排他性，个体对义务教育资源的享用有较大差异。因此，从总体上看义务教育只能是准公共产品。

二、资源优化配置理论的内涵

资源优化配置理论是指通过合理地配置人类有限的资源，达到市场需求与供给的相对均衡，使经济中各种对立的、变动着的力量相当，形成相对静止、不再变动的状态，从而实现经济均衡发展。西方经济学家认为，资源是有限的，即资源存在着稀缺性，“人力资源和非人力资源的数量都是有限的”①，这是进行资源配置的主要原因，资源优化配置理论也正是基于这样的认识。人类资源本身是稀缺的，但人们对资源的需求是无限的、多种多样的，这就可能造成人类资源的不可持续发展，甚至会出现科学家所担心的人类资源消耗殆尽问题。要想真正解决资源有限性与人们需求无限性、多样性的矛盾，使国民经济成为由相互联系、相互依存的各个组成部分构成的有机整体，就必须把有限的资源按照一定比例分配到国民经济的各个组成部分，并使资源得到最充分、最有效的使用。资源经济学的资源优化配置理论不仅在现代社会经济发展中是一种较新的理论，而且在解决国民经济发展中的不公平、不合理等问题中起到了特殊作用，所以，该理论受到了其他学科的青睐。

关于资源配置含义的最为严谨的解释是由意大利经济学家菲尔弗雷多·帕累托做出的。按照帕累托的说法，如果社会资源的配置已经达到这样一种状态，如果想让某个社会成员变得更好，就只能让其他某个成员的状况变得比现在差。即如果不让某个人变差就不能让任何人变得更好，人尽其才，物尽其用，这种资源配置的状况就是最佳的，就是最有效率的。如果达不到这种状态，即通过任何重新调整使某人境况变好，而不使其他任何一个人情况变坏，这说明这种资源配置的状况不是最佳的，是缺乏效率的。这就是著名的“帕累托效率”准则，也称为帕累托最优准则。帕累托最优准则可能意味着收入分配的不公平和极端化。一个人得到所有的收入，另一个人一无所有，也是帕累托最优状态。② 正如美国环境与资源经济学专家G.鲁宾逊·格雷戈里所说，资源配置所需要的经济学，不是什么特殊牌号的经济学，那些适用于生产汽车、电脑、可口可乐的需求与供给理论，同

① 萨缪尔森：《经济学》（上册），商务印书馆1979年版。

② 百度百科，http://baike.baidu.com/view/367153.htm。

样也适用于资源。因为不论用什么样的资源,经营目的是什么,都存在着占有(产权或所有)、生产、交换、分配、消费方面的经济问题,但各个类型资源都有特殊性,资源利用问题受其特殊性的约束,这就需要研究各类资源的特殊性。

教育资源是一种特殊的资源。教育资源一般是保证教育活动正常进行而使用的人力、物力、财力的总和。有学者认为,教育资源可从静态、动态、制度等不同视角进行理解。静态教育资源可分为人力资源、物力资源和财力资源。人力资源主要是指教育过程中的人员及其间的结构比例。物力资源是指国家和社会用于学校教育资金的物化形式,具体体现为教育过程中物化劳动的占有与消耗。财力资源是指人力和物力资源消耗的货币表现。动态教育资源可分为四类:一是原生教育资源,即原本存在但必须经过开发才能生成为教育资源,强调资源本身的内在性和人才开发探索作用;二是延生教育资源,即教育资源的作用不受其利用消耗的影响,体现资源的隐蔽性和长效性特点;三是再生教育资源,即资源在使用和消耗后还能重新产生,具有衍生性和再生性特点;四是创生教育资源,即通过人的创造性思维与创造性劳动才能产生的资源,体现资源的无限性和人的创造性。从这一视角看,教育资源是指具有教育意义或能保证教育实践顺利进行的各种资源或条件。制度视角下的教育资源是把制度看作最重要的教育资源,主要基于教育制度可以节约教育中个人为获得有关他人信息、处理与他人关系、确保人与人有效沟通和互动等产生的交易费用的原因。教育制度作为一种资源,它的建立不可避免会受到一定的制约,需要满足一些条件。一个有效率的制度,一定具备这样的最根本特征:能提供一组有关权利、责任和义务的规则,能为一切创造性和生产性的活动提供最广阔的空间。这一制度使每个人不是通过占别人便宜来增加个人利益,而是想方设法通过增加生产实现自己利益最大化。

教育均衡发展的概念源于资源经济学。教育均衡发展理论是从经济均衡发展理论移植而来的。教育均衡发展,是指在教育公平思想和教育平等原则指导下,政府通过一定的法律、法规、政策确保公民或未来公民有同等受教育的权利和义务,通过政策的调整、制定及资源的调配提供相对均等的教育机会与条件。教育均衡发展的实质是不仅要有教育"输入"的平等,更要有平等的"输出"效果,即达到教育"投入"与"产出"的相对均衡。以经济学观点看,不同的投入肯定会有不同的产出,相同的投入可能也会有不同的产出,这些是由教育资源的配置因素决定的。两种情况都有导致教育非均衡发展的可能性,然而,不同的教育产出又会导致不同的教育投入,这就出现了教育发展中非均衡发展的恶性循环。所以,教育均衡发展就必须合理配置教育资源,即教育资源在教育系统内各部分或不同子系统间分配,既包括社会总资源对教育的配置,也包括教育资源在各级各类教育行业间、各级各类学校间、各类地区教育事业间的分配。教育均衡发展的目标就是使教育需求与教育供给之间相对均衡。

三、教育资源配置的两种方式

最优化是任何社会进行资源配置的目标,不同社会、不同生产方式对资源配置方式的选择各不相同。在现代社会经济条件下,纯粹的资源配置有两种:一种是以决策的集中性、信息传递的纵向性以及动力结构的行政性为特征的计划配置形式,另一种是以决策的分散性、信息传递的横向性以及动力结构的市场性为特征的市场配置机制。也有人认为除计划与市场两种手段外,还存在着第三种配置力量,即伦理道德等社会文化的影响①。

在现实的经济生活中,并不存在纯粹的计划或市场配置方式,两者也不是截然分开的,现实中更多是两者的结合,只是程度不同而已。因此,可供选择的社会资源配置方式有两种:一种是以计划或行政手段为基础的计划资源配置方式, 一种是以市场机制为基础的市场资源配置方式。教育资源是社会资源的一种,其配置方式同样也是计划与市场两种机制,但两者如何有机结合,在不同的教育层次与结构中如何确定两种方式的支配地位以及运行机制,这些一直是教育理论界争论的问题。

(一)教育资源的计划配置方式

教育资源的计划配置方式主要是通过计划或行政手段进行推动或实现的,无论是学校内或区域内的微观配置,还是教育资源在各级教育或地区间的宏观配置,只要是以计划或行政手段进行配置的,都是计划配置方式。计划配置的显著特点就是在教育决策权的分配上,上级主管部门集中管理,地方部门和运行主体只是负责执行;在教育运行机制或信息结构上,用指令性计划或直接的行政控制取代市场机制的调节作用,通过行政的渠道层层传递教育供求信息;在动力机制上,学校没有决策权,只是单纯执行上级下达的行政指标,单纯依靠外部力量进行推动。

计划配置教育资源的最大优点在于它能根据现实状况和可预测的教育发展

① 严清华:《第三配置及其路径依赖偏好》,《武汉大学学报》,2001(3)。

规模和速度，确定国民经济总支出中分配给教育部门的经费，并从宏观方面确定教育布局，根据各地区的教育资源状况和公民素质水平的差异，制定出相关政策，消除各地区教育、文化发展的不平衡状态；[①]能够根据一定时期内教育发展的战略目标、步骤以及重点，集中有限的人力、物力、财力发展教育，具体建设重点学科，扶持薄弱学校，推动义务教育发展，推进科技进步，提升公民素质。这样不仅能避免教育发展的盲目性、波动性，而且能站在全局高度合理配置教育资源。

单纯采用上级高度集权的计划资源配置方式，使学校成为行政的附属物，缺乏学校自身发展的能动性。学校自主权的缺乏，使其只能依靠外部力量推动，丧失了运行过程中最为重要的自身利益驱动力和外部的竞争压力，导致改革创新与提高资源利用率的原动力缺乏。

（二）教育资源的市场配置方式

教育资源在不同的教育行为主体间通过价格机制和竞争机制配置时，称为市场资源配置方式。教育资源市场配置方式的显著特点就是在决策机构上，不是靠行政力量自上而下地执行，而是由追求利润最大化的各分散的微观教育主体做出的；在信息结构上，通过市场机制在各种决策者之间横向传递社会各种信息，供求信息通过交换获得，然后不同的教育运行主体根据供求关系和竞争状况，对外界信息做出灵敏的反应和合乎理性的教育决策和经济决策。

教育资源进行市场配置的显著优点是，由于社会投入到教育系统中的各种资源量是有限的，市场是各种供求关系的立足点和出发点，是实现教育的价值积累和社会再生产的场所；它把不同的教育利益主体和部门有机联系，使个别劳动变成社会总劳动的有机组成部分；教育供求关系能够反映社会和家庭对教育消费的不同需求，促进教育根据需求进行规划和发展；它依靠外部压力促使学校合理布局和提高教学、管理效益，自动实现资源优化配置。在市场经济背景下，教育资源的来源、分配和使用也或多或少地直接或间接地借助了市场来调节，但完全的市场配置方式容易造成教育发展不平衡、教育机会不平等、教育的社会效益难以充分实现等不良后果。

---

① 姚永强：《关于基础教育资源优化配置的理论思考》，《西华师范大学学报（哲学社会科学版）》，2005(2)。

四、教育资源优化配置应遵循的原则

（一）公平优先，兼顾效率

公平与效率的关系是一个十分古老的话题，资源配置必然要涉及公平与效率的选择问题，社会各界对它们的内涵及关系有许多论述。一般来说，效率是指资源的合理有效配置，能够在社会资源和技术状况确定的条件下为消费者提供最大可能的各种商品的组合，或者指不可能通过重新组织生产使任何一个人的景况变好而不使另一个人的境况变坏。资源配置的最优效率是帕累托效率。公平是一个价值判断和规范分析的问题，主要指个体从事生产与消费活动以及收入分配的公平，教育公平主要是从起点、过程、结果这三个方面来阐述的。公平是一个难以准确界定的概念，在不同时代、不同阶层、不同领域会有不同的看法。一般而言，公平是一种价值判断，是人们在一定历史条件下对人与人的利益关系的评价，反映人们在社会活动中投入与产出之间的一种物质变换关系。效率是一个含义很广泛的概念，一般指投入与产出之间的对比关系。在广义上效率概念涉及经济、法律、文化、科技、教育领域，这些领域事实上也存在着产出与投入之间的对比关系。

在教育领域内，公平与效率的关系也是一个争论的焦点。在过去，人们对基础性教育事业的社会价值取向一直以公平为主。教育投资不足、办学条件差异和个体受教育的不平等以及我国教育管理体制的特点，使教育公平成为各方面关注的焦点，但对于有限教育资源的使用和教育机构的运行效率的问题关心较少，使现存的教育效率问题逐步变得非常突出。

在市场经济条件下，评判市场经济活动的首要标准是效率。目前教育资源比较匮乏且长期得不到合理有效利用与配置，教育资源转化为教育资本需要讲究效率。所以，要改变一些人“等、靠、要”的思想，激发运行主体、各层次、各部门的积极性，科学分配、管理，有效使用教育资源，保证投入和产出，增大办学规模，提高资源的利用效率和效益。教育资源优化配置的主要标准，就是尽可能节省资源投入来培养一定数量的高质量学生，或者说用有限的资源尽可能培养出较多的素质高的学生。

由于教育的特殊性，在对教育资源配置时要把公平作为教育发展的主要价值目标选择。正如瑞典著名的社会学家胡森博士所说：“若干年以后，无论在国内还是在国际上，就教育问题进行讨论中，平等已变成一个关键词。”[①]教育作为一种全民性事业，从伦理学和经济学上讲，首先要实现的是公平。教育公平是社会公平的一个方面，在协调社会关系、提高人们的文明素养、优化社会环境方面发挥了重要作用，还是避免个体后天条件所造成的不公平的重要手段。现实中，由于传统教育投资体制的偏差和经济发展水平的制约，地区之间、校际之间教育资源配置不均衡，各个学校在资源获得上（数量和质量两个方面）有着不公平的待遇，办学条件和教学质量有较大差异，导致受教育者的机会不均等，这些都要求我们公平配置教育资源。如美国的阿瑟·奥肯所说：“并非凡有利于一方的因素就必然有害于另一方，但有时，为了平等就不惜牺牲一些效率；为了效率，又不得不影响到平等，因为平等和经济效率之间的冲突是不可避免的，这也许是它们互相需要的原因。在平等中放入一些合理性，在效率里添加一些人性。”[②]

（二）供求均衡原则

教育资源供给主要是由国家各级政府、社会组织或个人以及学生和家庭在一定时期内实际提供给各级各类教育机构的资源总和；教育资源需求是指各级各类教育机构为了正常进行教学活动，提高办学水平和教育质量，进行教育改革和创新所需的资源投入量。[③] 如前边所述，教育活动开展的前提要有一定的教育资源投入。人才培养和资源优化配置需要一定社会资源的投入，但投入量也要适中，不存在不足和过剩现象。不足只能维持一个最低水平的教育要求，不能保证教育的正常运转与必要改革；过剩会存在浪费现象，使有限的社会资源发挥不出它应有的作用。教育资源供求调节机制是解决教育资源供求矛盾，使其关系协调的基本方式和途径，能使资源配置达到最优化。

教育资源在供求上达到均衡必须要满足下列条件：第一是社会资源或教育总资源对教育的投入必须满足教育发展与改革的需要；第二是要因地而异、因校而异为各地区、各学校提供资源而非均等投入；第三是科学合理地为各学校提供资源，不能波动太大；第四是资源供给要适当，不能不足或过剩。

参照上述条件，无论在宏观还是微观层面，我国教育资源都是不均衡的。因此，要坚持均衡原则，不断加大教育投入，增加在教育总资源分配中的比例，根据

---

① 张人杰：《国外教育社会学基本文选》，华东师范大学出版社 1991 年版。

② ［美］阿瑟·奥肯：《平等与效率》，四川人民出版社 1988 年版。

③ 姚永强：《关于基础教育资源优化配置的理论思考》，《西华师范大学学报（哲学社会科学版）》，2005（2）。

地区或学校实际需求进行资源投入的基础上，有所倾斜或侧重地进行供给，杜绝教育资源投入总量与质量要求盲目上涨的现象，以科学合理的供给制度保证相对均衡与稳定。

（三）利益兼顾原则

教育资源配置涉及多方面的利益因素，在具体配置时要兼顾各方利益。如果考虑不周全，很可能会因小失大、顾此失彼，影响资源的有效利用和优化配置。教育在国家、社会发展中起着重要作用的同时，又面临着资源的有限投入和受教育者消费方式的不同。所以，教育资源优化配置既要遵循效率优先、兼顾公平的资源配置一般准则，又要兼顾个人利益与国家利益、长远利益与眼前利益、局部利益与整体利益、经济效率与社会效益等各方面的利益关系。

关于经济效率，前边已有所论述，这里重点讲社会效益。对于资源合理配置的标准，在考虑分配与消费方面的经济因素的同时，也要考虑社会文化、社会保障和社会稳定等方面的因素。然而，教育是没有直接经济效益的纯社会性的资源配置项目，配置时必须注重其社会效益，符合教育资源优化配置的一般准则。

关于个人利益，在进行资源配置时，社会或政府首先考虑的是社会的整体利益和国家的长远利益，同时也必须兼顾到个人利益，没有个人利益的实现也就没有国家或社会整体利益的实现。为了保障个人利益，我国出台了《中华人民共和国民办教育促进法》，规定了扶持薄弱学校的相关政策，并试点实行教育券制度，有力保障了个人利益的实现。总而言之，不管是经济效率还是社会效益，不管是个人利益还是集体利益，它们之间是相互关联的，在进行教育资源优化配置时，必须要多方面权衡利弊，遵循综合效益和利益兼顾原则，使教育资源实现最优化配置。

第三节
教育民主化理论：区域内义务教育均衡发展的基本取向

一、民主的历程

马克思曾说过：民主是什么呢？它必须具备一定的意义，否则它就不能存在。因此全部问题在于确定民主的真正意义。[①] "民主"一词从公元前5世纪形成，此后大约直到20世纪以前，人们一直从政治概念的意义上来理解它。在西方，较有权威的《简明不列颠百科全书》中，对民主的解释就有四种："直接民主""代议制民主""自由民主或立宪民主""任何一种旨在缩小社会经济差别的政治或社会体制"。而且，"今天的中国，固然已远非提出'纳谏就是民主'就能一举成名的时代，然而对于民主与自由的偏见依然存在，而这种偏见所立足的态度即使在于全力维护这两种价值，也容易产生有害的后果，科索沃事件就非常清楚而且以悲剧的方式说明了这一点"[②]。在此，有必要对民主概念的历史发展做出较为具体的考察。

（一）民主在西方的历史发展

"民主"一词最早来源于古代希腊文 democratic（即英语的 democracy）。它由"人民"（demos）和"统治"（crates）两词构成，原意为"多数人的统治"，与国家的政治紧密相关，后人译为"人民统治"，就是人民管理自己的事务。在历史上，民主是一个典型的政治范畴，民主源于政治的需要，主要表达主权在民、权力分衡和制约、公民参政、法律至上的思想。民主思想产生于古希腊时期，发展于近现代西

① 马克思、恩格斯：《马克思恩格斯全集》（第7卷），人民出版社1972年版，第304页。

② 莱斯利雅各布著，吴半定、刘凤罡译：《民主视野后记》，中国广播电视出版社2000年版，第232页。

方国家。

古希腊历史学家希罗多德（公元前484—430/420年）在其所著的《历史》一书中，最早把雅典的政治制度称为民主政治。雅典著名政治家伯里克利（公元前495—429年）将他们的民主制度描述为：多数公民手中享有政权，而不是少数人手中独霸政权。古希腊著名思想家亚里士多德（公元前384—322年）曾依据城邦统治者的人数，把古希腊的政治制度分为：一人统治的为君主，少数人统治的为贵族，多数人统治的为共和三种常态政体，相对立的则是僭主、寡头和民主三种变态政体。可见，他们当时对民主的理解大体一致，这可谓是人类文明史上最早的民主概念。

在17—18世纪的欧洲国家，一批资产阶级启蒙思想家举着自由、平等、民主和人权的旗帜，批判神权、王权、等级特权，对民主思想的发展做出了重大贡献。英国资产阶级思想家约翰·洛克（1632—1704）在《政府论》中，批判"君权神授"和"王位世袭"理论，宣传社会契约和天赋人权学说，认为政府的权力来自人民。法国启蒙思想家孟德斯鸠（1689—1755年）在《论法的精神》中反对封建专制政体，提出三权分立的思想。法国激进启蒙思想家卢梭（1712—1778年）在《社会契约论》中提出了人民主权原则，认为主权就是公意的运用，公意就是人民共同体的意志，所以主权属于人民。与此同时，1776年美国《弗吉尼亚宣言》《独立宣言》和法国1787年《人权和公民权利宣言》中都列举了一系列资产阶级民主的原则。

在杜威以前，政治家、思想家们都是从民主是一种政治制度的角度加以探讨的，而杜威则提出：民主不仅是政治制度，更重要的是一种生活方式。他继承了西方民主思想的遗产，在其"经验方法"和工具主义真理观的指导下，对民主有了更为丰富的理解。在他的引领下，人们逐渐超越了把民主仅理解为国家的一种政治统治形式或一种具体的经济社会文化制度的观点，赋予民主更为广阔和精深的精神文化内涵。民主是正义、自由、平等和法治的统一。人们把民主视为一种崇高的价值准则，使其上升为人类的价值追求。

（二）民主在中国的历史发展

作为一个古老而又非常现实的话题，民主的内涵从"为民做主到让民作主，再到由民作主和我要作主"，是中国民主发展的历史之路。不同时期的人们一般把民主理解为"人民统治"，受历史文化背景的影响，又对"人民"和"统治"做出了不一样的解释，在相互影响和彼此借鉴的基础上，对民主概念及民主实践形式做了不同的描述。

在中国历史上,民主一词最早见于《尚书》,意思是人民的主人或为民作主,与西方民主的含义截然不同,甚至相反。漫长的王权社会盛行的是封建专制,民主法制传统很少。尽管在一些杰出思想家的著作及其他记载中,有不少带有民主性的思想因素,在具体制度建设方面也存在一些可资借鉴的东西,但近代意义上的民主思想则是19世纪后期20世纪初从西方传入中国的。从1840年鸦片战争到1919年五四运动的前夜,"中国人被迫从帝国主义的老家即西方资产阶级革命时代的武器库中学来了进化论、天赋人权论和资产阶级共和国等思想武器和政治方案……"[①]在中国历史上,中国革命的先行者孙中山第一次全面地提出建立资产阶级民主共和国的理论和政治纲领。1924年,他将旧三民主义发展为新三民主义是对民主学说的重大贡献。

自五四运动以来,中国社会的知识分子就一直在为引进、宣传和普及"民主"的理念而努力。在长达90年的民主启蒙运动中,教育也一直是一个受到高度关注的社会领域。不同历史时期的民主主义者们都对教育充满了希望,努力通过教育去培养民主理想的信奉者和民主社会的建设者。为了达到这一目的,他们一方面猛烈地批评教育实践活动中种种不民主、反民主的现象,另一方面也大力地鼓吹和推进教育的民主化。1949年中华人民共和国成立,它是以工人阶级为领导的人民民主专政国家,民主是社会主义的本质要求和内在属性。"没有民主就没有社会主义,就没有社会主义的现代化。""逐步建设高度民主的社会主义政治制度,是社会主义革命的根本任务之一,建国以来没有重视这一任务成了'文化大革命'得以发生的一个重要条件,这是个沉痛教训。"[②]民主是具体的、相对的、发展的,而不是抽象的、绝对的、静止的,它具有鲜明的阶级性,历史上从来不存在无阶级的民主。

马克思主义经典作家,在深入分析人类民主实践、批判继承人民主权理论的基础上,对民主概念内涵做了详细阐述,揭示了它的本质特征。马克思、恩格斯在《共产党宣言》中讲到:"工人革命的第一步就是使无产阶级上升为统治阶级,争得民主。"[③]列宁也指出:"民主既是一种国家形式,也是一种国家形态。民主意味着在形式上承认公民一律平等,承认大家都有决定国家制度和管理国家的平等权力。"[④]毋庸置疑,民主是与专制制度对立而存在的一种国家制度,具体表现在两个

① 毛泽东:《毛泽东选集(第四卷)》,人民出版社1967年版,第1451页。

② 邓小平:《邓小平文选(第三卷)》,人民出版社2001年版,第116页。

③ 马克思、恩格斯:《马克思恩格斯选集(第1卷)》,人民出版社1995年版,第272页。

④ 列宁:《列宁全集(第3卷)》,人民出版社1996年版,第257页。

方面：一是民主的本质，即哪个阶级享有民主、掌握国家政权；二是民主的形式，即采取何种形式组织政权。前者决定后者，后者是前者的具体表现和保证条件，二者相互影响，密不可分。

今天的中国人民需要什么样的民主？党的十五大报告明确指出："社会主义的本质是人民当家作主。国家的一切权力属于人民。我国实行的人民民主专政的国体和人民代表大会制度的政体是人民奋斗的成果和历史的选择，必须坚持和完善这个根本政治制度……"因此，当代中国的政体形式是人民代表大会制度，这是一种社会主义性质的代议民主制。我们国家必须要推进民主化的进程，这个是大势所趋。

二、由"民主"到"教育民主化"

维特根斯坦说："早期的文化将变成一堆瓦砾，最后变成一堆灰土，但精神将萦绕着灰土。"[①]人类共有的理念具有人类普遍的价值。民主就属于这样的理念。马克思主义的民主概念在社会不同层面和不同领域中都有所体现。在民主的政治领域中，主要体现在以下层面：民主的政治制度或民主政体；组织管理中的民主原则和民主体制；民主权利；民主观念和民主精神；民主作风和民主工作方法；等等。把民主概念扩展到经济、文化和社会生活领域中，形成了经济民主、文化民主和社会民主。教育民主是民主这一范畴在教育领域中的体现，一方面是指政治领域中民主扩展到教育领域，使教育成为公民的权利和义务；另一方面是把非民主的教育改造成民主的教育。前者是民主外延的扩大，后者是教育内涵的加深。当今社会，追求"教育民主化"，我国理论界也对此有过坚持不懈的探讨，形成了教育民主化的初步认识。

（一）杜威的观点

众所周知，杜威的《民主主义与教育》是最为系统地阐述民主与教育之间关系的教育理论。"关于民主，我们有一个有名的简单定义，即'民治，民有，民享'。这定义大约可以给我们提供一个了解民主社会最好的线条。"[②]杜威在阐述民主社会特征时指出："第一个要素，不仅表明有着数量更大和种类更多的共同利益，而且

① 张人杰：《国外教育社会基本文选》，华东师范大学出版社1989年版，第171页。
② 杜威著，王承绪译：《民主主义与教育》，人民教育出版社2001年版，第97页。

更加依赖对作为社会控制的因素的共同利益的认识。第二个要素，不仅表示各社会群体之间由隔离状态、各自独立状态形成更加自由的相互影响，而且通过适应多方面交往所产生的新的情况、社会习惯得以不断地重新调整。这就是民主社会的特征。”[①]在杜威看来，民主主义的特征就是：共同参与事业范围的扩大和个人各种能力的自由发展。“民主政治热心教育，这是众所周知的事情。根据表面的解释，一个民主的政府，除非选举人和受统治的人都受过教育，否则这种政府就是不能成功的。”“民主主义首先是一种联合生活的方式，是一种共同交流经验的方式，是一种政府形式。”[②]

杜威指出：“如果没有我们所想的教育，没有我们所想的家庭教育和学校教育，民主主义便不能维持下去，更谈不上发展。教育不是唯一的工具，但它是第一的工具，首要的工具，最审慎的工具。通过这种工具，任何团体中的每一个人都平等地享有所珍视的价值，所欲实现的共同目标，每个人都有权利思考、观察、判断和选择。”[③]杜威对民主和教育的关系问题，提出了一个崭新的视角：教育领域中的民主，不仅是目的，而且是手段。杜威认为，他所构造的教育既可以满足儿童的现实生活，又可以改造人类的政治生活，从而把个人能力的解放与社会的向前发展密切地结合起来，进而实现民主主义的理想。因此，教育应坚持以教育中的民主主义为标准，以社会共同利益为根本目标，通过民主的价值和民主的思想来改造教育、支配整个教育制度，让每一位受教育者真正成为民主社会的一员。

（二）陶行知的观点

陶行知是中国近代生活教育理论与实践的创始人。他于 1946 年所确立的生活教育的基本方针是，“民主的、大众的、科学的、创造的”。陶行知指出：“民主教育应该是整个生活的教育。”“民主运用到教育方面，有两重涵义：第一，民主的教育是民有、民治、民享的教育。……第二，民主的教育必须办到各尽所能、各学所需、各教所知。”他指出，“民为贵，人民第一，一切为人民”。他强调“民主教育是人民的教育，人民办的教育，为人民自己的幸福而办的教育。有人民的地方，就是民主教育到的地方”。这充分说明了陶行知的教育的人民性，即教育属于人民；也体现了其作为人民教育家的情怀。陶行知指出，民主教育就是教人做主人，做自己的主人，做国家的主人，做世界的主人。而主人的特征就是自由、平等、全面发展

① 杜威著，王承绪译：《民主主义与教育》，人民教育出版社 2001 年版，第 97 页。

② 杜威著，王承绪译：《民主主义与教育》，人民教育出版社 2001 年版，第 97 页。

③ 杜威著，《人的教育》，上海人民教育出版社，1965 年版。

的人。他曾写过一副对联："在立脚处谋平等；于出头处求自由。"他认为，所谓真正的平等应是大家的立脚点、平等的起点。教育平等包括受教育机会均等、发展机会均等以及教育管理机会均等。陶行知认为，所谓自由包含外部宽松无压力和内部努力有力量。教育自由要求外部教育环境要宽容、理解和尊重；内部力量要求人自身要努力、坚持和奋斗，人的自由在内外条件兼具时才能充分实现。总之，其民主思想的实质是"以民为贵，以民为本，使人自由、平等、全面发展"。它是生活教育的基础及重要组成部分。

教育民主化是极具魅力的并带有普遍性的敏感问题，也是世界各国教育界关注的焦点。20 世纪 60 年代以来，教育民主化成为世界教育改革的主流。米亚拉雷指出："教育民主化现已成为几乎所有教育革新和教育改革一项固有的目标。教育民主化是当前全球教育系统发展的一个基本趋势。"①教育民主化主要包括教育民主和民主教育。教育民主本质上是宏观的作为事业的教育的民主，是政治的民主扩展到教育领域，使个体在教育领域中享有平等受教育的权利和义务，主要体现在：平等的受教育权、人身自由和思想自由的权利、民主体制下的个人政治社会化、社会意识同化问题。民主教育实际上是微观的作为活动的教育的民主，是具有公平、民主原则的教育取代专制的、不民主的和不充分民主的教育，主要体现在：教育的民主决策和管理、教育的师生关系民主化。前者是后者的基础，后者是前者的延伸。教育民主和民主教育就是使更多的人成为民主化教育的主体，享有平等的教育和同样的受教育权。②

实现教育民主化是区域义务教育均衡发展的根本取向，要将教育民主化这一理想或重要理念逐步变成现实，首先是要追求教育平等，让越来越多的人得到更加理想的教育；其次是推行教育管理民主化，让尽可能多的人帮助重新创造教育；再次是优化教育活动，构建民主平等的新型师生关系。

三、教育民主化的含义

"教育民主化"的概念最早出现于 20 世纪 60 年代，伴随着被压迫国家民族解放运动的此起彼伏，社会民主化逐渐兴起，教育民主化作为社会民主化的重要组成部分，同样也受到了人们的广泛关注。米亚拉雷指出："教育'民主化'现已成

① 米亚拉雷：《现代教育史》，台北五南图书出版公司 1993 年版，第 250 页。
② 叶发钦：《论教育民主化与创新人才的培养》，《广西社会科学》，2000(5)。

为几乎所有教育革新和教育改革的一项固有的目标。教育'民主化'是目前全球教育系统演变的一个基本趋势。"①在今天,教育民主化作为全球教育改革的一个重要趋势,也是我国教育改革十分重要的方向,我们有必要从理论与实践两方面去深入地研究它,把握其核心内涵,让它更好地为建设中国的现代化教育体系服务。

到目前为止,对于"教育民主化"的含义尚无定论,无论是从其内涵还是外延方面,每个人都有自己不同的理解。联合国教科文组织在20世纪70年代末对于教育民主化的内涵给予了一个总的概括:"教育民主化既涉及入学机会均等,又涉及学业成功机会均等,还涉及教育形式的多样化,教育面向社会和生活,以及在教学内容、教学方法和教学组织中培养新精神。"②顾明远主编的《教育大词典》中,将教育民主化解释为教育具有平等、民主、合作、能调动教育者与受教育者的积极性等特点。主要内容包括:取消等级制度,扩大受教育权利,实行教育机会平等;反对压抑儿童的个性,要求尊重学生,调动学生的积极性,培养和提高他们的民主意识与参与意识。③ 袁振国主编的《当代教育学》一书认为,教育民主化是以自主合作为特征的民主形式的教育和教育制度不断转向公正、开放、多样的演变过程,它给予个体越来越多的平等的教育机会。④ 陈桂生在《教育原理》一书中,站在"教育与政治关系问题"的视角上,论证了"教育民主化"包括"教育的民主"和"民主的教育"两个侧面。前者是"民主"外延的扩大,即把政治的民主扩展到教育领域,使受教育成为公民的权利和义务;后者是"教育"内涵的更新,即把专制的不民主的、不充分民主的教育改造成为民主的教育。最后得到的结论是:所谓"教育民主化"一般指越来越多的人得到教育机会,受到越来越充分的民主教育。⑤ 石中英认为教育民主化在某种意义上说是实施民主教育的一种重要途径,在内容上涉及教育活动的各个方面,包括涉及政治教育以外的其他所有教育内容,涉及了学校的日常生活和管理,甚至涉及了教师的教育观念和学生的学习观念。⑥

从以上几种对于教育民主化含义的理解可以看出,教育民主化一方面包括教育机会的平等,即每个人都有均等地接受教育的机会;另一方面还包括在教育的

---

① 米亚拉雷:《现代教育史》,台北五南图书出版公司1993年版,第250页。

② 转引自米亚拉雷、维亚尔主编,张人杰等译:《世界教育史(1945年至今)》,上海译文出版社1991年版,第313页。

③ 顾明远:《教育大辞典(第一卷)》,上海教育出版社1990年版,第55页。

④ 袁振国:《当代教育学》,教育科学出版社1999年版,第50页。

⑤ 陈桂生:《教育原理》,华东师范大学出版社2000年版,第134页。

⑥ 石中英:《教育哲学》,北京师范大学出版社2007年版,第268页。

内部过程中的学校管理、课程与教学、师生关系等方面的民主与平等。这可以说明，我们在理解教育民主化的概念时，首先从外部理解民主与教育的关系，进而从教育内部解释教育民主化所包含的主要内容。也就是说，民主与教育的关系问题是对教育民主化作出界定的先决条件。在解释教育民主化时，我们倾向于先从政治上理解民主，把民主看作是一种理念、一种与专制相对应的价值观，然后根据民主与教育的关系，从教育内部对“教育的民主”和“民主的教育”作出解释，从而界定教育民主化的内涵。

结合中外教育发展的历史来看，教育民主化的发展总是伴随着政治上民主的发展并不断反映政治民主，如果没有政治民主，教育民主也就无从谈起。可以这样说，不管是在资本主义国家还是社会主义国家里，教育民主化必然以政治民主为前提。我们只有从政治民主出发，并联系教育民主化，用民主的思想关注教育的发展，将民主精神贯彻到教育过程的各个方面，把教育民主化看成是现代教育改革必须遵循的基本理念和行动原则，才能不断对其含义进行发展与创新。

四、教育民主化的主要内容

教育民主化追求一种教育和学校“成为民主实践典范”[①]的民主教育过程。教育民主化不再是遥不可及的空中楼阁。我们的教育必须思考这样一个核心问题：如何清除教育通向民主的重重障碍，走向一条教育民主化的道路，使教育民主化不再是空洞的理想口号？为此，必须在教育生活中遵循民主原则，贯彻民主精神，确立民主视野中教育发展的主要议题，从理论上澄清教育民主化努力的基本方向，以便我们在教育实践的各个方面开展工作。

（一）教育平等：让更多的人机会均等地享受教育资源、接受更理想的教育

教育平等是教育民主的核心，是人类教育理想的一个重要组成部分。民主不可避免地要与平等概念产生相关联系。列宁明确地说过：“民主意味着平等”。[②]传统上，社会正义理论说明三个基本的价值：“平等、自由和博爱。政治哲学中，平等观念受到更加仔细的关注。一切人，或至少是一个国家的一切公民，或一个社

① 联合国教科文组织总部中文科：《教育——财富蕴藏其中》，教育科学出版社 1996 年版。

② 列宁：《列宁选集（第三卷）》，人民出版社 1996 年版，第 201 页。

会的一切成员，在政治地位和社会地位上都应是平等的。"[①]我们已经看到，理想的政治平等是民主视野的核心问题，平等是民主的基础，教育民主化发展的首要议题自然是教育平等问题。

教育民主的首要原则是平等原则，从教育资源的配置和利用方面说，平等原则要致力于实现教育机会均等和教育条件的均等。[②] 教育平等是指，在教育资源的配置、利用及教育关系的建构方面，所有的人，不论其肤色、种族、性别、财富、地位、智力等，都应享有同样的机会、权利，或受到同样的待遇，反对任何形式的特权、歧视或排斥。教育平等就是要致力于实现"教育机会均等"和"教育条件均等"。"教育机会均等"的标志是每个社群的子女在各级各类教育中所占比例与其家长在总人口中所占比例大致相等。其主要内涵是：(1)入学机会均等，或入学不受歧视；(2)受教育过程中的机会均等；(3)取得学业成功的机会均等。[③]

教育平等，应是一种"相对的平等"，而不是一种"绝对的平等"，因为绝对的平等是很难做到的，一方面我们缺乏衡量绝对平等的合适尺度，另一方面确实存在着"自然的"和"社会的"不平等的事实[④]。所以，教育平等只能是"最大可能地减少由于自然和社会的不平等所带来的教育机会及人际关系上的不平等，同时给予不同的儿童以同样的成功的机会或可能"。正如胡森所说："若干年来，无论在国内还是在国际上，就教育问题进行的政策讨论中，'平等'已变成一个关键词。"[⑤]教育平等究竟意味着什么？应该关注什么？许多思想家为此绞尽脑汁。

从教育机会均等观念说起，科尔曼主张审视教育平等的多视角化，认为教育平等包括教育机会平等、教育过程平等、教育资源平等、教育结果平等、教育效果平等、矫正平等和补偿平等等方面。《科尔曼报告》被认为是："试图确定一个教育系统是否成功地支配着平等，并确定其支配程度而开展的第一项实证研究。"[⑥]从教育权利平等向机会均等这一目标逼近的过程中，科尔曼的研究报告证明：影响学生学业成绩不良归因于学生的品格、学生团体所属的社会阶级风气，而不是教育设备的不平等。同时，库姆斯也证明：教育体系"……不可避免地要偏向那些家长受过教育的子女一边，这些家长为他们的子女提供了良好的语汇和文化上丰富

① 马克思、恩格斯：《马克思恩格斯选集(第三卷)》，人民出版社 1995 年版，第 444 页。
② 石中英：《教育哲学导论》，北京师范大学出版社 2004 年版。
③ 顾明远：《教育辞典教育社会学卷》，上海教育出版社 1992 年版，第 413 页。
④ 卢梭著，李常山译：《论人类不平等的起源和基础》，商务印书馆 1962 年版，第 70—73 页。
⑤ 张人杰：《国外教育社会基本文选》，华东师范大学出版社 1989 年版，第 193 页。
⑥ 张人杰：《国外教育社会基本文选》，华东师范大学出版社 1989 年版，第 194 页。

的环境。”[①]因此，我们必须从教育体系自身及其所依赖的社会背景这两个方面去寻找教育不平等的根本原因。

瑞典的胡森，对教育平等的理论和发展过程进行梳理：“保守主义阶段”——“自由主义阶段”——“新概念阶段”三个阶段。他认为，教育平等主要包含三种含义：一是指个体受教育起点的平等，即每个人不受任何歧视，平等享受学习生涯的开始；二是指受教育阶段性的平等，即不论什么样的人种和身份地位，每一个人都享有平等的待遇；三是指受教育结果的平等，即每个人取得学业成就的机会更加平等。一、二两点是典型的自由主义平等观，其承认个人的能力、优点、抱负和努力程度的差异，鼓励竞争，但是忽略和否定了分配平等和结果平等，导致社会的两极分化和矛盾冲突等问题。到了20世纪60年代，美国伦理学家罗尔斯所概括的契约主义平等观，重新引起人们的注意。在他看来，“为了平等地对待所有人，提高真正的同等机会，社会必须更多地注意那些天赋较低和出身较不利的社会地位的人们。”[②]但是，一个毋庸置疑的事实是：“与公平合理相反的是，社会地位低下的人们在无法享受普遍接受教育权利这方面，现代文明过早地引以为荣了。在贫穷的社会里，首先被剥夺权利的人是他们；而在富裕的社会里，他们也是唯一被剥夺权利的人。”[③]

马克思曾说：“ 权利永远不能超出社会的经济结构以及由经济结构所制约的社会文化发展。”[④]在新中国的教育发展史上，教育平等的理念一直影响着教育政策的发展变化，成为人民政府不懈努力的行动指南。教育平等是一种社会理想，但更应该成为一种社会实践运动。教育平等永无止境的目标追求便是让更多的人机会均等地享受教育资源，接受更理想的教育。教育平等是一种永恒的价值追求，又是一个无限接近的过程。

（二）教育决策与管理民主化：让尽可能多的人帮助重新创造教育

民主是一种国家制度，决策与管理民主化是民主在教育领域的延伸，它要求更多的人参与教育决策与管理。科恩认为，民主是“社会成员大体上能直接或间

---

① 联合国教科文组织国际教育发展委员会：《学会生存》，教育科学出版社1996年版，第102页。

② 罗尔斯著，何怀宏等译：《正义论》，中国社会科学出版社1988年版，第101页。

③ 联合国教科文组织国际教育发展委员会著，何怀宏等译：《学会生存》，教育科学出版社1996年版，第101页。

④ 马克思、恩格斯：《马克思恩格斯论教育》，人民教育出版社1986年版，第270页。

接地参与或可以参与影响全体成员的决策"[①]。正像杜威所说,民主不仅是一种特殊的政治形式,一种管理政府的方式,更是一种生活方式。"它首先是一种联合生活的方式,是一种共同交流经验的方式。每个人参与一种有共同利益的事,必须使自己的行动参照别人的行动,考虑别人的行动,使自己的行动有意义和方向。"[②]"人民不仅是大量的、继续的、完整的教育对象,而且也是积极的参加者。"[③]

"教育不仅是专家的工作,而是全体组织起来的人民的工作。……(它要求)所有有关部门广泛参加这个工作并为之做出决定。"[④]首先,要求管理思想与意识的民主化,以实现教育决策的科学性。其次,要进一步深化教育体制改革。再次,要加快立法步伐,使教育管理有章可循,有法可依。法制的完善程度是一个国家教育管理民主化程度的重要标志。在教育管理民主化的进程中,其一,要试图确立"共同指导和管理教育事业"的共同体:教师、家长、学生、行政人员、其他职员等;科学家、教育学家、心理学家、儿童专家等;各种青年组织、工会、政治团体和其他组织代表等。其二,要试图明确共同体所参与的活动事项:规定教育政策和目标;制定相关规章制度;建立组织机构;筹措经费和分配资源;聘请教师和调整薪金;解决教材教法等相关教学问题。

正如联合国教科文组织所说的那样,教育民主化,要让更多的人在接受教育的同时,也能参与到教育管理之中。改变传统教育已不能适应大量增加学生人数的需要,重新建立一种新的教育,重建教育者,不是教育的管理人员和官员,而是人民,是全体人民。……这就是说,我们必须组织、发动不同阶层的人民进行关于教育与教学的讨论,让教育的民主化从真正的民主行动开始,让尽可能多的人民帮助重建教育。[⑤]

在世界性教育改革的潮流中,出现了新的教育管理局面:(1)从教育行政部门、学校自己管理转向社会参与管理。(2)教育系统内部的民主管理意识不断增强。如果采用不民主的方式探讨教育体系,如果一种教育体系,在开放的环境中,被一些思想狭隘的人所管理,如果它尽力克服社会障碍,但所用的教材内容却很

---

① 科恩著,聂崇信、朱秀贤译:《论民主》,商务印书馆 1988 年版,第 10 页。

② 杜威著,王承绪译:《民主主义与教育》,人民教育出版社 1990 年版,第 92 页。

③ 联合国教科文组织国际教育发展委员会:《学会生存》,教育科学出版社 1996 年版,第 177 页。

④ 联合国教科文组织国际教育发展委员会:《学会生存》,教育科学出版社 1996 年版,第 108 页。

⑤ 联合国教科文组织国际教育发展委员会编著,华东师范大学比较教育研究所译:《学会生存》,教育科学出版社 1996 年版,第 107 页。

受限制而且十分贫乏，如果它指点学生许多途径，但却阻止他们去求得真理，在这种情况下，即使都是在民主的基础上所录取的学生，这种教育体系也不能算是民主的。①

我国的教育管理民主化，宏观上是指教育行政民主化，需要不断完善中央统一领导、地方分级管理、学校自主办学、社会参与管理的运行机制；微观上是指学校管理的民主化，需要建立健全教职工代表大会制度，完善校长负责制，充分发挥校务委员会的"智囊团"作用以及对学生实行积极有效的民主管理。针对我国课程决策模式由中央教育行政部门的自上而下式转向民主参与式。为进一步发扬民主，体现平等，让大众能够参与到教育改革中来，让他们真正拥有参与教育管理平等权，必须建立相应的政治体制和经济保障制度。

（三）师生关系民主化：构建"民主—平等—对话"型师生关系

伯格森的生命哲学认为，"在宇宙之中，存在着一种构成事物本质的'生命冲力'或'生命意志'，它的功能就是创造。进化没有预先决定的途径或终点，它是随着生命力的创造驱策而成的。人类由于他的直觉能力能够配合它并创造性地运用它，他能够运用生命冲力推动物质世界，并以最合适的方向建立他的生活和社会。"②儿童天生的创造性和"生命冲力"对传统教育的主客体师生关系提出了挑战，要求建立一种与传统教育有着根本区别的教师观和儿童观。教育民主化必然要求师生关系由权威型转向互动型，教育方式由灌输式转向启发式，教育评价由注重选择转向注重培养，教育管理由集中、封闭式转向参与式、自主式。③ 师生关系的理性表现应当是"人—人"关系，或者说是主体间的"我—你"关系，而不是人与物之间的"我—它"关系。师生关系的民主是教育民主的核心。师生间的平等也是"教育平等"的一部分，其内涵体现在人格的平等性和真理、知识、教学目标面前的平等性。

美国教育家帕尔默所讲的"求知共同体"，就聚焦在真理和伟大事物之上，师生作为求知者，真理产生在彼此互相分享的动态过程中，而不在少数专家手里，这就是教育民主共同体。这里有一个明确的权威，帕尔默将师生互动中生成的真理称为"主体"，"当我们把注意力投放到主体之上时，我们就赋予人性的尊敬和权

---

① 联合国教科文组织国际教育发展委员会：《学会生存》，教育科学出版社，1996 年版。

② 张胜勇，《反思与建构——20 世纪的教育科学研究方法论》，山东教育出版社，1995 年版，第 68-69 页。

③ 袁振国，《当代教育学》，教育科学出版社，2004 年版。

威。……在真正的共同体中，连接我们所有关系的核心是主体本身，是活生生的主体的力量，而不是亲密性、公民性和问责性”[①]。

师生关系民主平等体现在以下几个方面：第一，师生民主平等意味着教师对学生作为“人”的价值的承认；第二，师生民主平等意味着对学生人格的尊重；第三，师生民主平等意味着教师对学生的公平对待和一视同仁；第四，师生民主平等意味着教师对学生的信任；第五，师生民主平等意味着师生之间交流的结果必定是教学相长。在民主平等的环境里，采用民主的教育方法，调动师生双方的积极性，建立民主平等的师生关系，是教育民主化的要求也是教育民主化的结果。民主化的师生关系是教师与学生两个生命体之间的沟通与交融，是师生互尊互爱的结果，是以尊重学生、平等对待学生、关怀学生为基础，建立民主、平等、互动的师生关系，促进师生的共同发展为目的。如果我们成功地将学习者从学习对象变成了学习主体，在教育过程中允许自由地和持久地交换意见，引导学习者走上自我教育的途径，教育民主化才是可能的。当教育摆脱一种给予（灌输）、一项礼物或一种强制东西的教育模式时，采取自由探索、征服环境和创造事物的方式引导学习主体时，教育就更加民主化了。[②]

建立一种师生间平等“对话”的关系，教师和学生通过语言进行讨论和争鸣，促进师生之间平等的心灵沟通。这种“对话”要求师生之间彼此敞开心扉，随时接纳对方的见解。这是一种双方的互相“倾听”，是双方互相吸引、互相包容和共同参与、共同分享的关系。首先要营造“对话”的氛围。教师在教学中要时时从一个参与者、研究者的角度来与学生一起提出自己的观点，和他们交换自己的意见，用平和、商量、研讨的语气同学生进行平等的对话。通过这样民主的对话，学生们就会在主动积极的思维和情感活动中加深对问题的理解和体验，并且有所感悟和思考，在轻松、民主、和谐的课堂氛围中受到情感的熏陶，获得思想的启迪，享受学习带来的乐趣。其次要创设“对话”的情境。在师生对话过程中，一方面教师可以对学生进行全方位的观察和了解，把握住学生对学习的态度、兴趣、所达到的知识水平和已经达到的能力，从而判断教学目标、教学任务等方面设置安排得准确与否，为教学决策提供有力的依据，从而有效地实现教学的诊断与反馈功能。另一方面，在对话过程中，师生之间通过彼此的经验敞开与相遇、冲突与包容、理解与接纳的动态化过程，使学生逐步形成自我分析、自我评价、自我激励的学习态度和学

---

① 帕尔默、吴国珍，余巍等译：《教学勇气——漫步教师心灵》，华东师范大学出版社 2005 年版，第 103 页。

② 联合国教科文组织国际教育发展委员会：《学会生存》，教育科学出版社 1996 年版。

习能力，这有利于形成教师检查与评价向学生自我检查与评价的转化，充分发挥教学评价的激励作用。

在教学领域，知识才是真正有资格成为"统治者"的事物，师生在共同追求真理和优秀的过程中可以相互批判、相互学习，它是一种动态的平等，有参照系的平等。这一平等意味着不仅"吾爱吾师，吾更爱真理"，也应是"吾爱吾生，吾尤爱真理"。正如一份来自联合国教科文组织的报告中所说："当师生关系成了一种统治者和被统治者的关系的时候，我们应该从根本上重新评价师生关系这个传统教育大厦的基石。由于一方的年龄、知识和权威处于有利条件，而另一方的低下与顺从态度，促使这种统治和被统治的关系变得根深蒂固了。处在当代教育之中陈腐的人类关系，已经遭到了强烈抵抗。这种抵抗既是对传统师生关系的批判，又是对教育民主化的呼唤。在民主的师生关系中，教师的职责开始从传递知识走向鼓励更多的学生去思考。除了正式职能以外，教师也越来越成为一位顾问，一位交换意见的参加者，一位帮助发现矛盾论点，而不是拿出现成真理的人。他必须将更多的时间和精力投入到有效果的和有创造性的活动之中：相互影响、讨论、激励、了解、鼓舞。"①该报告还特别强调："如果教师与学生之间的关系不按照这个样子来发展，它就不是真正民主的教育。"②

民主化的师生关系在要求教师与学生之间平等的同时，也要求教师平等地对待每一个学生。平等并不意味着平均，不能用统一的标准去要求所有的学生或评价所有的学生，而是要用平等的态度对待每一个学生，使每一个学生都得到同样的生命关怀。由于每个学生的学习经历、基础、兴趣、学习要求是不同的，如果用统一的标准去要求所有的学生，就是一种不平等的表现。所以，有学者说："只有促进个性自由发展的教育，才是真正民主的教育。"只有建立真正平等的民主化师生关系，学生才能拥有和谐、民主、平等的学习环境，才能体验到自己是学习的主体，才敢于思想、敢于言论、敢于创新。

人际关系的环境背景下，改善师生之间的人际关系，通过创设和营造师生之间情感交流的文化活动，拉近师生之间的心理距离，使得双方互相走进对方的精神、情感和整个心灵世界。这种交往试图使得师生之间的人际关系成为朋友之间的平等关系，并以此树立学生的主体地位。这一新型的师生关系要求：在教育教学过程中，坚持民主平等原则，创造民主平等的条件和气氛，采用民主的教育方

① 联合国教科文组织国际教育发展委员会：《学会生存》，教育科学出版社 1996 年版。

② 联合国教科文组织国际教育发展委员会：《学会生存》，教育科学出版社 1996 年版。

法，调动师生双方的积极性，体现民主精神，促进学生全面而有个性地发展。在教育过程中尊重并培养儿童的自由的态度与行为方式，已成为现代社会的一种普遍的道德价值抉择。这一点，与主体教育、人本教育的理论和今天素质教育的理念并行不悖、相辅相成。因此民主平等的师生关系的重要性将更加凸显，必然成为教育改革和发展所关注的焦点。

教育民主化的基本内涵是教育机会均等包括追求结果的均等，随着教育机会的扩大和教育水平的提高，教育民主化的内涵在不同的发展阶段又有更为丰富的内涵。[①] 从根本上说，民主是人类为之奋斗的理想，是国家组织管理的具体实践，它涉及国家制度、人民权利、观念意识等方面，它又是政治性问题和社会性问题的交叉。民主思想的本质自其产生以来一直未变，那就是追求自由平等公正的社会理想。如维特根斯坦所言，早期的文化将变成一堆瓦砾，最后将变成一堆灰土，但精神将萦绕着灰土。人类共有的理念具有人类普遍的价值，民主就属于这样的理念。

第四节
科学发展观：区域内义务教育均衡发展的政策思想支撑

科学发展观是胡锦涛在2003年7月28日的讲话中提出的“坚持以人为本，树立全面、协调、可持续的发展观，促进经济社会和人的全面发展”，按照“统筹城乡发展、统筹区域发展、统筹经济社会发展、统筹人与自然和谐发展、统筹国内发展和对外开放”的要求推进各项事业的改革和发展的一种方法论。“科学发展观，是对党的三代中央领导集体关于发展的重要思想的继承和发展，是马克思主义关于发展的世界观和方法论的集中体现，是同马克思列宁主义、毛泽东思想、邓小平理论和‘三个代表’重要思想既一脉相承又与时俱进的科学理论，是我国经济社会发

① 谈松华主编：《中国教育现代化的区域发展》，广东教育出版社，2003年版，第314页。

展的重要指导方针，是发展中国特色社会主义必须坚持和贯彻的重大战略思想。"①科学发展观是中国共产党的重大战略思想，在中国共产党第十七次全国代表大会上写入党章，成为中国共产党的指导思想之一。②

一、科学发展观提出的背景

十七大报告中明确提出"科学发展观，是立足社会主义初级阶段基本国情，总结我国发展实践，借鉴国外发展经验，适应新的发展要求提出来的"③。

（一）我国处于社会主义初级阶段的基本国情

科学发展观的提出是根植于我国处于社会主义初级阶段这一基本国情的。如今，和平与发展是时代的主题，我国正处于并将长期处于社会主义初级阶段，必须将发展作为国家的第一要务，才能快速奔向小康社会，实现中华民族的伟大复兴。虽然经过几十年的努力，我国综合实力显著增强，已经位居世界前列，但"我国生产力水平总体上还不高，自主创新能力还不强，长期形成的结构性矛盾和粗放型增长方式尚未根本改变；社会主义市场经济体制初步建立，同时影响发展的体制机制障碍依然存在，改革攻坚面临深层次矛盾和问题；人民生活总体上达到小康水平，同时收入分配差距拉大趋势还未根本扭转，城乡贫困人口和低收入人口还有相当数量，统筹兼顾各方面利益难度加大；协调发展取得显著成绩，同时农业基础薄弱、农村发展滞后的局面尚未改变，缩小城乡、区域发展差距和促进经济社会协调发展任务艰巨；社会主义民主政治不断发展、依法治国基本方略扎实贯彻，同时民主法制建设与扩大人民民主和经济社会发展的要求还不完全适应，政治体制改革需要继续深化；社会主义文化更加繁荣，同时人民精神文化需求日趋旺盛，人们思想活动的独立性、选择性、多变性、差异性明显增强，对发展社会主义先进文化提出了更高要求；社会活力显著增强，同时社会结构、社会组织形式、社会利益格局发生深刻变化，社会建设和管理面临诸多新课题；对外开放日益扩大，同时面临的国际竞争日趋激烈，发达国家在经济科技上占优势的压力长期存在，

① 胡锦涛：《高举中国特色社会主义伟大旗帜　为夺取全面建设小康社会新胜利而奋斗——在中国共产党第十七次全国代表大会上的报告》，2007年10月15日。

② 百度百科，http://baike.baidu.com/view/15952.htm? fr=aladdin。

③ 胡锦涛：《高举中国特色社会主义伟大旗帜　为夺取全面建设小康社会新胜利而奋斗——在中国共产党第十七次全国代表大会上的报告》，2007年10月15日。

可以预见和难以预见的风险增多,统筹国内发展和对外开放要求更高"①。

这些特征,是我国社会主义初级阶段基本国情在新世纪新阶段的具体表现。党的三代中央领导集体在明晰这一现实后,不狂妄自大,也不妄自菲薄,更不急于求成,而是将其作为推动改革发展的根本依据。立足社会主义初级阶段这个基本国情,科学把握我国面临的新形势、新任务,深入分析我国面临的机遇和挑战,奋力开拓中国特色社会主义更为广阔的发展前景。

(二)我国过去发展中存在的问题

由于发展观的不同,人们观察、思考和解决发展问题的原则、方法和价值取向等也会不同,从而会影响人们对发展模式和发展战略的选择。总的来说,发展观主要有以人为中心和以物为中心的两种不同的发展观。以人为中心的发展观强调通过"物"的发展来实现社会和人的全面发展,以物为中心的发展观主要是指极端的环境保护或单一的经济增长取向。二战后,国际上发展观的演变大致经历过四个阶段:20 世纪 50 年代,人们基本上把发展等同于经济增长;70 年代初,人们将发展看作是经济增长和社会变革的统一;70 年代后期,人们强调发展和自然环境的协调;80 年代后期,人们将发展看作人的各方面能力得到发展、人的多方面需求得到满足的过程。我国在大力开展经济建设过程中,经济的快速发展也造成了一些不协调和失衡的状况,比如经济发展和社会发展的不协调,城乡、地区和不同阶层经济收入分配的不协调,内需和外需之间的不协调等。科学发展观是党的三代中央领导集体在充分认识这一现实基础上提出来的。

(三)发展中国家在发展中的经验教训

国际上发展中国家在发展过程中,充分利用各种因素,采取便捷的措施,通过大量引进发达国家高新技术促进国内生产力的快速发展,促进广泛的社会改革。由于是全方位、高速度的急剧变革,经济增长同社会稳定与发展、生态环境保护等之间并非完全相协调,甚至有时候存在着严重冲突。科学发展观也是党的三代中央领导集体总结世界上众多发展中国家在快速发展、实现现代化过程中的经验教训基础上提出来的。众多发展中国家在快速发展、实现现代化过程中的经验教训主要有:一是应对"全球化",处理好开放与自主、国家与市场的关系;二是处理好

① 胡锦涛:《高举中国特色社会主义伟大旗帜 为夺取全面建设小康社会新胜利而奋斗——在中国共产党第十七次全国代表大会上的报告》,2007 年 10 月 15 日。

传统与现代化的关系，从传统中吸取力量，发掘变革的动因；三是解决高速经济增长与社会发展和政治革新的关系；四是实事求是地解决生产力与生产关系的相互关系；五是消除各种不安定因素，促进社会稳定和区域和平发展。

二、科学发展观的内涵

胡锦涛在十七大报告中明确提出了："科学发展观，第一要义是发展，核心是以人为本，基本要求是全面协调可持续，根本方法是统筹兼顾。"①

（一）发展：科学发展观的第一要义

自新中国建立后，历代领导人都非常重视发展的问题。毛泽东指出，社会主义革命的目的是为了解放生产力；邓小平提出发展才是硬道理；江泽民提出党要承担起推动中国社会进步的历史责任，必须始终紧紧抓住发展这个执政兴国的第一要务。历史实践证明，国家只有以发展为主题，用发展的眼光、发展的思路、发展的办法解决前进中的问题，才能促进中国特色社会主义事业的胜利。

"发展，对于全面建设小康社会、加快推进社会主义现代化，具有决定性意义。"虽然我国改革开放以来取得了巨大成就，但我国处于并将长期处于社会主义初级阶段的基本国情没有变化，当前的主要矛盾依然是人民日益增长的物质文化需要同落后的社会生产力之间的矛盾。要实现全面建设小康社会和现代化建设第三步战略目标离不开发展，实现中华民族的伟大复兴，在风云变幻的国际局势中立于不败之地离不开发展，增强国防力量、维护国家安全、维护世界和平离不开发展。胡锦涛在十七大报告中明确提出："要牢牢扭住经济建设这个中心，坚持聚精会神搞建设、一心一意谋发展，不断解放和发展社会生产力。更好实施科教兴国战略、人才强国战略、可持续发展战略，着力把握发展规律、创新发展理念、转变发展方式、破解发展难题，提高发展质量和效益，实现又好又快发展，为发展中国特色社会主义打下坚实基础。"②

发展是一个永无止境的历史过程，指导发展的观念也必须与时俱进。"要着力把握发展规律、创新发展理念、转变发展方式、破解发展难题，提高发展质量和

① 胡锦涛：《高举中国特色社会主义伟大旗帜　为夺取全面建设小康社会新胜利而奋斗——在中国共产党第十七次全国代表大会上的报告》，2007 年 10 月 15 日。

② 胡锦涛：《高举中国特色社会主义伟大旗帜　为夺取全面建设小康社会新胜利而奋斗——在中国共产党第十七次全国代表大会上的报告》，2007 年 10 月 15 日。

效益,努力实现以人为本、全面协调可持续的科学发展,实现各方面事业有机统一、社会成员团结和睦的和谐发展,实现既通过维护世界和平发展自己、又通过自身发展维护世界和平的发展,从而丰富和发展了马克思主义发展观。”①

(二)以人为本:科学发展观的核心

以人为本就是以最广大人民的根本利益为本。以人为本中的“人”就是以工人、农民、知识分子等劳动者为主体,包括社会各阶层在内的最广大人民群众。以人为本中的“本”,就是根本,出发点、落脚点。“要始终把实现好、维护好、发展好最广大人民的根本利益作为党和国家一切工作的出发点和落脚点。”②坚持以人为本,就是全心全意为人民服务,就是坚持人民在建设中国特色社会主义事业中的主体地位,坚持发展为了人民、发展依靠人民、发展成果由人民共享,不断实现好、维护好、发展好最广大人民的根本利益;就要正确反映和兼顾不同地区、不同部门、不同方面群众的利益,妥善协调各方面的利益关系;就要坚持在全国人民根本利益一致的基础上关心每个人的利益要求,体现社会主义的人道主义和人文关怀,满足人们的发展愿望和多样性的需求,尊重和保障人权;就要关注人的价值、权益和自由,关注人的生活质量、发展潜能和幸福指数,最终实现人的全面发展。

坚持以人为本,既体现了中华民族长期以来以民为本的传统底蕴,又体现了时代发展的进步精神。“民惟邦本,本固邦宁”“民为贵,社稷次之,君为轻”“天地之间,莫贵于人”等思想流传至今。

坚持以人为本就是“尊重人民主体地位,发挥人民首创精神,保障人民各项权益,走共同富裕道路,促进人的全面发展”③。人民群众是推动社会发展的决定性力量,是历史的创造者,通过发展社会生产力,不断提高人民的物质文化生活水平,促进人的全面发展。

坚持以人为本就要做到发展为了人民、发展依靠人民、发展成果由人民共享。坚持发展为了人民就要在做决策时考虑到人民的需要,考虑到人民的利益,把群众拥护不拥护、答应不答应、赞成不赞成作为根本的出发点。在政治建设方面,要切实保障人民当家作主的合法权利和利益,不断发展和完善社会主义民主制度;

---

① 胡锦涛:《高举中国特色社会主义伟大旗帜 为夺取全面建设小康社会新胜利而奋斗——在中国共产党第十七次全国代表大会上的报告》,2007年10月15日。

② 胡锦涛:《高举中国特色社会主义伟大旗帜 为夺取全面建设小康社会新胜利而奋斗——在中国共产党第十七次全国代表大会上的报告》,2007年10月15日。

③ 胡锦涛:《高举中国特色社会主义伟大旗帜 为夺取全面建设小康社会新胜利而奋斗——在中国共产党第十七次全国代表大会上的报告》,2007年10月15日。

在文化建设方面,要着力丰富人民的精神世界、增强人民的精神力量,不断提高人民的精神生活质量;在经济建设方面,要着力创造更多的物质财富,不断改善人民的生活;在社会建设方面,要着力协调好各方面的利益关系,增强社会的创造活力。坚持发展依靠人民,就是要充分尊重人民的主体地位,充分发挥人民的首创精神和智慧力量,充分调动人民的积极性,最广泛地动员和组织亿万群众投身于中国特色社会主义伟大事业。坚持发展成果由人民共享,就是要把改革发展取得的各方面成果,体现在不断提高人民的生活质量和健康水平上,体现在不断提高人民的思想道德素质和科学文化素质上,体现在充分保障人民享有的经济、政治、文化等各方面权益上,让经济社会发展的成果惠及全体人民。

(三)全面协调可持续:科学发展观的基本要求

经济增长是一把双刃剑,既有积极作用也有消极作用,既有追求利益最大化的一面,能够创造丰富的物质文明,同时又导致了极端利己主义、贫富悬殊以及各种恶的产生。同时经济的自发增长还会导致富者越富,贫者越贫,强者越强,弱者越弱,甚至还会带来生态环境的破坏。因此科学发展就必须要求人主动地、自觉地进行协调,“要按照中国特色社会主义事业总体布局,全面推进经济建设、政治建设、文化建设、社会建设,促进现代化建设各个环节、各个方面相协调,促进生产关系与生产力、上层建筑与经济基础相协调。坚持生产发展、生活富裕、生态良好的文明发展道路,建设资源节约型、环境友好型社会,实现速度和结构质量效益相统一、经济发展与人口资源环境相协调,使人民在良好生态环境中生产生活,实现经济社会永续发展”①。

(四)统筹兼顾:科学发展观的根本要求

统筹兼顾是指在工作中要纵览全局、统筹谋划、协调各方,充分调动一切积极因素,着力加强经济社会发展的薄弱环节,妥善处理各种利益关系。统筹兼顾深刻揭示了实现科学发展、促进社会和谐的基本途径,深刻反映了坚持全面协调可持续发展的必然要求,是唯物辩证法在发展问题上的科学运用。深入贯彻落实科学发展观,必须坚持运用统筹兼顾的根本方法,善于把握经济社会发展全局,处理好各方面的重大关系。“要正确认识和妥善处理中国特色社会主义事业中的重大

① 胡锦涛:《高举中国特色社会主义伟大旗帜　为夺取全面建设小康社会新胜利而奋斗——在中国共产党第十七次全国代表大会上的报告》,2007 年 10 月 15 日。

关系，统筹城乡发展、区域发展、经济社会发展、人与自然和谐发展、国内发展和对外开放，统筹中央和地方关系，统筹个人利益和集体利益、局部利益和整体利益、当前利益和长远利益，充分调动各方面积极性。统筹国内国际两个大局，树立世界眼光，加强战略思维，善于从国际形势发展变化中把握发展机遇、应对风险挑战，营造良好国际环境。既要总揽全局、统筹规划，又要抓住牵动全局的主要工作、事关群众利益的突出问题，着力推进、重点突破。”[①]山东师范大学于发友博士认为义务教育均衡发展是落实科学发展观的现实体现，尤其是体现了五个统筹的前三个统筹，即城乡发展统筹、区域发展统筹、经济社会统筹，并且对这三个统筹进行了如下论述。[②]

统筹城乡发展：就是要注重农村发展和解决农民问题，促进城乡协调发展。城乡差距持续扩大是中国社会经济发展中的突出矛盾。城市化水平低，农村人口比重大，农业经营规模小，是农民增收的主要障碍。中国已经进入工业化中期阶段，正是城乡关系和工农关系调整的关键时期。一方面，经济增长主要来自非农产业，非农产业可以依靠自身积累实现增长；另一方面，农业是弱势产业，农民增收缺少重要支撑，又面临激烈的国际竞争，不能再为工业化提供原始积累，应该给予扶持。困难在于，中国非农业人口占少数，非农产业效率低，短时期不可能用很大力量“反哺”农业。城乡差距将会在比较长的时期内存在，近期呈继续扩大的趋势。国家已经在财政、税收和其他社会经济政策方面开始向农村倾斜，有可能抑制差距扩大的趋势，减缓差距扩大的强度。城乡义务教育发展不均衡也是城乡差别的一个重要方面，而义务教育又是从根本上解决“三农”问题的关键措施。政府作为义务教育的主要责任者，引导和推进义务教育均衡发展是其应尽职责，同时这也是落实科学发展观的客观要求。

统筹区域发展：注重帮助落后地区，促进地区协调发展。中国自古以来地区经济发展不平衡。改革开放以来，纵向比较，各个地区都有很大发展；横向比较，地区差距拉大了。这既有自然地理条件、历史文化因素、原有经济基础和市场潜力不同等客观原因，也有经济体制、政策选择和发展战略不同等方面的原因。中国的地区发展战略，包括鼓励沿海地区率先发展和帮助落后地区发展两个方面。东部沿海地区率先发展，各省、自治区内部都有一部分市、县率先发展起来，不仅带动了全国的发展，也是当前和今后相当长时期全国经济增长的主要支撑，这个

① 胡锦涛：《高举中国特色社会主义伟大旗帜　为夺取全面建设小康社会新胜利而奋斗——在中国共产党第十七次全国代表大会上的报告》，2007 年 10 月 15 日。

② 于发友：《县域义务教育均衡发展研究》，山东师范大学 2005 年度博士学位论文。

战略方向要坚持。现在突出地提出统筹区域发展的问题,就是要帮助落后地区发展,实现地区协调发展和共同富裕,这也是中国发展战略的大局。统筹区域发展就是要求政府加强对区域发展的协调和指导,全面部署和兼顾东中西各大区域的发展。与经济相对应的教育发展的不均衡也是同时存在的,在一定的区域内和在不同的区域之间分层次逐步实现教育均衡发展是极其必要的。全国范围内的教育均衡一下子实现不现实,但我们可以先在一定的区域内如县域内逐步推进,让各级各类教育全部做到均衡也是很困难的事情,我们可以先解决义务教育的均衡问题。

统筹经济社会发展:就是要求我们把社会发展与经济发展兼顾并重,使之共同发展。回顾改革以来的进步,先是从政治高于一切到以经济建设为中心、发展是硬道理,这对我国经济发展、国力增强起了巨大作用;后来是进一步强调经济增长质量,强调生活质量,强调新的多元化的生活方式,强调生态和环境美。现在一个新问题突出了,就是社会事业发展不能总落后于经济产业的发展水平,提出要关心公共管理,关心社会保障,关心健康事业、教育和文化等。作为社会事业的教育要与经济协调发展,同步推进,实现经济与包括教育在内的社会事业统筹协调发展,是顺应民心、符合时代发展要求的。

三、科学发展观对区域内教育均衡发展的启示

促进区域内义务教育均衡发展,是我们当前面临的重大难题。因此,我们需要以科学发展观为指导,“以人为本”,进一步解放思想,创新教育发展理念,推进区域义务教育改革的新突破。科学发展观对区域内义务教育均衡发展的启示有:

(一)区域内义务教育均衡发展必须以教育的优质发展为第一要务,树立科学的教育发展观

根据我们对科学发展观的深入思考,我们认为区域内义务教育均衡发展必须是教育的优质发展,必须是高质量的发展,具体来讲,我们认为应树立以下教育发展理念。

1.教育质量:区域内义务教育发展的生命线

教育质量是教育工作的根本问题和核心价值,是教育的立业之本、学校的立校之本、教师的立身之本,是教育事业发展永恒不变的主题。没有质量的持续提高,规模和数量扩大的社会效益就会大打折扣。只有一流的教育才有一流的人

才，才有一流的事业，才有一流的国家。

我们要树立正确的质量观，着眼于学生的全面发展，站在祖国需求和民族复兴的高度上，要符合素质教育提出的高质量；站在家庭幸福和社会需要的高度上，要满足群众期盼和促进经济发展的质量；站在学生个人生存发展和终身幸福的高度上，要高品质的质量；站在适应不同教育需求的高度上，要多元化的质量。因此，在今后一个时期，我们要始终抓住教育质量这个关键，进一步树立科学的质量观，抓紧质量标准体系的建立与健全，抓好教育质量的监测与评估，抓实每一名教师教书育人能力的提高。

2.品牌打造：区域内义务教育发展的未来方向

随着我国步入小康社会，义务教育的普及，义务教育的供给能力的提高，广大人民群众对子女接受优质教育期望值的提高以及选择性的增加，品牌已经成为学校赢得家长信任和求得生存与发展的关键，也成为区域教育行政部门扩大优质教育资源、促进教育均衡发展、赢得社会认可的最佳选择。

品牌是给拥有者带来溢价、产生增值的一种无形的资产，教育品牌是一种以教育服务为基础的优质教育服务组织品牌。学校品牌是学校特色、学校文化、学校传统及学校品质的集中体现，是学校长期以来形成的人文精神、行为方式和价值取向积淀的标志与符号，具有多样化、优质性、独特性、高层次性等特点。对于区域教育行政部门来说，确立品牌发展战略，可以提高教育资源使用效率，扩大优质教育资源，提高教育质量，进而树立良好的政府教育形象；对教育发展来说，品牌建设可以盘活学校资源，激发教职员工的工作热情和创造精神，实现学校的特色发展，提高学校的服务质量；对于学生和家长来说，可以享受到优质的教育服务，实现自我的价值，增强对教育的信心。作为区域教育行政部门的领导和学校的领导，必须充分认识到品牌的价值和意义，自觉树立品牌意识，主动实施品牌战略，有目的、有计划地去进一步打造品牌，保护品牌，延伸品牌，充分发掘品牌的价值，发挥品牌的作用，使区域教育由单一的“规模扩张”“数量性增长”向“整体优化”“内涵式发展”方向转型。

3.按需服务：区域内义务教育发展的目标

“教育是一种服务”的观念在国际上早已流行，并成为一种发展趋势。在日本、韩国、欧美一些国家，甚至提出了办“以客户为导向”的教育。中共中央政治局委员、国务委员刘延东在出席教育部2010年度工作会议时着重指出：“教育要以服务社会、造福人民为使命。”“一切为了学生，为了学生一切，为了一切学生”“以学生为本”“政府要提高公共服务的质量和水平”成为教育界的普遍呼声，一些地区和学校都在努力实践优质教育服务的理念。教育服务是指教育作为精神活动产品的提供、生产和消费活动，这种服务是以教师的备课、教授、辅导、测评、批改作业等一系列循环工作为典型内容的教育服务，是教育劳动者向社会或家庭提供教育产品的复杂劳动。教育被看作一种“服务”，而学生则是教育最直接、最主要的“服务对象”。

作为服务组织就必须以服务对象的合理需求为导向。每个学生的先天素质是有差异的，每个学生的发展需求也是多样化、多层次的。随着信息时代的来临，互联网技术日新月异的发展，传统教育对知识和知识标准的垄断地位逐渐遭到动摇，学生对教育的自主性、选择性、互动性、愉悦性、终身性需求日益强烈。因此，区域教育行政部门必须以教育服务为切入点，全面践行“以学生发展为本”的理念，在学制的多样化、课程的多元化、教学的个性化、办学的特色化等方面加大力度，让每个学生都享有符合其先天资质禀赋要求的教育，让每个学生都享受到教育的成功、快乐与幸福，最终实现“按需服务”的区域教育发展目标。

4.高位均衡：区域内义务教育发展的战略定位

强制性与免费性是义务教育的基本特征，是我国公民所应享受的一项权利，学校之间的差距悬殊不能满足广大人民群众对子女接受优质教育的需求，客观地造成了人与人之间教育权利享有的不公平。街头巷尾，“择校”问题成为人们关注的热点问题。教育部部长袁贵仁在谈到“择校热”时说：“老百姓是最讲实惠的，如果学校都很好，他们不会花那么多钱，跑那么远的路去‘择校’，问题的根源就是教育不均衡。义务教育均衡发展的根本目标在于提高教育质量，只有教育质量提高了，才能满足人民群众对优质教育资源的强烈需求，才能解决目前教育的热点、难点问题。”因此，“高位均衡”应是当前区域教育发展的战略定位与必然追求。

所谓“高位均衡”并不是把均衡与优质对立起来，不是单纯追求不均衡的优质，更不是追求低水平的均衡，而是追求均衡与优质的和谐统一，在均衡发展、教育公平过程中求优质，在高水平、高层次的优质发展中求均衡。温家宝说过，“我们强调教育公平，教育资源合理分配，绝不意味着把学校办成千篇一律、千人一面，学校还要办出特色和风格”。因此，进一步说，高位均衡还指所有的学校在拥有较高质量的基础上，以更广阔的视野和更豁达的气魄去发现、包容和造就有特长的学生和有风格的教师，从而打造学校鲜明的办学特色。

5.“裂变倍增”：区域内教育发展的科学方式

“倍增”在这里是指优质教育资源的倍增。“裂变”与“聚变”是物理学中原子核释放核能的两种基本方式，裂变是指原子核分裂为两个或更多较轻原子核释放巨大能量的过程，聚变是指多个轻原子核结成为较重的原子核时释放巨大能量的过程。

区域优质教育资源的倍增方式应是裂变而不是聚变。优质学校的简单复制和扩张式的聚变，很容易导致办学模式的趋同化、教学的大班化、选择的单一化，从长远的角度来说，是不符合以人为本的学生个性化发展需要的，也不可能满足人民群众对教育的多元化需求，不仅不利于解决“择校热”问题，反而有可能导致优质教育资源的稀释、分解。优质教育资源倍增的有效方式应是裂变，优质学校在实现自身品牌维护、传播与更新的同时，通过资源共享，辐射、带动其他弱势学校，倍增出更多的不同特色的优质学校，满足不同层次的教育需求。

（二）区域内义务教育均衡发展必须坚持以人为本

人既是教育活动的主体，又是教育活动的客体。区域内义务教育均衡发展必须坚持以人为本，把人的发展作为出发点和归宿，把保障人的教育权利作为核心，尊重人，解放人，发展人。坚持以人为本的核心就是让每一个孩子都享受到优质教育，获得其所需要的教育，满足人民群众对优质教育资源的多元化需求，同时，也促进教师人格的不断完善和自我价值的实现。

在教育的发展过程中，高位均衡和优质特色是相互依托、相辅相成的。正像共同富裕是社会主义的共同目标，而一部分人先富起来是实现共同富裕的手段和捷径一样。我们要实现教育的高位均衡、优质特色发展，让每一个孩子都享受到优质教育，就要引导一部分学校、一部分校长、一部分教师、一部分学生、一部分教研组通过自身的努力先发展起来，并充分发挥其示范、辐射、引领作用，再加以教育行政部门对发展速度慢学校的人力、财力、物力的倾斜与帮助，在优质的基础上，实现高位均衡，进而实现更高层次上的优质特色。具体地说，就是要实施名学校拓展工程、名校长塑造工程、名教师培养工程、名学科构建工程和名学生群培育工程，其中，名师是根本，名校长是关键，名学科是桥梁，名校是主要场域，名学生群是结果呈现方式。推进“五名工程“，是推进以人为本的重要抓手。

1.实施名教师培养工程，打造名师团队

“百年大计，教育为本；教育大计，教师为本。”名师顾名思义就是出名的教师，即在社会上有一定知名度的得到同行广泛认可的教师，具体来说，名师是师德的表率、育人的模范、教学的专家、科研的能手。以名师工作室为载体，以提升教师反思能力为抓手，以现代化信息网络为依托，抓关键、破难点，通过举办名师巡讲、教学论坛等活动，帮助教师树立终身学习的理念，提升其生命意识、主体意识和职业认同意识，积极主动地进行职业生涯规划，学习教育理论知识充实自我；开展名师带徒活动，搭建梯级教师培养平台，分梯队培养名师，充分发挥名师群的辐射带动作用，营造“以师带徒，相互促进，比学赶帮”的氛围，全面提升教师整体素质；开辟绿色通道，每年引进“高、精、尖”优秀教育人才。各种活动的开展一定要促使区域教师队伍既有领军人物，又有中间力量和后继力量，激发整个区域教师专业发展的内驱力，开创人人想做名师、能做名师、会做名师的良好局面。

2.实施名学科构建工程，形成风格各异的精品学科

名学科是保证教育教学质量的根本，我们要充分发挥名师的作用，带动名学科的构建，使每个学科都有自己的学科标准、学科理念、学科思想、学科风格和有效的学科教学方法。以学科教研组为主体，以课堂教学为主阵地，以教研科研为抓手，健全制度，规范管理，使每个学科都有自己的学科标准、学科理念、学科思想、学科风格和有效的学科教学方法。

3.实施名学生群培育工程，培养具有个性特长的复合型人才

名学生群是指在全面发展的基础上，具有某项个性特长的学生及学生群体，实施名学生群培育工程，一方面有利于促进学生“全面+特长”发展，另一方面有利于发挥他们的示范、引领和榜样作用，激励和带动更多的学生实现“全面+特长”发展。要着重培养学生良好的行为习惯，实施“2+1+1”项目计划，使学生具备2项体育运动技能、1项艺术特长和1种科技创新能力；开展丰富多彩的社会实践活动，组建学校运动队和文艺社团；组织“四好少年”“体育小健将”“艺术小明星”“小小发明家”等评选展示活动，并评选一些“名学生群”培养示范学校。在全面提升学生综合素质的同时，让每个学生的个性特长都得到充分发挥，使其能够快乐而有意义地学习和生活，进而成长成才。

4.实施名校长塑造工程，成就具有全方位领导力的校长队伍

名校长是在教育领域乃至社会各界影响广泛并具有知名度的杰出教育人才和管理人才，是能够提出学校发展远景的设计师，是能够打造优秀团队的精神领袖，是有先进教育理念、勇于改革创新并不断追求卓越办学成就的领跑人。要分批次组织校长封闭学习、挂职培训，设立校长优秀成果奖，鼓励校长发表文章，著书立说，从而建设一支在教育教学管理上有先进的办学理念、独特的办学风格和治校方略，得到社会认可的学者型名校长队伍。

5.实施名学校拓展工程，铸造各具特色的名校集群

名学校是指具有丰厚的文化底蕴，先进的办学理念，鲜明的办学特色，显著的办学效益，在省内外有较大影响的学校。按照“建项目、创特色、树品牌”的建设思

路,使各个学校都以“文化治校,质量立校,科研兴校,特色强校”为办学策略,树立品牌意识,结合学校的实际情况,科学地进行品牌规划,不断丰富品牌的内涵,形成独特的办学特色。通过示范特色学校评选,借助科研院所的力量,重点打造,推出一批名副其实的名校。通过经验交流、名校观摩、一帮一活动等方式,铸造出各具特色的名校集群。

(三)区域内义务教育均衡发展必须坚持全面、可持续发展

坚持区域内义务教育的全面、可持续发展,就强调义务教育的均衡发展必须在优化结构、提高质量和效益的基础上,实现速度、结构、质量、效益的统一,促进学生、教师、学校三方面的全面发展,提高教育质量和办学效益,营造学校可持续发展的内外部环境。

坚持全面、可持续发展首先要促进学生德、智、体、美全面发展,提高学生综合素质,为其终身可持续发展奠定基础。“基础教育的宗旨是面向全体学生,为每个人的终身学习和终身发展奠基。要使学生具有爱国主义、集体主义精神,具有社会主义民主法制意识,遵守国家法律和社会公德;逐步形成正确的世界观、人生观和价值观;具有初步的创新精神、实践能力、科学和人文素养以及环境意识;具有适应终身学习的基础知识、基本技能和方法;具有健壮的体魄和良好的心理素质,养成健康的审美情趣和生活方式。要积极推进新课程改革,鼓励开发地方课程和校本课程,建立适应新课程的教学管理和评价体系。根据不同年龄学生的认知规律,尊重学生人格,遵循学生身心发展规律,改进教学方法,引导学生积极主动学习。开展研究性学习,鼓励合作学习,培养学生提出问题、研究问题、解决问题的能力,促进学生积极主动健康地发展。”①我们的教育最终是要为学生提供各取所需的服务、因材施教,使具有不同天赋、潜能,不同气质、性格和不同文化背景的学生都能得到最充分的发展,使他们在对人类社会的贡献中实现自己的人生理想和价值,获得幸福,即教育的共产主义。只有这样,我们的教育才是真正的让群众满意、公众认同、领导放心的,既符合经济社会发展需要,又满足群众多元化和学生个性化发展需要的现代化教育。

坚持全面、可持续发展其次要促进教师在专业态度、专业能力、专业情感等方面的全面发展,提升教师的职业幸福感。“教师既是施教的主体,也是教育活动的客体。教师引导学生全面发展的过程,也是不断完善知识结构、健全自身人格,实

① 杨想森:《落实科学发展观促进基础教育均衡发展》,《人民教育》,2005(02)。

现自我价值的过程。教育均衡发展不仅要致力于学生的全面发展，而且要促进教师的健康成长。”①全社会应切实关心教师，给予教师更多的理解和尊重，舆论媒体要给予客观、正面的报道，引领公众对教师的职业期望进行合理定位与正确评价。学校要树立以教师为本的理念，切实维护教师的合法权益，建立公正合理的教师考评制度，积极构建学习型组织，充分发挥专家引领作用，促进教师专业发展，关注教师心理健康，营造良好校园环境，充分激发教师工作的积极性。教师也应做好个人调节，保持良好的心态，热爱教师职业，不断提升知识素养、教育教学能力素养与思想素养，树立正确的职业观，促进自我的专业化发展。

坚持全面、可持续发展最后要促进学校形成优良的校风，办人民满意的学校。校风，通俗地说，就是学校的风气、风尚。它是一所学校所特有的占主导地位的行为习惯和群体风尚，体现为一种独特的心理环境，具有导向性、同化性、约束性等特点，是学校可持续发展的前提条件。教育品牌具有特定的文化底蕴就是一个学校具有独特的校风。不同类型的学校都可以从某种特色切入，并且把这种特色发展为一种办学优势。“校风建设是一项系统工程，校园的硬件建设为校风建设提供了必要的物质条件；完备的规章制度和有效管理可以保持校园的基本秩序并规范校园中每个成员的行为，这种规范将有助于良好行为习惯的形成，是校风建设的重要保障。但在校风建设中还需要依据校风自身的特点，在全员参与中充分发挥教师的育人作用，注重调动学生的主观能动性，积极引导学生群体间的影响，并通过丰富多彩的课外活动营造一种校园特有的文化氛围。”②

（四）区域内义务教育均衡发展必须加强统筹兼顾

根据科学发展观的指导思想，区域内义务教育均衡发展必须做好城乡学校之间、名校与薄弱学校之间、不同教师群体之间、不同学生群体之间的统筹工作。没有思想的解放，就不会有体制的创新；没有体制的创新，就不会有真正的均衡发展。坚持区域内义务教育的均衡发展就要打破原有管理体制，实行“学区制”，采取联合办学、名校托管、名校设分校区、名校引进等多种方式，实行“一人双岗”用人机制与教师（校长）交流机制，不断扩大优质教育资源总量，促进优质教育资源裂变式增长，促进区域内义务教育高位均衡发展。

一是可试行“学区制”。根据地域和学校情况，以若干所学校设立一个学区，

---

① 杨想森：《落实科学发展观促进基础教育均衡发展》，《人民教育》，2005（02）。
② 赵峰：《校风特点与校风建设》，《南通职大教学研究》，1996（01）。

把城区学校分成若干个学区,在学校隶属关系不变、法人不变、编制独立的前提下,实行联合办学,均分生源、平行编班、同步教学、共享资源、捆绑考核。各学区分别组建学区管理委员会,委员会成员由学区内各校校长担任。设立学区长一名,学区长由学区内校长竞争上岗产生,学区长三年一任。其他校长配合学区长共同完成本学区的管理工作。通过"学区制"管理体制改革,整合区域内教育资源,积极推行规模化、标准化办学,使学区内学校在教育理念、德育工作、教学管理、教育科研、发展规划、师资力量等方面协作探索、共建共享、共同发展,扩大优质教育资源总量,实现区域内义务教育高位均衡、优质特色发展目标。

二是探索联合办学、名校托管、名校设分校区、名校引进等多种办学模式。根据学区划分情况,将一些薄弱学校作为联合办学项目学校,在各自学区名校的帮扶下,提升内涵、创建特色、培育文化,尽快发展为优质教育资源。推行学校托管制,由名校托管薄弱学校,实行学生统一招收、教师统一调配、教学统一管理的一体化办学模式。

三是实行"一人双岗"用人机制。在教育的改革与发展过程中,人是最关键、最活跃的因素。"一人双岗"即面向区域教育系统内部,公开选拔"思想素质过硬、业务能力突出、能干事、想干事"的中层干部(或拔尖的一线优秀教师),直接任职副校长(或教导主任),一人同时兼任农村和城市(千人以上热点学校)两地学校的教学副校长(或教导主任)。任职期满后,可以按照自己意愿选择留在城区或农村,表现突出的同志还将优先得到提拔。

"一人双岗"是在继承与发展的"教师定期流动制度""农村定期服务制度"和城乡学校之间"教师对等交换制度"、校长"任期制度"等基础上对用人机制的改革和创新。它在实现城乡教育一体化发展的道路上,更加关注城乡教育的主体参与状态,彰显教师锐意创新的思想与智慧,关注城乡教育发展能力的培育,关注城乡教育发展的规律。一个人,两个岗位,游走于城乡之间,充分发挥桥梁和纽带作用,开展城乡学校管理连线系列活动,进行城乡校长管理理念对接、城乡学校中层思维对接、城乡班主任治班理念对接、城乡教师课堂教学对接、城乡学生成长对接、城乡家长家庭教育对接、城乡课程资源开发对接、城乡教师培训对接、城乡学校特色发展对接和城乡学校文化建设对接等。多方人员的互动构成了一个动态新陈代谢、良性循环推进的生态、生命系统。无论从数量上还是范围上都进一步加大了优质教育资源的辐射作用,促进了城乡教育的相互融通、彼此协调、共同发展,形成了城乡教育的双向交流、互利共赢和双强共赢的良性发展态势,最终实现优质教育资源的裂变式倍增,既符合"城""乡"学校双主体参与的内在需要,又满足了教师队伍个人快速成长发展的合理诉求,极大地促进了区域教育的“高位均衡、优质特色”发展。

在人类的发展历史上,人们的价值观念的转变总是建立在物质水平的变化上。在人民群众逐步实现“温饱——富裕——小康”后,他们对子女上学的期望也由原来的“为了生存的学(应试)”转化为“为了快乐的学(素质)”,最终将发展为“为了自我价值实现的学(幸福)”,据此,我们的教育也必然要经历一个“有学上——上好学——各取所需选学校”的过程。尽管当前人民群众在价值取向上存在着一些急功近利的思想,但是从历史发展的规律来看,从广大人民群众的长远利益来看,这样的一个教育发展历程是必需的,也是必然的,作为教育行政部门,应该适时引导人民群众的教育需求,应该不断进行变革,创造条件满足群众的教育需求。

第三章

区域内义务教育发展失衡的表现及原因

第一节
义务教育发展失衡表现概述

我国义务教育发展失衡呈现多种形态，既表现在空间地域方面，也表现在时段过程方面，把这两个方面综合起来分析，有助于我们更好地认识我国义务教育发展的现实问题，引起政府和公众的关注，使义务教育在政府的引导下均衡、和谐发展。

一、义务教育发展失衡的空间地域表现

（一）区域之间义务教育发展不均衡

由于社会政治、经济、文化、人口等多种因素的影响，我国各地区之间教育发展水平存在明显的地域差异。近年来，京、津、沪等大城市和经济发达地区已经基本普及高中阶段教育，有些地方已基本普及专科阶段的高等教育，而在中西部欠发达省区，尤其是边远地区、贫困地区以及少数民族聚居地区，“普九”的任务尚未完成，区域间义务教育发展严重失衡。

首先，我国义务教育生均经费在发达地区与边远落后地区之间存在巨大差距。统计资料显示，2000 年，西部 12 省区初中教育经费总额为 130.81 亿元，其余省市初中教育经费总额为 537.47 亿元，是西部的 4.1 倍；全国初中平均生均教育事业费支出为 1117.79 元，西部初中生均教育事业费支出为 1107.34 元，东部为 1601.

85元,东部是西部的1.4倍;全国初中平均生均公用经费支出375.87元,西部初中生均公用经费支出为306.83元,东部为561.39元,东部是西部的1.8倍。

其次,从办学条件看,东、西部在教育物质资源的配置上存在显著的地区差异。生均教学仪器设备配置水平,中、西部地区依然较低,地区间差距较大。就小学而言,1999年,西部省区教学仪器设备达标率为34.47%,东部为45.35%,相差10.88个百分点;东、西部小学的图书达标状况相差25.31个百分点;西部地区小学生均校舍面积为4.21平方米,东部为4.57平方米,相差0.36平方米,而且校舍质量差距也很大。发达地区的中小学校已是高楼大厦,多媒体教学仪器与图书资料应有尽有。而在西部一些学校,校舍就是破旧的祠堂庙宇、低矮暗潮的旧房和草棚小屋,存在相当数量的"一校一师"教学点,教学仪器、图书资源紧缺。据国家教育督导团2004年的报告,小学生均仪器设备值东部地区为382元,中部地区为266元,西部地区为213元,东、西部地区之比为1.8∶1,东、中部地区之比为1.4∶1。初中生均仪器设备值东部地区为474元,中部地区为289元,西部地区为242元,东、西部地区之比为2.0∶1,东、中部地区之比为1.6∶1,地区差异显著。

最后,从东、西部师资力量的对比来看,学历达标率及教育教学能力有明显差异。据统计,1999年,西部12省区小学专任教师高中以上学历者占92.86%,其中云南、贵州、西藏所占比例低于90%,而东部省市平均为97.28%;西部初中专任教师大专以上学历所占比例为82.70%,其中陕西为78%,而东部省市平均为88.22%。至今,西部仍有相当数量的民办教师和代课教师。教师队伍素质低,教师队伍不稳定,已经成为阻碍西部教育质量提高的关键因素。直到2004年,义务教育学校的中级及以上职称教师比例,地区间的差距仍然很大。小学高级教师的比例、初中一级及以上职称教师的比例,东、西部地区都相差了12个百分点。

(二)城乡义务教育发展不均衡

社会发展的不平衡导致经济和文化的差距,进而引发教育发展的失衡。由于我国社会、经济发展中长期的城乡二元结构,以及根深蒂固的城市中心倾向观念,城市与农村的差异越来越大,教育资源配置呈现出严重失衡状态。

在教育经费上,义务教育阶段城乡预算内生均经费、生均教育事业费、生均公用经费、生均基建经费存在较大差距。尤其是预算内公用经费,城镇比农村高出1倍左右。2001年,城镇初中和农村初中生均教育经费分别是1955元和1014元,城镇初中是农村初中的1.9倍。城镇小学和农村小学生均教育经费分别是1484元和798元。教育经费的分配呈现城镇学校高于农村学校的形态,差别相当明显。

这种差异说明，受教育者由于接受不同阶段的义务教育，或者在不同区域接受义务教育，实际上享有着不同数额的教育经费。

在办学条件上，城乡在教育物质资源的配置上存在显著的差异。2004 年，小学生均教学仪器设备值农村为 167 元，城乡之比为 2.9 : 1；初中生均教学仪器设备值农村为 269 元，城乡之比为 1.4 : 1。在校舍建设上，城镇的校园设施建设要远远好于农村校舍建设。据统计，1998 年，全国城镇与农村小学校舍共有危房面积约 620 万平方米，农村地区近 510 万平方米，约占 82.26%，城市和县镇约占 17.74%。农村危房面积约是城镇的 4.6 倍。

从师资力量的对比来看，城乡师资力量也是相差悬殊的。2004 年，全国农村小学高级教师的比例为 35.9%，农村初中一级及以上职称教师的比例为 32.3%，分别比城市低了 8.9 个百分点和 14.5 个百分点。

（三）校际义务教育发展不均衡

由于受历史上精英主义教育思想的影响和新中国成立以来我国兴办重点学校的政策导向，我国义务教育存在着校际间的非均衡问题。义务教育校际差距过大体现在多个方面，但最主要的表现是：重点学校、示范学校与普通学校、薄弱学校之间的不均衡，形成了教育经费、办学条件、师资方面的巨大差距。

首先，校际间在生均教育经费方面存在巨大差距。义务教育阶段，重点学校和普通学校所获得的生均教育经费存在明显的差距。2003 年，南京市教育局对南京市中小学生年均教育成本情况进行调查。研究者按抽样学校类别和数量，从各类学校中抽出示范初中 38 所，普通初中 36 所，省实验小学 34 所，普通小学 25 所。结果显示，南京市中小学生该年的教育培养成本分别是：示范初中 3853 元，普通初中 3482 元，省实验小学 2326 元，示范小学 2147 元，普通小学 1887 元。这些数据明显反映出不同类型的学校之间学生获得的教育经费是不同的。其实，这种校际间尤其是重点学校与普通学校和薄弱学校之间在生均教育经费上存在的巨大差距并不仅仅限于南京市，在全国这一现象是很普遍的。

其次，校际间存在办学条件的巨大差距。近年来，国家教育发展研究中心“基础教育热点问题研究”课题组对北京、天津、上海及部分省会城市的不同类型的中小学进行了抽样调查。结果显示：优质小学的平均固定资产大于一般小学，而一般小学大于薄弱小学；在同一地区，重点学校的办学规模和设施都要好于一般学校和薄弱学校；在专业教室（调查涉及物理实验室、化学实验室、生物实验室、音乐教室、美术教室、体育场馆、语音教室、劳动技术教室和多功能教室）的拥有量上，重点学校多于一般学校，一般学校多于薄弱学校；校际之间的差距还反映在学校藏书总量、医疗卫生设施和生活设施等方面。这一调查有力地说明，当前，在我国很多大中城市的公立学校之间存在着办学条件上的显著差异。

最后，校际间存在师资状况的巨大差距。校际间师资状况的巨大差距主要表现在专任教师的学历结构、职称结构、福利待遇等几个方面。有调查显示，优质小学和初中教师的学历达标明显高于薄弱小学和薄弱初中；较好或重点学校的特级和高级教师占专任教师的比例明显高于薄弱学校；重点小学教师拥有住房的比例明显高于薄弱小学。另外，学校之间在教师医疗状况、教师工资方面也有差距。其中，初中阶段教师收入上的差距尤其突出。据教育部门匡算，重点初中收取高额择校费后，教师收入是非重点初中教师收入的3—5倍。

二、义务教育发展失衡的过程阶段表现

从教育过程分析，义务教育均衡发展主要涉及三个方面：一是关注受教育者平等受教育的权利，即教育起点的均衡；二是相对均衡地配置优质教育资源，为受教育者提供相对平等的教育机会和条件，即教育过程的均衡；三是关注每个受教育者潜能的最大程度的发挥，为受教育者提供相对均等的教育成功机会和效果，即教育结果的均衡。

（一）教育起点的不均衡

教育起点的不均衡，主要是指义务教育入学机会的不均衡，即由于受先天素质、环境条件等因素的影响，儿童开始接受教育的机会不均等。主要表现为：东、西部地区之间以及城乡之间学生入学率和辍学率等方面的差距，女童受教育权利被侵害，流动人口子女入学机会得不到保障，弱势群体失去入学机会等。

我国地域发展在经济、政治、文化等各方面的差异性，导致不同区域对国家政策执行能力的不同。东部地区由于经济发展速度快、水平高，加上国家政策的倾向性、文化教育的开明性，义务教育有了起点上的保证。而中、西部地区由于经济落后，国家政策的执行力度较弱，以及长期以来根深蒂固的文化束缚，这些地区的儿童受教育机会减少，辍学率较高。在同一个区域内，由于城乡二元结构导致的城乡教育差别，农村孩子的受教育权利不能得到有效保障，且城市中流动儿童的受教育权利也得不到有力保障。残障儿童的教育，则更难予以保障。特别是农村的残障儿童，其学习的权利基本被剥夺。资料显示，2004年全国共有1593所特殊

教育学校，农村仅有75所，上海、广西、吉林等地的农村地区竟然没有一所特殊教育学校。

（二）教育过程的不均衡

教育过程的不均衡，即在教育过程中所享受的教育条件包括师资力量、办学物质条件、教育经费，以及教育教学内容、师生关系、教育教学评价等方面的差异。具体表现为地区间、城乡间、校际间办学条件差异过大，教育经费分配不平等，专任教师素质差异等。教育均衡并不仅仅是起点意义上的投入平等或输入平等，还包括使学生在结果意义上取得同等的学业成功机会，即在学生受教育的过程中的投入平等。但基于我国目前在教育起点上的均衡已经不能保证，因此，为了进一步促进真正的教育均衡，就需要在教育过程中有差异化、倾斜性的教育投入。这意味着国家要给予中西部、农村以及薄弱学校政策上的倾斜，以保证每一个孩子得到优质的义务教育。

（三）教育结果的不均衡

教育结果的不均衡，即由于入学机会或教育条件的不均衡而导致每个学生和每类别学生在学习能力、学业成就等方面的不均衡。教育结果的不平等突出地表现在：一部分学生学习成绩未能达到个人应有的水平，以及义务教育不同阶段要求必须达到的德、智、体、美等方面的全面发展；另有一部分学生由于天生智力上的问题，不能达到义务教育阶段的要求，放弃学业或中途辍学。同理，由于个体的差异性，虽然在义务教育阶段，绝大多数普通学生都享有要求相同的课程、设施、师生比、教学方法等，但是如果学校对不同天资和智能的儿童实施整齐划一的教育，包括运用同样的教育方法，采取同样的教学进度，学习同样的课程内容，那么这种“量”上的平等实际上是不平等的，因为它既不能使少数存在精神缺陷的儿童达到自己的最佳水平，也不能使少数天才儿童脱颖而出，达到自己的最佳水平。

教育起点、教育过程和教育结果这三个方面是一个有机联系的整体。教育起点的不均衡是最基本的不均衡，是导致教育过程和教育结果不均衡的关键因素；而教育过程的不均衡则是导致教育结果不均衡的重要因素；教育结果的不均衡是教育起点和教育过程不均衡的必然结果。现阶段，我国正处在社会主义初级阶段，生产力不发达，社会经济发展较落后，因而普遍追求教育结果的相对均衡这一最高要求，目前还不切实际。我们所要做的是优先保证入学机会上的平等，并改善教育过程中的一系列资源投入与开发的问题，这样才能逐步达到教育结果的均衡。

第二节
义务教育发展失衡的原因

纵览我国义务教育发展的历程,可以看出,义务教育发展失衡是一种长期累积效应,其原因可以归结为教育理念的偏差、政策体制的偏向、经费投入不足等几个方面。

一、教育理念的偏差

均衡发展本身就是一个教育发展理念问题,是一种教育发展观,是科学发展观在教育领域的具体化。能否实现均衡发展,首先还是观念问题。没有观念上的突破,均衡发展永远是一件遥远的事情。人与动物的本质区别在于人是有理想的,人能思考,人有思维、有主观性、有自己对事物本质的理解和认识,而动物没有,这也是人之所以能不断地超越、不断地创新的根源所在。动物也是在进化的,但由于它们没有理性思维,没有理念,而只有对事物表面的具体的感知,从而永远无法实现像人一样的发展和突破。

均衡发展首先是作为一种观念而产生,进而不断地得到社会的认可,逐渐成为一种普遍接受的理念,最后才能成为具体实践或得到真正的落实。义务教育均衡发展的理念来源于人们对教育公平问题的思考。一般而言,教育均衡发展首先由教育学家和社会学家提出,进而逐渐在教育领域得到认可和传播。这只是起始环节,最关键的是教育的决策者和广大民众的认识,尤其是当决策者在观念上认同均衡时,自然会把均衡问题摆上议事日程;决策者如果没有教育均衡发展的理念,认为不均衡是正常的、理所当然的,也是不可改变的,那么均衡发展的希望就变得十分渺茫。在社会主义初级阶段,我国在经济建设领域推行非均衡发展战略有其合理性,并且也因此得到较明显的效果,在改革开放短短30多年的时间里,实现了经济社会各项事业的迅猛发展,同时也造就了区域间经济及社会各项事业的不均衡，其中也包括教育的不均衡。这种差别、不均衡是客观存在着的，其形成有必然性，甚至也有合理性。由于历史原因形成的城市、乡村的自然差距，再加上我国城乡二元结构体制的长期推行，在人们心目中已经都认可和接受了这种差别，城市学校条件好、农村学校条件差似乎是天经地义的事。这种观念存在于决策者心目中，存在于城市人心目中，甚至也存在于农民心目中。正是这种意识或理念不断地放任维护了城乡义务教育发展的不均衡。

有人认为，均衡只能是美好理想，永远不可能实现；有人认为，均衡会窒息发展，非均衡是发展的规律，改革开放30多年来的发展成果正是得益于这种非均衡发展的战略。但是，即使经济有此规律，教育也并不必然有同样的规律；教育即使有此规律，也并不影响均衡是发展义务教育的美好理想；即使非均衡是发展规律，也不能排斥相对均衡发展的可能性。意识主导行动，人是唯一依据理性思维而采取行动的智慧动物，因此，秉持均衡发展的时代理念，是义务教育均衡发展的第一决定性因素。

显然，非均衡发展观所带来的教育发展的不均衡，尤其是政府以法律、政策和制度维护的义务教育的不均衡发展，对民众特别是弱势群体来讲，是不公平的，长此以往，将影响社会稳定。愈演愈烈的义务教育不均衡发展所引起的教育和社会问题催生均衡发展的理念。进入新世纪以来，对教育公平、教育均衡发展的研究和探索备受关注，进而成为教育研究的热点问题，成为政策指向的重点。义务教育均衡发展理想，实质上就是义务教育在城乡的均衡发展，具体而言就是城市和农村义务教育学校物质资源和教师资源配置的均衡化。换句话说，就是用一个比较高的标准来建设区域内的所有学校。我们绝不能再容忍这样的认识，即农村学校的办学条件低于城市学校是自然而合理的事情；也绝不能迁就这样的行为，那就是以条件不具备或不符合实际等理由，在改善农村学校办学条件方面徘徊观望、无所作为。均衡发展成为全社会共识之时，也是义务教育均衡发展全面推进之日。

二、政策体制的偏向

政策和体制具有导向性和决定性。任何事业的发展都是在政策体制范围内的发展，是政策体制的反映和体现。我国地区之间经济发展的不平衡，实质就是我国在经济领域实行的非均衡发展战略的必然结果。城乡之间的不平衡，则主要是二元经济体制所造成的。新中国成立以来，我国社会实施了城乡对立的二元结构模式，从1953年全国实行粮食统购统销制度，到1956—1957年国务院连续四次发出“防止、制止农村人口盲目外流”的指示，再到1958年全国人大通过《中华人民共和国户籍登记条例》，这种城乡二元结构被固定下来，公民也从此被分为“农业人口”与“非农业人口”两种壁垒森严的不同身份，而且以户籍制度、用工制度、粮食供应制度把人死死地束缚于所在之地，对农民的束缚更是如此。城市户口和农村户口确立、城乡二元分治体制形成以来，城里人和农村人在上学、就业、医疗、文化设施等方面，自然形成了一种被认为合理的非公平对待。计划经济体制下，人们不承认剥削，城里人在居委会或具体的机关、企业遵循一定的规则生产和生活，农民则在农业合作社、人民公社、生产队从事生产劳动。长期以来的城乡二元结构，造成农村基础设施等各方面条件与城市差距较大，人们的心理上似乎形成了一种定式，农村就应该比城市条件差，要不就不叫农村，农村成了落后的代名词；另外，在市场经济体制下以工业经济和知识经济为主要生产形式的时代，农民在社会竞争中处于明显劣势，整个农村的经济基础条件、农民的整体素质等远远落后于城市，造成包括教育在内的各项事业的发展均与城市差距较大。实质上，教育发展的不平衡，就是这些经济政策、制度带来的结果在教育领域的延伸和体现。政策体制的状况，直接影响着义务教育的均衡发展。我国目前的义务教育发展不均衡的现状，是现行经济和教育体制、政策运行的自然结果。

以1986年《中华人民共和国义务教育法》颁布实施为标志，我国从20世纪80年代中期宣布实施九年制义务教育。当时，我国实施分级办学、分级管理的教育体制，也就是中央负责中央、地方负责地方、乡村负责乡村的办学体制。整个农村义务教育主要由乡村负责，乡镇财政用于举办乡镇教育，村集体办好一所村办学校。由于乡镇财政非常困难，农村义务教育经费的主要来源是农村教育费附加、农民的集资、社会的捐资，甚至可以说农村义务教育是农民自己承办。县级以上人民政府对农村义务教育的责任，似乎只是督促、检查、指导，在投入上是微乎其微，农村义务教育成了农民自己解决的事情。1992年，山东省筹备但没有召开的全国教育现场会的主题就是“人民教育人民办，办好教育为人民”，这一主题正是当时农村义务教育发展状态的真实写照，即人民的教育由人民来办，更准确的表述是“农民的教育由农民来办”。而城市义务教育则凭着雄厚的财政实力不用市民集一分钱，单凭财政力量即可办好完全能满足市民需要的高水平的学校。在这种体制背景下，农村义务教育必然无法与城市比肩。正当城市义务教育学校在按“示范学校、窗口学校”建设和验收的时候，农村正在依靠自己的集资，改变着“黑屋子、土台子，里面住着泥孩子”的学校面貌，努力进行着农村危房改造和校舍改造。1993年,《中国教育改革和发展纲要》出台,提出要在20世纪末基本普及九年义务教育,基本扫除青壮年文盲。1998年,中央和地方实行分税制特别是税费改革以来,在农村实行费改税,原本农村义务教育的两大主要来源——农村教育费附加和农民集资——被彻底取消,再加上地方税收留成部分偏低,农村义务教育在普及初期已经背上沉重债务的基础上,更是雪上加霜,普遍大面积滑坡,面临着巨大的困难。于是,2001年,全国基础教育工作会议召开,决定将义务教育管理体制调整为"在国务院领导下,实行地方政府负责,分级管理,以县为主"的管理体制。国家的决心是要减轻农民负担,不让农村义务教育滑坡,变过去的义务教育由农民承担为政府承担,并且以县级人民政府作为承担义务教育的主体,并不断加大中央省市对县级政府义务教育的转移支付力度。这种体制缓解了义务教育的困难,但并没有从根本上解决城乡义务教育发展失衡的问题。县乡两级财政实力太差,需要办的事业又太多,无力办出与城市相匹配的学校。县乡两级的财政实力决定着其义务教育不可能实现与城市学校的均衡发展。我国政治体制和财政体制上的政策是很明显的中央集权为主,但是作为投资任务重大、涉及9亿农民福祉的农村义务教育的发展任务却下放给了基层,实行一种低重心分权型的管理体制,这与财政体制的高度集中不协调,对农村义务教育事业发展极为不利。另外,我国多年来教育领域一直推行的示范学校、规范化学校和窗口学校建设制度,实质上是在人为地拉大学校之间的距离,是严重违背义务教育均衡发展精神的。

随着建设和谐社会理念的提出,贫富差距问题、公平问题、农民以及弱势群体受教育问题被提上重要议事日程。农村义务教育均衡发展问题应该列入政策重点,尽快出台一系列有利于义务教育均衡发展的政策法规。

三、经费投入不足

农村义务教育经费不足,一直是制约高水平、高质量实现"普九"的首要问题。在一个13亿人口的发展中大国实现普及九年义务教育,属典型的穷国办大教育,确实不易。尤其是9亿农村人口的义务教育,是实现普及九年义务教育的重中之重。在普及义务教育初期,也就是《中华人民共和国义务教育法》颁布初期,我国义务教育的管理体制是分级办学分级管理。作为农村的义务教育,自然就落到了农村地方政府、农村基层政府和组织——县乡村的肩上。国家提出多渠道筹措教育经费的办法,即除政府财政拨款之外,可以收取农村教育费附加,可号召人民群众和社会各界捐集资，可以通过学校的勤工俭学收入作为补充，可收取一定的杂费等多种渠道筹集教育经费。正是这种包括人民群众捐集资在内的多渠道筹集教育经费的办法，实现了我国基本普及九年义务教育的目标。可以说人民群众特别是广大农民在九年义务教育的普及阶段立下了汗马功劳。到21世纪初期，我国义务教育体制实现了一个重大的转变，从分级管理、分级办学转变为以县为主的管理体制，将义务教育的责任主体由乡镇上调到县一级政府，实质上是由过去的人民教育人民办的模式转变为由政府来办。同时在税费体制改革的过程中，将涉及农民负担的农村教育费附加、农民教育集资一律取消，严禁征收。教育经费的来源，主要是县乡两级财政收入、城市教育费附加。近年来，一些省区如山东省又新开征地方教育费附加，即按消费税、增值税和营业税的1%计征，省统筹20%，用于平衡各地市，其余部分归各地市教育部门管理、使用，主要用于义务教育。另外就是国家、省、市的部分义务教育专款。

总体而言，现行农村义务教育管理体制还不能讲很合理、很完善，特别是从经费投入这个角度讲，很难促进均衡发展的实现。实行“以县为主”的管理体制以后，国家、省对农村义务教育并没有真正加大转移支付力度，然而，农村教育费附加已经提前取消了，人民群众的教育集资也提前取消了，尽管这些措施的出发点是好的，为的是减轻农民负担，但这已经严重影响了义务教育的正常实施。值得一提的是，上级虽然没有加大或者准确地说是没有足够地加大转移支付力度，但是对基层的要求和监督的力度确实加大了，每年都要对县区和乡镇义务教育阶段学生生均公用经费拨付情况进行督察，并列入领导干部政绩考核。为此，县区和乡镇的领导高度重视，采取了不同花样的应对措施，因为他们既没有足够的资金投入，又不想因此而影响党政领导们的政治前途，只得采取一些五花八门的应对措施。这些问题好像不是哪一个人的责任，但问题确是客观存在的。从根本上讲，就是农村义务教育经费投入不足的问题。

农村这样一个经济基础，这样一个落后的状况，这样庞大的义务教育总量，岂能主要由基层的县区甚至乡镇承担，更不是严格的督导检查可以完全解决的。单纯的分级管理、分级办学，在城乡二元结构体制下是对农村义务教育的极大忽视，甚至可以说是不负责任，实质上也是对农民接受义务教育权利的严重漠视。当下，“以县为主”的义务教育管理体制与单纯的分级办学分级管理体制相比是一种进步，但仍不能把农村义务教育经费短缺问题解决好，因为这受现行财政体制高度集中、县以下财政留成部分太少、县级政府财力普遍较弱等因素的制约。农村的义务教育与城市一样，是《中华人民共和国义务教育法》所确定了的，也是宪法所必须保障的,应该是国家的事,也是各级政府的事,绝不能逐层推脱,最终由财力有限的县级甚至乡级政府承担。

发达国家与发展中国家,城市和乡村,经济发达地区与经济落后地区,在教育发展上的差距主要取决于经费投入的差距。经费、设施、师资、管理是办好教育的四大要素,缺一不可,只有这四样都好了,教育质量才有保障。但是经费是这四要素当中的第一项,也是最重要的一项,是这四要素中具有决定性意义的要素。有了经费会购买到先进的设施,有了经费也会招聘到优秀的教师,有了经费也可以高薪聘请专家型、高水平的校长。因此,经费是教育发展的首要因素,更是农村义务教育均衡发展的重中之重的因素。

第四章

开封市义务教育均衡发展存在问题及影响因素分析

第一节 开封市城乡义务教育失衡现状及影响因素分析

一、开封市城乡义务教育机会失衡现状及影响因素分析

宏观层次的义务教育均衡应包括教育权利的公平、教育机会的均等、教育发展与经济社会相互协调发展等指标。它在整个教育均衡体系中以外在的形式体现了教育均衡的社会学特点，反映了内在的教育权利和社会机会。这些指标具体表现为学生入学率、净入学率、辍学率、入学率性别差异等评价指标。

（一）开封市城乡义务教育入学率差距情况

教育机会均等的有效反映主要是小学和初中学校的入学率和净入学率等指标。入学率是指某一阶段各种年龄的学生总数与官方规定的该教育阶段适龄人口的比例。净入学率是指某一教育阶段在官方规定的年龄范围内就读的学生数与全部适龄人口的比例。由表 4-1 可以看出，在小学阶段，城市和农村的净入学率都达到了 100%，不存在差异；在初中阶段，城市的净入学率都在 100%，而农村的净入学率为 99.22%，由此可见，农村初中阶段的适龄儿童入学机会与城市相比还有一定差距。

表 4-1　开封市 2013 年度初中、小学学龄人口入学率

	初中净入学率(%)	小学净入学率(%)
开封市	99.62	100
城市	100	100
农村	99.22	100

数据来源:开封市教育局编制《开封市教育统计年鉴(2013 年)》。

初中、小学学龄人口入学率

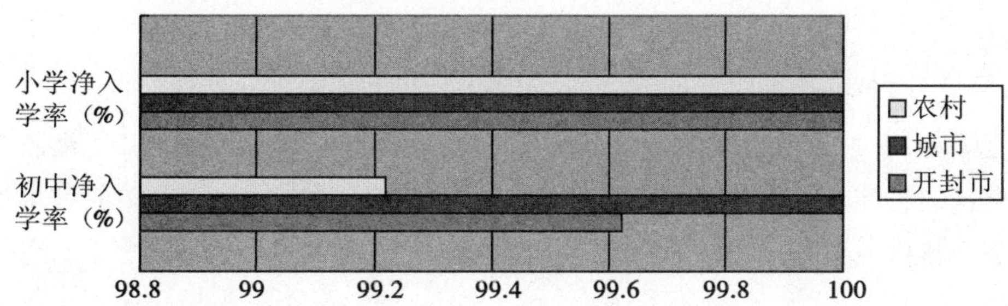

(二)开封市城乡义务教育阶段辍学率差距情况

辍学率指辍学学生占学生总数的比率,也叫控辍率,也是反映教育机会的重要指标。由表 4-2 可以看出,城市初中学生的平均辍学率为 0.22%,小学生平均辍学率为 0.37%;农村初中学生的平均辍学率为 2.17%,小学生平均辍学率为0.49%。由此可见,农村初中学生与小学学生的辍学率均高于城市,即城市义务教育阶段学生的教育机会好于农村学生。

表 4-2　开封市 2013 年度初中、小学辍学率

	初中辍学率(%)	小学辍学率(%)
开封市	1.61	0.35
城市	0.22	0.37
农村	2.17	0.49

数据来源:开封市教育局编制《开封市教育统计年鉴(2013 年)》。

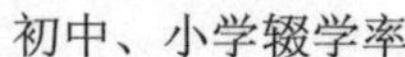

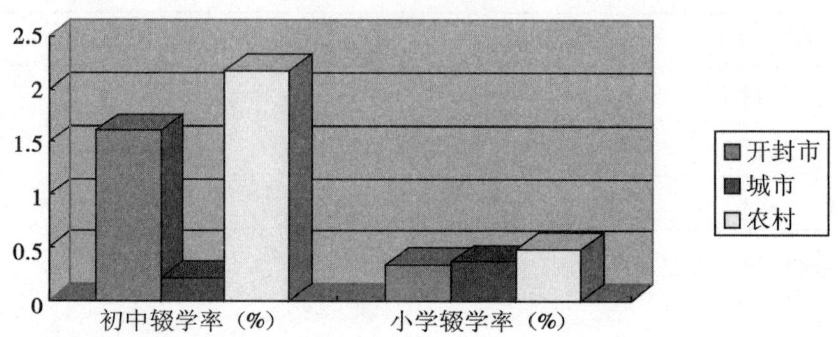

（三）开封市义务教育阶段女童入学机会情况

近年来，中央及地方政府制定了向女童教育倾斜的政策和措施，女童教育机会均衡越来越受到社会的关注。适龄女童入学率与辍学率也成为义务教育普及的重要衡量指标。

由表4-3、4-4可知，城市初中女生净入学率均为100%，农村初中女生净入学率未达到100%；城市初中女生辍学率为0.52%，远小于农村初中女生辍学率1.58%。因此，可以说，城市初中女生入学机会要优于农村初中女生。

表4-3　开封市2013年度初中、小学女生净入学率情况

	初中女生净入学率（%）	小学女生净入学率（%）
开封市	99.50	100
城市	100	100
农村	99.00	100

数据来源：开封市教育局编制《开封市教育统计年鉴（2013年）》。

初中、小学女生净入学率

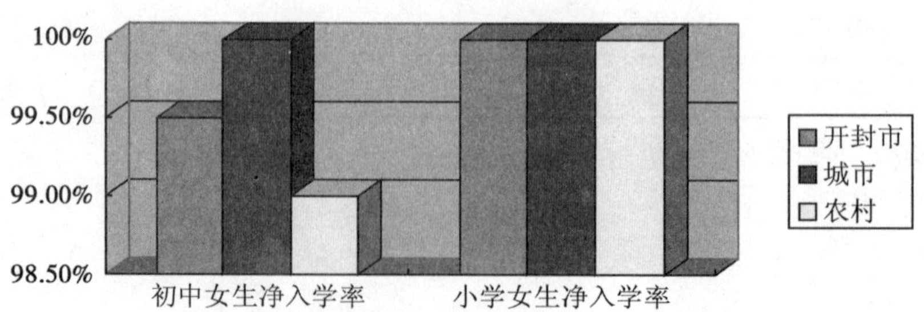

表 4-4 开封市 2013 年度初中、小学女生辍学率情况

	初中女生辍学率	小学女生辍学率
开封市	1.24%	0.54%
城市	0.52%	0.59%
农村	1.58%	0.48%

数据来源:开封市教育局编制《开封市教育统计年鉴(2013 年)》。

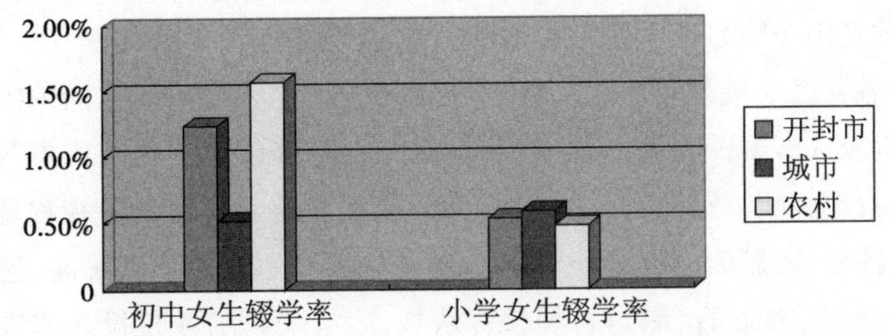

随着九年义务教育的普及,目前开封市已经完全能够保障所有的适龄儿童(包括残障儿童和女童)都有接受义务教育的机会,之所以会在入学率、辍学率以及女童入学率、辍学率方面存在一些不均衡状况,其根本原因在于家长的教育观念。在调查中我们发现,一些农村家长看到一些毕业的大学生工作不好找,即便一些找到工作的大学生的收入也比较低,甚至还没有外出打工挣钱多,他们认为对孩子在教育方面的投资存在着很大的风险,如果孩子找不到好工作还不如让孩子早日进入社会,因此一些民众产生了淡化教育投资的思想,对于教育脱离现实的茫然心态和急功近利的求学观念,这正是农村新的"读书无用论"思想。这种思想导致了农村初中生辍学率相对较高的教育现实。

二、开封市城乡义务教育资源配置失衡现状及影响因素分析

教育资源配置是指将从各种渠道获得的教育资源以一定的方式分配到教育的各个组成部分,形成一定的资源配置结构。只有均衡配置有限的教育资源,才能使每个学生都能同等享受国家和社会提供的优质教育资源。一般来说,可以从教育经费投入、教育教学设施、师资配备三个方面来衡量教育资源配置均衡状况。

（一）开封市义务教育经费投入现状

教育投入，指的是一个国家或地区投入到教育领域内的资源总和，即人力、物力和财力的总和。一般是指一定时期内（如1年）一国或一地区的教育经费投入总量，其中包括国家、社会和个人的经费投入。教育投入常可分为经常性教育经费投入和教育基本建设经费投入两种，前者是用于维持教育机构日常运作的费用，如教师工资、购买教学仪器设备费用、研究开发费用和服务费用等；后者主要指建造教学、办公用房等建筑的费用，如建造教学楼、图书馆、教师住房等。在我国，这两种费用一般都是单独列支，而且基本建设费占较高比例。

衡量教育投入量和教育投入水平的指标，主要是教育投入占国内生产总值的比重、教育投入占国民收入的比重、教育投入占财政预算支出的比重等。通过这些数据进行地区间的比较，可以大体衡量该地区政府对教育的重视程度。那些投入比重大的地区，显然比那些比重小的地区对教育的重视程度要高，这是硬性指标。政府强调重视教育，制定各种教育法规、政策来鼓励教育投入或鼓励社会参与教育活动等，都是软性指标，这种指标不能说毫无用处，但毕竟没有硬性指标那么直观，那么一目了然。当然两者应该综合起来考虑，才能体现政府对教育的重视程度，以及反映发展教育的决心到底有多大。

另一种经常用于衡量教育投入的指标是人均教育经费，这一指标非常重要，它可直接反映教育的发达程度和水平。人均教育经费是指全国人口中每人平均占有教育资源的比重，这一指标值越高，就说明国家的教育资源越丰富，而且也直接反映了政府对教育的重视程度，因此，也可以把这一指标看成硬性指标。对于衡量一个区域内教育投入的情况来看，主要依据的指标就是生均教育经费。

开封市义务教育阶段城乡生均预算内教育事业费现状

由表4-5、表4-6可以看出，开封市义务教育阶段生均预算内教育事业费在前几年城市明显高于农村，近几年教育经费投入明显向农村倾斜，农村生均预算内教育事业费明显高于城市。其中，初中阶段是以2011年为分界点，小学阶段是以2009年为分界点，2010年稍有反复，2011年、2012年农村生均预算内教育事业费逐年高于城市。

政府是按学生数量划拨教育经费的。由于一些城市优质学校的生源好，学生数量多，因此，优质学校所获得的教育经费可以统筹使用，形成规模效应。而一些农村学校生源差，学生数量少，虽然农村生均预算内经费高于城市，但学校获得的教育经费总量还是较少的，在统筹使用方面还是存在一定困难。

表 4-5 开封市城乡初中 2007—2012 年生均预算内教育事业费 （单位:元）

	2007 年	2008 年	2009 年	2010 年	2011 年	2012 年
城市初中	2148.00	2598.29	2947.43	3928.17	4682.81	5135.70
农村初中	1901.00	2439.55	2672.00	3790.00	4729.55	6368.48

数据来源:开封市教育局编制《开封市教育统计年鉴(2012 年)》。

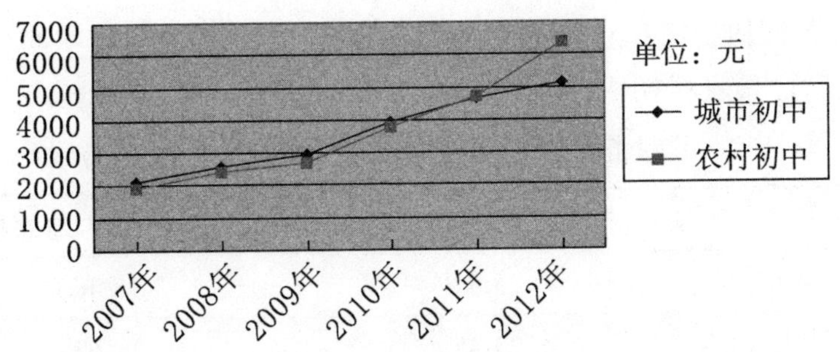

表 4-6 开封市城乡小学 2007—2012 年生均预算内教育事业费 （单位:元）

	2007 年	2008 年	2009 年	2010 年	2011 年	2012 年
城市小学	1358.00	1746.94	1424.00	1897.00	2262.93	2474.25
农村小学	1012.00	1432.95	1853.73	1877.34	2673.72	2912.90

数据来源:开封市教育局编制《开封市教育统计年鉴(2012 年)》。

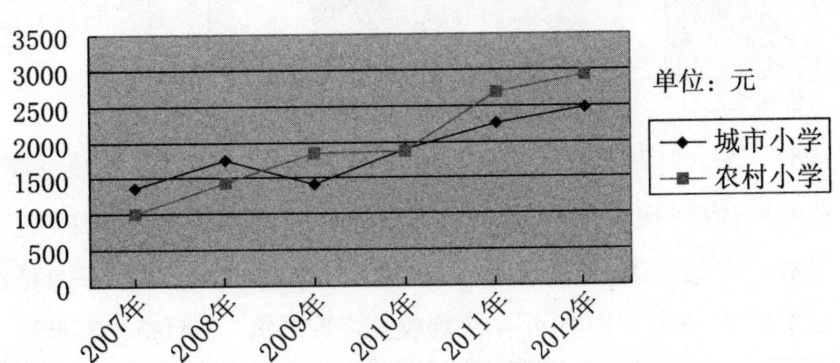

(二)开封市义务教育阶段教育教学设施均衡现状

学校的基本教育教学设施,是学校得以生存和发展的前提和基础,在一定程度上比较直观地反映出一所学校办学条件的优劣。生均占地面积、生均校舍建筑面积、生均图书藏书量、生均固定资产总值、生均仪器设备总值,体育运动场(馆)

面积、体育器械配备、音乐器材配备、美术器材配备、数学自然实验仪器（理科实验仪器）达标校数比例，建立校园网、有校医院、有专职校医、有专职保健人员校数比例等指标是反映学校基本教育教学设施的重要指标。

1.开封市义务教育阶段学校占地面积与校舍建筑面积状况

学校占地面积的多少直接制约学生在校园内活动空间的大小，校舍建筑面积的多少直接反映学生学习环境的优劣。

由表4-7可知，城市初中生均占地面积23.45平方米，小学生均占地面积17.63平方米；农村初中生均占地面积27.43平方米，小学生均占地面积19.29平方米。由此可以看出，农村初中、小学在生均占地面积方面均优于城市。

表4-7　开封市初中、小学生均占地面积　（单位：平方米）

	初中生均占地面积	小学生均占地面积
开封市	25.44	18.46
城市	23.45	17.63
农村	27.43	19.29

数据来源：开封市教育局编制《开封市教育统计年鉴（2013年）》。

初中、小学生均占地面积

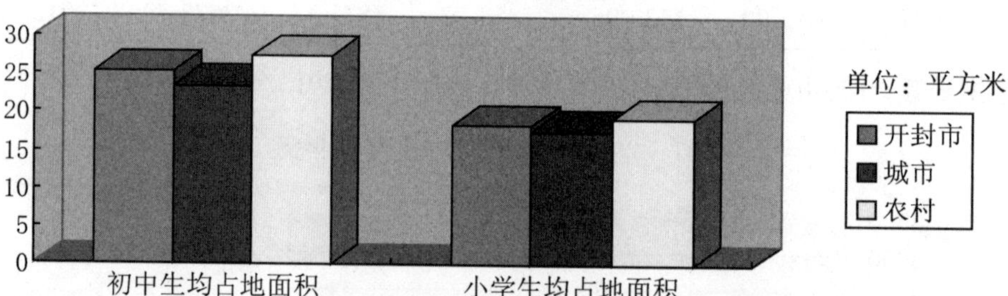

由表4-8可知，城市初中生均校舍建筑面积6.57平方米，小学生均校舍建筑面积4.54平方米；农村初中生均校舍建筑面积6.47平方米，小学生均校舍建筑面积2.90平方米。由此看出，城市初中、小学在生均校舍建筑面积方面略优于农村。

表4-8　开封市初中、小学生均校舍建筑面积　（单位：平方米）

	初中生均校舍建筑面积	小学生均校舍建筑面积
开封市	6.52	3.72
城市	6.57	4.54
农村	6.47	2.90

数据来源：开封市教育局编制《开封市教育统计年鉴（2013年）》。

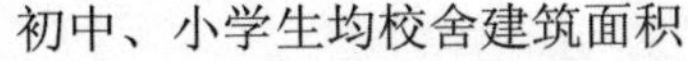

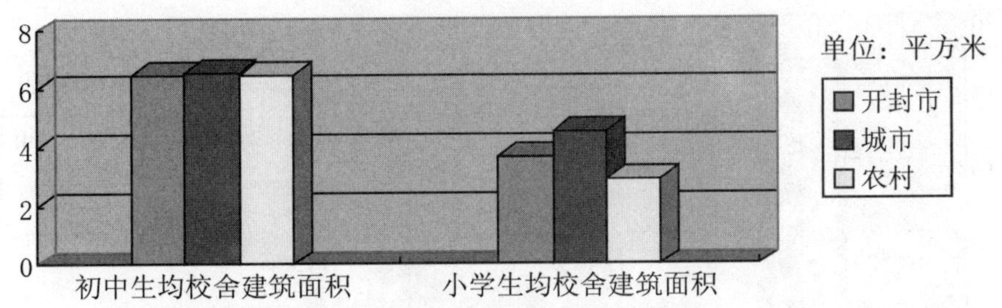

2.开封市义务教育阶段学校图书状况

学校图书馆是学校重要的教育场所，是对学生进行思想品德教育必不可少的重要机构。图书馆收藏的大量优秀读物，思想健康、格调高雅、意境开阔，是一种特殊的教育资源，可以使学生在阅读过程中拓展知识，受到崇高精神和高尚品德的熏陶，获得真、善、美的体验，提升人文素养和科学素养，可以启迪学生立志成才，引导学生树立正确的价值观念，形成健康的心灵与完美的人格。

由表4-9可知，城市初中生均图书藏书量为17.95册，农村初中生均图书藏书量为15.77册；城市小学生均图书藏书量为12.19册，农村小学生均图书藏书量为7.97册。由此可见，城市义务教育阶段学校图书藏书量要优于农村学校。另外，在调查过程中，我们也发现城市学校的图书不管是在图书类型还是图书更新方面都要优于农村学校。因此，城市义务教育阶段的学校图书藏书情况远优于农村学校。

表4-9　开封市初中、小学生均图书藏书量　（单位：册）

	初中生均图书藏书量	小学生均图书藏书量
开封市	16.86	10.08
城市	17.95	12.19
农村	15.77	7.97

数据来源：开封市教育局编制《开封市教育统计年鉴（2013年）》。

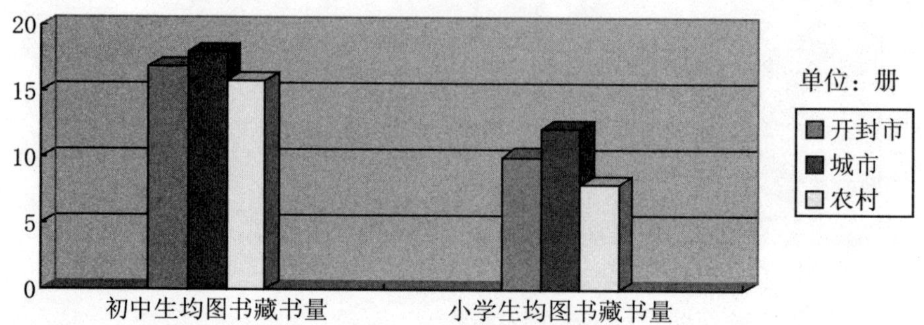

3.开封市义务教育阶段学校教育技术装备状况

教育技术装备是教育改革和发展的物质基础，是加强实践教学和推进教育手段现代化的重要保证，对全面实施素质教育意义重大。由表4-10可知，城市初中和小学在体育运动场（馆）面积、体育器械配备、音乐器材配备、美术器材配备、数学自然实验仪器（理科实验仪器）等方面的达标校数比例以及建立校园网的比例要远高于农村学校。由此，我们可以得出这样的结论：开封市城市义务教育阶段学校仪器设备情况要优于农村学校。

表4-10　开封市初中、小学体育运动场（馆）面积、体音美器材等达标校数比例

	体育运动场（馆）面积	体育器械配备	音乐器材配备	美术器材配备	数学自然实验仪器（理科实验仪器）	建立校园网
城市初中达标校数比例	78.1%	81.3%	78.1%	78.1%	90.6%	28.1%
农村初中达标校数比例	37.3%	33.5%	32.1%	31.6%	47.2%	12.7%
城市小学达标校数比例	41.0%	66.3%	63.9%	63.9%	63.9%	4.8%
农村小学达标校数比例	23.7%	21.8%	19.2%	17.9%	18.6%	0

数据来源：开封市教育局编制《开封市教育统计年鉴（2013年）》。

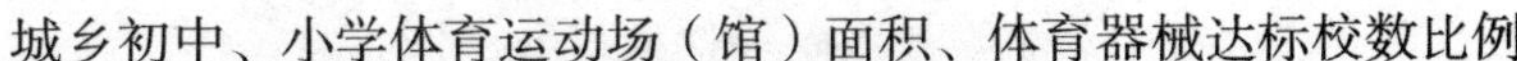
城乡初中、小学体育运动场（馆）面积、体育器械达标校数比例

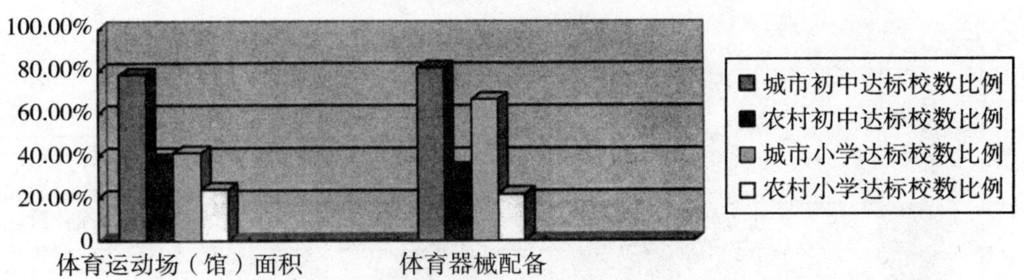

城乡初中、小学音乐、美术器材配备达标校数比例

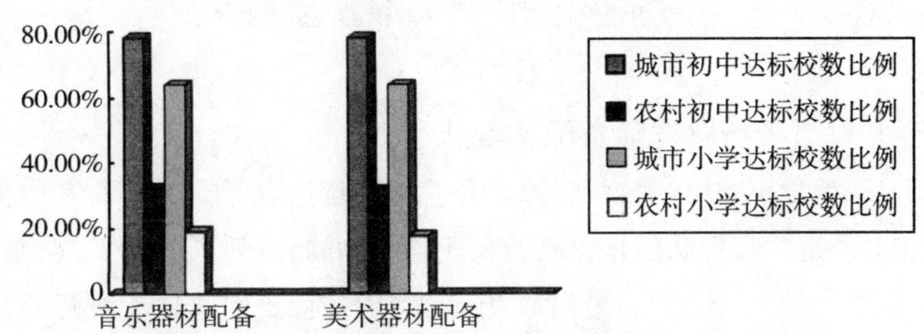

城乡初中、小学数学自然实验仪器、校园网达标校数比例

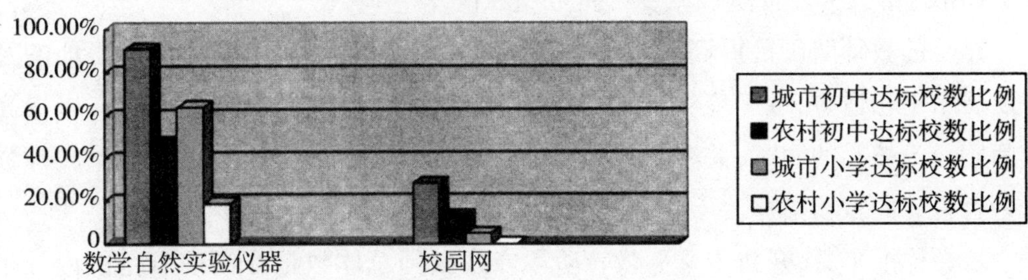

4.开封市义务教育阶段学校医务条件状况

由表4-11可知，城市初中和小学在设有校医院、设有专职校医、设有专职保健人员达标校数比例方面远高于农村学校。由此，我们可以得出结论，城市义务教育阶段学校医务条件要优于农村学校。

表4-11　开封市初中、小学校医院、校医等达标校数比例

	有校医院(%)	有专职校医(%)	有专职保健人员(%)
城市初中达标校数比例	68.8	59.4	62.5
农村初中达标校数比例	29.2	25.9	16.0
城市小学达标校数比例	14.5	6.0	7.2
农村小学达标校数比例	1.7	1.7	1.7

数据来源：开封市教育局编制《开封市教育统计年鉴(2013年)》。

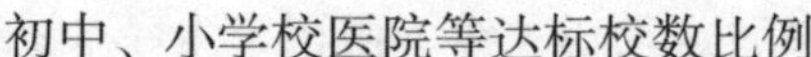

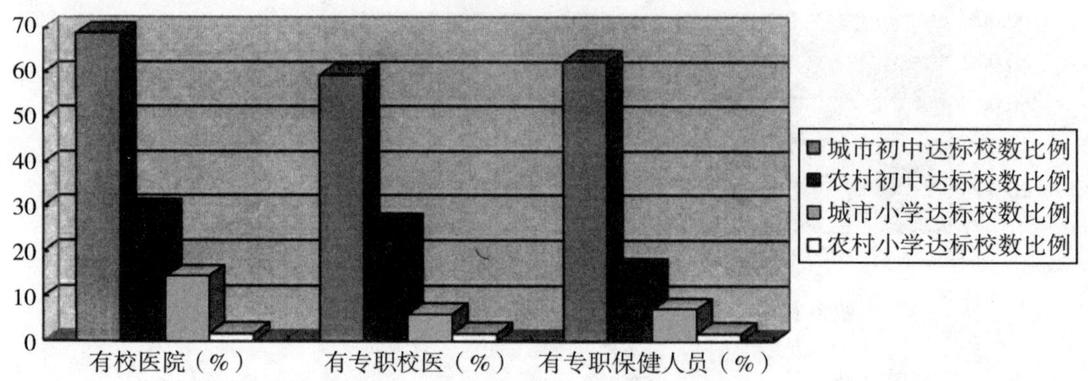

（三）开封市义务教育师资配备现状

教师资源是学校的第一教育资源。有一支数量适宜、结构合理、素质良好、富有活力、相对稳定的师资队伍是提高教育质量、培养高素质人才的关键，是教育资源配置中最重要的“软实力”。在师资力量配置方面，我们选择了教师数量、年龄结构、学历结构、职称结构、能力结构五个衡量指标。

1.开封市义务教育阶段城乡师资数量状况

充足的教师队伍是提高教育教学质量的保证。但教师规模必须与当地的经济发展水平相适应，过于庞大的教师队伍会造成教育经费的浪费，因此在以提高教师质量为核心的同时，关注教师的数量也显得非常重要。生师比是衡量教师数量是否合理的重要指标。

从总体上来看，开封市义务教育阶段专任教师总体数量在河南省范围内处于比较合理的状况。由表4-12可知，2013年，开封市小学教职工24032人，专任教师23562人，生师比22.42∶1，基本上与河南省生师比22.04∶1的比例相当。开封市初中专任教师11644人，生师比16.59∶1，基本上与河南省生师比16.58∶1的比例相当。

表4-12　2013年度河南省与开封市义务教育阶段生师比状况

	河南省小学	开封市小学	河南省初中	开封市初中
生师比	22.04∶1	22.42∶1	16.58∶1	16.59∶1

数据来源：开封市教育局编制《开封市教育统计年鉴（2013年）》。

从城乡义务教育师资数量来看，城乡教师在教师数量上还存在着差距。由表4-13可知，农村初中和农村小学的专任教师负担的学生数（即生师比）要优于城市学校，甚至有的农村学校或城镇薄弱学校在校生人数呈逐年减少趋势，以前核定的编制数量超过了学校的实际需要，出现教师超编的现象，但同时又存在着一个教师同时担任两门学科甚至不同年级教学任务的现象，以及体、美、音教师严重缺乏的现象。

在访谈中我们发现，一些城市优质学校因为学校地域优势，整体教学质量较好，大量学生涌入导致在校生人数呈不断增加趋势，原先核定的教师编制无法满足学校教学的正常需求，不得不以各种方式从社会或其他学校聘请代课或兼职教师，代课或兼职教师的工资待遇一般由学校支付，这样不仅会增加学校的经济负担，同时由于学校支付的工资低于在编教师，无法实施有效的考核与评价。

表 4-13　2013 年度开封市城乡初中、小学专任教师负担学生数

	城市初中	农村初中	城市小学	农村小学
每一专任教师负担学生数	18.05	15.13	22.52	22.32

数据来源：开封市教育局编制《开封市教育统计年鉴(2013 年)》。

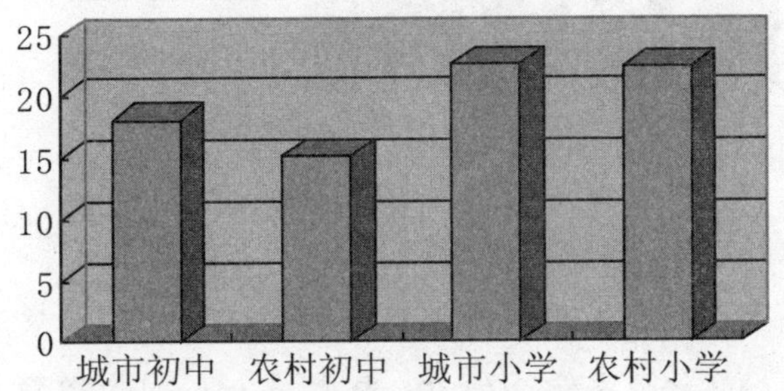

2.开封市义务教育阶段城乡教师年龄结构状况

教师队伍年龄结构合理是建设一支稳定精良的教师队伍的必要前提。保持各级教师老中青的恰当比例，对保证教师队伍充满活力、可持续发展是有重要作用。

表 4-14 表明，开封市初中、小学专任教师的年龄呈现出两头小、中间大的态势，基本是比较合理的。但在小学阶段，农村 46—60 岁的教师占到 35.7%，呈现出老龄化的态势。

表 4-14 开封市初中、小学专任教师城乡年龄结构情况

	25 岁及以下	26—30 岁	31—35 岁	36—40 岁	41—45 岁	46—50 岁	51—55 岁	56—60 岁
城市小学	2.8%	11.9%	26.1%	20.6%	15.6%	8.8%	11.5%	2.7%
农村小学	2.5%	13.4%	22.1%	15.3%	11.0%	11.6%	17.0%	7.1%
城市初中	5.1%	12.9%	19.6%	20.0%	17.8%	10.9%	9.1%	4.6%
农村初中	4.8%	14.8%	27.5%	22.8%	12.7%	8.7%	6.0%	2.7%

数据来源：开封市教育局编制《开封市教育统计年鉴（2013 年）》。

开封市初中、小学专任教师城乡年龄结构情况

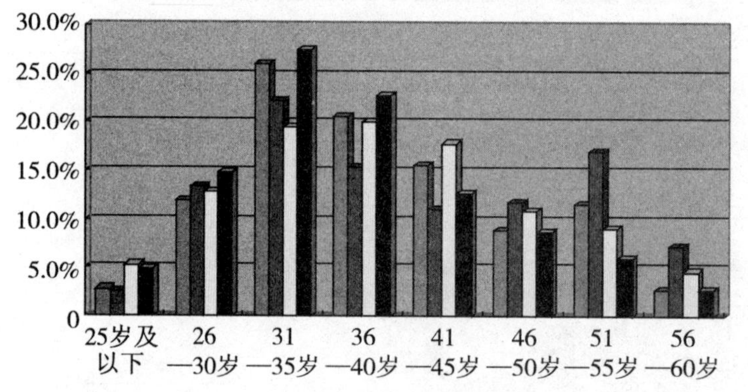

3.开封市义务教育阶段城乡教师学历结构状况

英文中“学历”即教育背景，是指人们在教育机构中接受教育的经历或者曾在哪些学校肄业或毕业。我国学者认为学历系学习经历，表示一个人的受教育程度。按照现代教育体系划分，可以将其分为小学、初中、高中（中专）、大专、本科、研究生（又分研究生班、硕士和博士）等层次。学历的本质系知识积累情况，所以一般而言，学历越高，知识积累也越多。教师知识积累越多，则越有利于教师自身的发展以及学校教育教学工作开展。因此，我们认为，学历达标情况和高学历教师比例是衡量义务教育阶段师资的一个重要指标。

就学历达标情况来看，开封市义务教育阶段专任教师基本实现了学历达标，城乡之间的区别不大。2013 年，开封市小学专任教师学历合格率为 99.99%，城市、农村专任教师学历合格率基本没有差别。初中专任教师学历合格率为 98.77%，其中，城市专任教师学历合格率为 99.6%，农村专任教师学历合格率为 97.94%，城市专任教师的学历合格率略高于农村。

就高一级学历情况来看，开封市义务教育阶段专任教师之间还存在着不小的

差距。统计资料表明(见表4-15):开封市城市小学教师中具有大专以上学历的比例为92.17%,农村小学则为76.10%;城市初中教师中具有本科及以上学历的比例为79.45%,农村初中则为45.29%。由数据可知,城市义务教育学校教师的学历层次整体高于农村。另外,通过访谈了解到,很多教师的学历并不是由正规师范院校毕业而获得的,有相当一部分教师的学历是通过自学考试获得的。在农村学校中,更有相当一部分的教师是由民办教师转正而来,其学历是通过短期培训和进修获得的,实际的知识水平并没有多大提高,与全日制大中专师范生的水平相比还有不小的差距。

表4-15 开封市城乡初中、小学教师高一级学历比例情况

	城市小学	农村小学	城市初中	农村初中
高一级学历比例	92.17%	76.10%	79.45%	45.29%

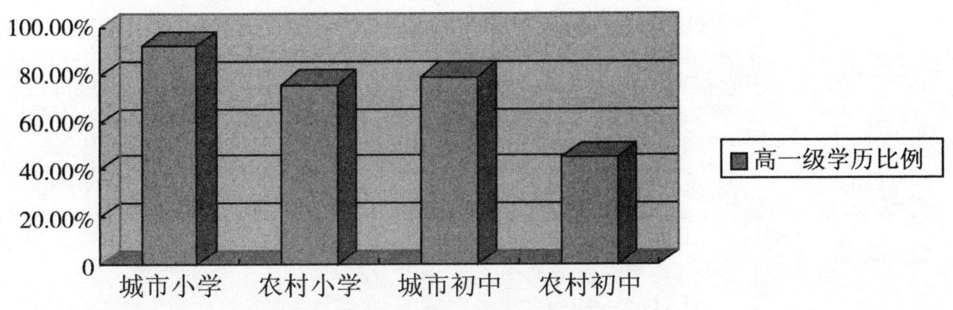

4.开封市义务教育阶段城乡教师职称结构状况

职称结构是指不同职称教师人数的比例关系。教师的职称,反映了教师在教育教学方面所应承担的职和责,也反映了其教育教学能力和科研能力。因此,我们认为,教师的职称也是衡量师资均衡状况的重要指标,教师的职称越高,说明教师的教育教学能力和科研能力越强。

由表4-16可知,城乡小学教师中具有小教高级职称的比例分别为57.9%,53.7%,基本上相差不大;由表4-17可知,城乡初中教师中具有高级职称的比例相差近11个百分点,城市初中教师的高级职称人数优于农村初中高级职称人数,但中学一级、中学二级的人数比例农村高于城市。

表 4-16　开封市城乡小学专任教师职称结构情况

	中学高级	小学高级	小学一级	小学二级	小学三级	未定职级
城市小学	1%	57.9%	36.7%	0.5%	0.03%	3.6%
农村小学	1.8%	53.7%	39.6%	2.7%	0.02%	2.8%

数据来源:开封市教育局编制《开封市教育统计年鉴(2013 年)》。

开封市城乡小学专任教师职称结构

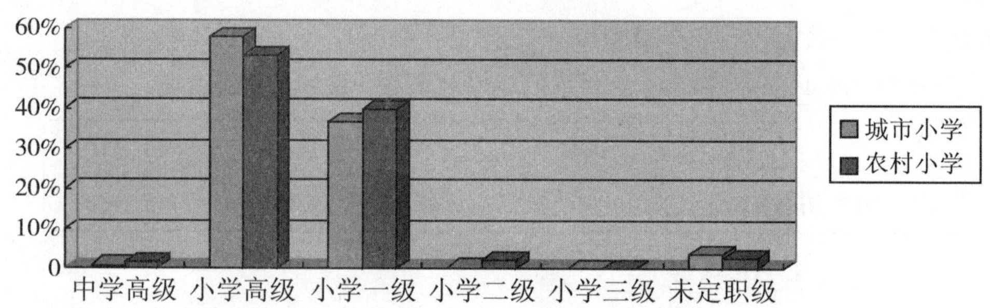

表 4-17　开封市城乡初中专任教师职称结构情况

	中学高级	中学一级	中学二级	中学三级	未定职级
城市初中	21.1%	41.4%	28.9%	2%	6.6%
农村初中	10.3%	52.9%	30.1%	1.7%	5.0%

数据来源:开封市教育局编制《开封市教育统计年鉴(2013 年)》。

开封市城乡初中专任教师职称结构

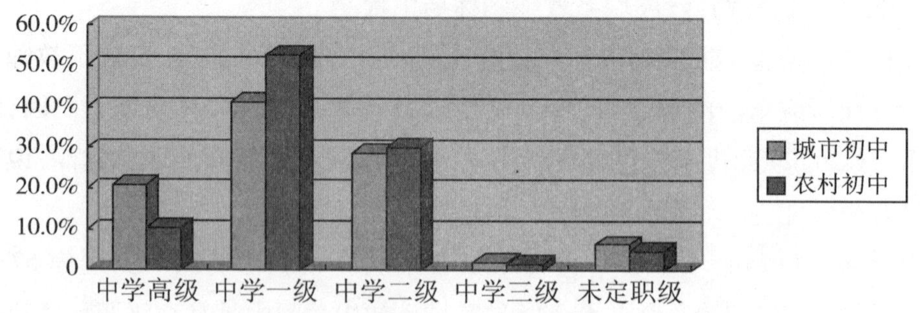

5.开封市义务教育阶段城乡教师能力结构状况

关于教师的教学能力状况,我们共发放教师问卷 4000 份,回收 3985 份。根据填写信息情况,选择有效问卷 3861 份,其中城市学校教师 1950 份,农村学校教师 1911 份。

(1)关于关注与接纳新知识

就关注与接纳新教育理念与知识的状况而言,农村教师的状况远不如城市教师。义务教育阶段正是学生全面发展的基础阶段,能否以新的教育理念引导学生形成创新意识,能否让学生掌握新的知识,这些都与教师本人对新教育理念、学科知识的关注、接纳并自觉运用有直接关系。课程标准是教学的指南,现在提倡基于课程标准的教学,作为教师如果能够认真学习课程标准,理解课程标准精神和要义,对教学必有重要指导作用。因此,我们以课程标准的学习情况作为衡量教师关注与接纳新教育理念与知识的一个指标进行了调查。

调查结果显示,73.67%的教师认真学过自己所教学科的课程标准,20.25%的教师粗略看过,4.3%的教师培训时听过但自己没学过,1.78%的教师因手头没有课程标准而没有学习过。总体而言,这是一个非常乐观的结果。理解课程标准是优质教学的一个前提,优质教学应该是遵循课程标准要求的教学,不了解课程标准的教学可谓是盲目的教学。但通过调查数据,我们也发现城乡之间存在着一些差别。城市教师中选择认真学过自己所教学科的课程标准的比例为92.58%,而农村教师只占54.76%。并且在对农村教师的访谈中发现,一些教师对新课程标准的要求只是粗浅地了解,远谈不上在教育教学实际中践行,一些教师虽然谈起课程标准头头是道,但是深入到课堂教学实际就发现存在着“两张皮”的现象。访谈还发现,一些教师认为只要在自己的教学中按照上级的要求做就行了,并不思考教育教学,更不会在教学中树立创新与改革意识,这些表现在农村教师中较为普遍。

(2)现代教学技能的运用

当代教师应具有基本的运用多媒体教学的素养,能够制作多媒体课件、利用多媒体上课是现代信息社会下教学的一种常态。一般情况下,恰当运用多媒体能提高教学的有效性。当前,教师在这项新技能方面的掌握情况如何呢?调查显示,61.36%的教师会制作课件并经常使用,35.35%的教师会但只是偶尔使用,2.02%的教师会但未曾使用过,也有1.27%的教师不会也从未使用过,而这部分教师都是出自农村学校。

网络时代,教师专业发展、教学资源的获取途径很多,其中,网上获取教学资源、教学经验是现代教学的一大明显特征。学校教师能否有效利用现代信息技术搜索资源辅助教学呢?我们就是否“经常使用电脑上网浏览网上教学资源、教学经验介绍”进行了调查。设置四个选项“经常、比较经常、不经常、几乎不”供教师选择,对选择结果分别赋值1,2,3,4,数据统计分析结果见表4-18。

表 4-18　教师网络资源利用情况比较

	总体		城市		农村		
	均值 M	方差 SD	均值 M	方差 SD	均值 M	方差 SD	t
网上资源利用度	1.73	1.286	1.84	1.722	1.63	0.663	-1.663

结果显示，城乡之间差异不显著，均值介于“经常”与“比较经常”之间，说明总体而言，教师能比较经常地上网浏览教学资源和学习网上经验交流。网络资源丰富多彩，许多具有先进性和创新性。教师如果经常浏览、学习、利用网络资源，对教学、对自身专业发展等都是有积极作用的，如果教师再能够上传自己的成功经验和资源开发成果，整个义务教育园地将会更加绚丽。

(3)教师的学生观

优质教学应真正体现以学生为主体，课堂上教师必须充分激活学生的思维，发挥学生的主体作用，如让学生交流合作讨论问题等。课堂教学公平是教育公平的重要方面。教学公平反映到课堂上，就是要求教师关注到课堂上每个学生，公平对待每个学生，不仅关注学习程度好的学生的需求，还要关注学习后进生的需求，教师从内心深处应该持一视同仁的态度，关注每个学生的成长。评价是促进教与学的有力工具，教师是否能恰当运用评价手段激励学生、有效利用评价手段激励学生学习的积极性直接影响到教学的质量。为此，我们围绕四个方面的问题进行了调查。对结果进行四级量化，对课堂上是否经常让学生讨论问题分为“经常、比较经常、不经常、几乎不”四个层次，对课堂中是否能做到关注每个学生分为“能做到、基本能做到、基本做不到、根本做不到”四个层次。对平时对待优秀生和后进生的态度分为“一样、基本一样、基本不一样、很难一样”四个层次，对自己在运用评价手段激励学生学习方面做得如何也分为“很好、比较好、一般、较差”四个层次，并分别赋值 1,2,3,4。统计分析结果见表 4-19。

表4-19 教师对待学生态度与行为

	总体		城市		农村		
	均值M	方差SD	均值M	方差SD	均值M	方差SD	t
学生讨论问题频度	1.79	0.651	1.82	0.645	1.77	0.658	-0.744
关注每个学生度	1.84	0.538	1.86	0.559	1.82	0.518	-0.782
公平对待学生度	1.80	0.619	1.83	1.557	1.77	0.671	-0.967
激励学生	2.19	0.586	2.17	0.598	2.21	0.576	0.578

从数据分析结果来看,整体而言,教师还是"比较经常"地让学生在课堂上讨论问题的,在课堂上"基本能做到"关注每个学生,对待优秀生和后进生态度"基本一样",在利用评价手段激励学生学习方面做得也比较好。城乡差异比较显示,在四个方面上没有显著差异。

(4)教师对目前学生的学习积极性、主动性、兴趣情况的看法

有人说现在的学生不刻苦,不爱学习,学习缺乏主动性、积极性,那么,学生的一般状况到底如何?教师感受最深。那么教师眼中的学生情况如何?只有了解了学生,才能更好地教育教学。对此,我们就目前学生的学习积极性、主动性、兴趣情况向教师进行了调查,等级分为"很好、比较好、一般、较差",分别赋值4,3,2,1,统计结果见表4-20。

表4-20 学生学习状态比较

	总体		城市		农村		
	均值M	方差SD	均值M	方差SD	均值M	方差SD	t
学习状态	2.59	0.769	2.48	0.740	2.69	0.783	2.737 **

注:* 表示显著性水平 $P<0.05$, ** 表示显著性水平 $P<0.01$,下同。

数据显示,教师心目中,目前学生的学习积极性、主动性、学习兴趣介于"一般"和"比较好"之间。城乡具有比较显著的差异,农村状况明显好于城市。

(5)教师有效教学情况

根据促成有效教学的五种关键行为及与有效教学有关的一些辅助行为,我们选择了十个指标作为衡量有效教学水平的标准。这些指标在一定程度上反映了教师有效教学的情况。我们让教师对自己在这十种教学行为方面的表现做自我

评价,分“很好、较好、一般、不好”四个层次供选择,四个层次分别赋值4,3,2,1。统计分析结果见表4-21。

表4-21　教师课堂有效教学情况

	总体		城市		农村		
	均值M	方差SD	均值M	方差SD	均值M	方差SD	t
清晰授课	3.08	0.730	3.13	0.641	3.03	0.802	-1.397
多样化教学	2.90	0.593	2.99	0.604	2.82	0.570	-2.965**
任务导向	2.81	0.603	2.85	0.628	2.77	0.577	-1.243
学生投入	2.88	0.598	2.94	0.569	2.83	0.637	-1.789
学生成功率	2.91	0.644	2.94	0.569	2.89	0.707	-0.748
运用学生的想法和贡献	2.85	0.626	2.91	0.660	2.80	0.590	-1.737
组织	2.80	0.658	2.82	0.692	2.79	0.627	-0.443
提问	2.86	0.657	2.94	0.699	2.79	0.609	-2.294*
探究	2.86	0.643	2.93	0.643	2.80	0.638	-2.103*
热情	3.06	0.659	3.15	0.617	2.98	0.687	-2.607**

由统计结果可见,总体而言,教师在这十种教学行为方面的表现均值处于“较好”水平,表明教师平时的教学都是比较有效的,但离优秀还有一段距离,尚有发展空间。在这里,所谓清晰授课是指逻辑的、逐步进行的、有次序、清晰易懂的授课。多样化教学是指多样的教学材料、提问、反馈和教学策略等。任务导向是指内容导向,而不是过程导向,使内容覆盖面尽可能大,教学时间尽可能多。学生投入是指限制分散注意力的机会,使学生就教学内容进行操作、思考和探究等。学生成功率是指把60%—70%的时间用在能给学生带来中高水平的成功率的任务上,尤其是在讲解式和传授式教学中。运用学生的想法和贡献是指运用学生的回答促成课时目标,让学生使用自己的想法、经验和思维模式等,详细阐述和扩展所学内容。组织是指在一堂课的起始部分提供先行组织者和心理策略,用多种要求创设活动结构。提问就是运用内容问题(直接)和过程问题(间接)传达事实,并鼓励学生探究和解决问题。探究是指诱导、澄清、探求额外信息,必要时调整方向。热情是指在课堂讲授中通过语言、手势、目光和活力等,展示生机、投入、兴奋和兴趣。

从差异分析可以看出,城市学校教师在这十项教学行为表现方面平均好于农村学校教师，其中，在多样化教学、提问、探究、热情行为方面的表现，城市学校教师显著好于农村学校教师。这表明，城市学校教师在有效教学方面做得比农村学校教师好，这似乎符合人们的一贯认识："城里的教师普遍比农村教师强。"

不管是教育经费的投入，还是硬件设施以及师资水平，城乡之间都存在着不均衡的现象。究其原因，正如王善迈等学者所说，城乡差距产生的根本原因是城乡二元主体结构。① 在教育投入方面，开封市像其他地市一样，相当长一段时期实行的是三级办学（县办高中、乡办初中、村办小学）、县乡两级管理制度。虽然这种政策曾经调动了地方政府和人民群众的办学责任感和积极性，使校舍、设施等方面办学条件明显改善，迅速改变了农村义务教育的面貌，对"两基"目标的实现发挥了积极的作用，但长期以来，农村义务教育的经费，主要不是来自政府的财政支出，而是依靠收取学杂费和教育附加费来维持，义务教育投入使乡镇财政不堪重负。随着基础教育管理层次的逐渐下放，乡镇政府承担了发展农村义务教育的主要责任。这些年来，由于农村义务教育规模不断扩大，加之一些地方经济发展水平不高，乡镇政府财力薄弱，难以支撑农村义务教育的发展。所以造成了广大农村地区教育投入资金的贫乏。②

另外，义务教育发展的有关制度和政策中的"城市优先"，客观上拉大了义务教育的城乡差距。城乡二元经济制度的种种设置与安排，教育资源配置存在突出的"城市优先取向"，在表现出不平等的同时拉大了城乡差距。建立在城市学校基础之上的办学标准，自然出现了教育资源配置的基本特征：先城市后农村，先重点再普通，先市民子弟后农村子弟，以城市和市民为中心，以农村和农民为外围的教育资源配置路线。这一"规则的不公"导致了在受教育机会上"起点的不公"。其背后，正是"城市中心"的价值取向作祟。③

三、开封市义务教育质量失衡现状

教育质量是对教育水平高低和效果优劣的评价，最终体现在培养对象的质量上。其衡量标准是教育目的和各级各类学校的培养目标，前者规定受教育者的一般质量要求，亦是教育的根本质量要求；后者规定受教育者的具体质量要求，是衡量人才是否合格的质量标准。义务教育是以提高国民的基本素质为根本宗旨的

① 王善迈等：《义务教育县域内校际均衡发展评价指标体系》，《教育研究》，2013 年第 2 期。
② 王巧云：《我国义务教育均衡发展问题研究》，青岛大学 2007 年硕士毕业论文。
③ 王巧云：《我国义务教育均衡发展问题研究》，青岛大学 2007 年硕士毕业论文。

普及教育,教育目的应该是其质量的主要衡量标准。自20世纪90年代以来,教育质量被赋予了新的含义。首先,对教育质量的关注是以教育普及和教育公平为前提的。其次,教育质量是指提高人的综合能力和整体素质水平,而非单一的知识传授和学习效果。最后,教育质量包括了整体的学校办学模式乃至整个社会和国家的教育体系与制度。《中共中央国务院关于深化教育改革全面推进素质教育的决定》指出,我国现阶段教育"以提高国民素质为根本宗旨,以培养学生的创新精神和实践能力为重点,造就'有理想、有道德、有文化、有纪律'的、德智体美等全面发展的社会主义事业建设者和接班人"。这一教育目的体现了这种新的教育质量观。

义务教育质量均衡是指适龄儿童、少年在接受义务教育的过程中,通过公正、平等地享受教育资源而达到的理想化效果,它是教育公平的高级阶段。理想化效果有两层意思:一是指社会对个体所设计的完美化期待和要求,具体体现为教育目的;二是指家长及个体自身希望通过教育达到的理想目标。具体体现在学生的健全发展、个性的充分发展和潜能的充分开发三个方面。我们认为,毕业生升学率、学生巩固率以及学生的发展状况应是反映义务教育质量均衡的重要指标。

(一)开封市义务教育阶段毕业生升学率状况

毕业生升学率是指某一级教育毕业生继续升入高一级学校学习的学生比例,这是衡量教育质量公平的一个重要指标。由表4-22可以看出,开封市城市初中和小学毕业生升学率均高于农村初中和小学。

表4-22　开封市城乡初中、小学毕业生升学率状况

	城市初中	农村初中	城市小学	农村小学
毕业生升学率(%)	83.01	57.56	96.84	92.98

数据来源:开封市教育局编制《开封市教育统计年鉴(2013年)》。

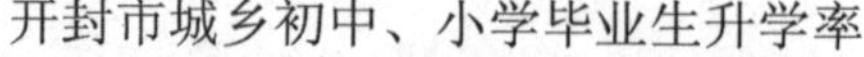

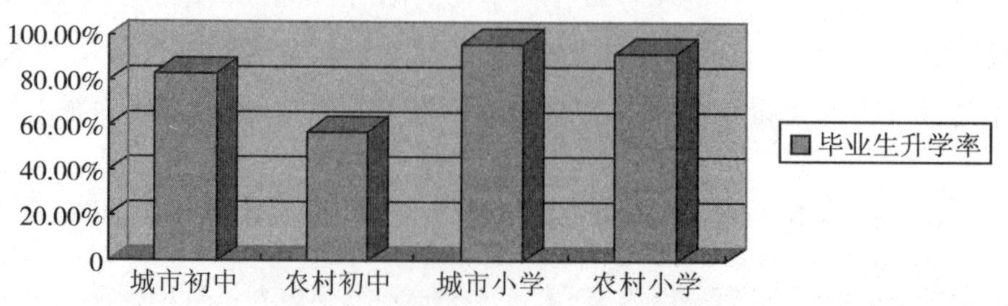

（二）开封市义务教育阶段学生巩固率状况

学生巩固率是指某一时间段内学生人数与开学或入学时期人数的比值，主要反映教育教学过程中有无学生的流失等问题，这也是衡量教育质量的一个重要指标。与上一指标一样，更多针对流动人口子女就读的地区和学校。由表4-23可见，开封市城市初中三年巩固率与小学五年巩固率均高于农村学校。

表4-23 开封市城乡初中三年、小学五年巩固率状况

	城市初中三年	农村初中三年	城市小学五年	农村小学五年
巩固率（%）	96.65	91.28	101.75	95.98

数据来源：开封市教育局编制《开封市教育统计年鉴（2013年）》。

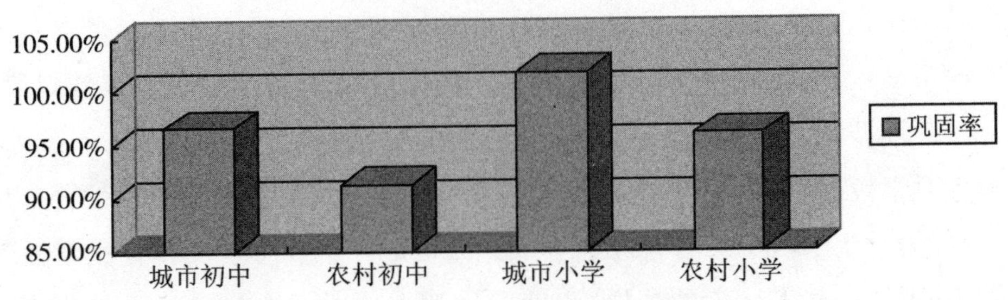

（三）开封市义务教育阶段学生发展状况

义务教育质量均衡发展状况如何？学生应是最有发言权的，因为他们不仅身在其中，而且也是受教育的对象，他们的感受、体验、认识最能反映教育质量的状况。我们围绕学生在学校受教育的感受和对教师及学校的认识等进行调查，以折射教育质量状况。

调查共发放问卷4000份，收回3918份，信息不全者剔除，得有效问卷3895份。其中，农村学校学生问卷2058份，城市学校学生问卷1837份，小学生问卷2156份，初中生问卷1739份。

1.学生学校生活和学习兴趣

许多报道似乎表明，当前学生普遍厌学，新课程改革的希望之一就是试图通过改革课程内容和教学方法来改变学生的学习面貌，提高学习兴趣，使学生热爱学校生活，使学校真正成为学生获取知识、增强信心、收获成功喜悦以及锻炼交流能力的乐园。目前学生喜欢学校生活吗？对学习感兴趣吗？我们将学生对学校学习生活喜欢程度从“非常喜欢”到“不喜欢”分为5档，分别赋值5,4,3,2,1；将学生对学习的兴趣度从“非常感兴趣”到“不感兴趣”分为5档，分别赋值5,4,3,2,1，进行数据统计分析，结果见表4-24。

表4-24　开封市城乡学生学校生活喜欢度和学习兴趣度

	总体		城市		农村		
	均值 M	方差 SD	均值 M	方差 SD	均值 M	方差 SD	t
学校生活喜欢度	3.84	0.944	3.72	1.039	3.94	0.850	4.255 **
学习兴趣度	3.90	0.853	3.86	0.852	3.94	0.853	1.790

“兴趣是最好的老师。”提高学生的学习兴趣，让学生喜欢学校生活，是学校优质教育的重要前提。本研究数据分析显示，当前，学生对学校生活喜欢程度比较高，均值(3.84)接近“比较喜欢”的量值(4)；学生学习兴趣度也比较高，均值(3.90)非常接近“比较感兴趣”的量值(4)。

从城乡比较来看，农村学校学生更喜欢学校生活，对学校学习生活喜欢度显著高于城市学校学生；农村学校学生学习兴趣比城市学校学生学习兴趣略高，但是没有显著性差异。

学生对学校生活喜欢度和兴趣度比较高，一方面反映了当前学校教育环境良好，学校成为学生学习的一方乐土；另一方面也反映了当前学校教育教学改革初见成效，并不像一些人认为的那样，当前学生普遍厌学。农村学校学生更喜欢学校生活，一方面可能说明当前农村学校给学生创造了更好的学习空间和氛围，另一方面也可能折射了农村学生学校生活带来的快乐比家庭和社会生活带来的快乐更多。

2.学生对教师课堂教学的满意度

办优质教育，教师是关键。学校教育的优质程度在一定意义上也就是学生的满意程度。从大处看，办人民满意的教育；从小处看，办学生满意的教育。如果真正是以学生为主体的话，那么教学达到让学生满意才是终极目的。“学生评教”，让学生对教师作评价，是教育教学质量最真实、最合理的反映。我们对教师教学总体水平从“非常好”到“不好”分为5档，将对教师教学满意度从“非常满意”到“不满意”分为5档，分别赋值5,4,3,2,1，进行调查统计，得数据分析表4-25、表4-26、表4-27。

表 4-25　中小学生对教师教学水平评价的城乡比较

	总体		城市		农村		
	均值 M	方差 SD	均值 M	方差 SD	均值 M	方差 SD	t
教师教学总体水平	4.20	0.791	4.12	0.797	4.27	0.782	3.464 **

表 4-26　小学生对教师教学水平评价和教学满意度的城乡比较

	总体		城市		农村		
	均值 M	方差 SD	均值 M	方差 SD	均值 M	方差 SD	t
教师教学总体水平	4.31	0.822	4.21	0.824	4.39	0.814	2.938 **
对数学教师教学满意度	4.47	0.789	4.43	0.708	4.51	0.847	1.420
对语文教师教学满意度	4.50	0.759	4.44	0.781	4.55	0.738	1.978 **
对科学教师教学满意度	4.18	0.961	4.10	1.007	4.24	0.918	2.038 *
对英语教师教学满意度	4.35	0.907	4.21	0.925	4.46	0.877	3.885 **
对社会教师教学满意度	4.01	1.350	3.89	1.676	4.27	0.941	5.716 **
对音乐教师教学满意度	4.29	0.878	4.25	0.807	4.32	0.930	1.071
对美术教师教学满意度	4.34	0.842	4.35	0.761	4.32	0.902	-0.446
对体育教师教学满意度	4.34	0.863	4.27	0.875	4.40	0.850	2.131 *

表 4-27　初中学生对教师教学水平评价和教学满意度的城乡比较

	总体		城市		农村		
	均值 M	方差 SD	均值 M	方差 SD	均值 M	方差 SD	t
教师教学总体水平	4.09	0.739	4.02	0.755	4.14	0.724	2.013 *
对数学教师教学满意度	4.28	0.840	4.34	0.806	4.24	0.864	-1.576
对语文教师教学满意度	4.25	0.813	4.27	0.799	4.24	0.823	-0.497
对科学教师教学满意度	4.37	0.801	4.36	0.828	4.38	0.780	0.392
对英语教师教学满意度	4.25	0.930	4.21	0.921	4.28	0.938	0.952
对社会教师教学满意度	4.14	0.900	4.12	0.921	4.16	0.883	0.627
对音乐教师教学满意度	4.19	0.896	4.14	0.980	4.22	0.825	1.165
对美术教师教学满意度	4.10	0.924	4.05	0.989	4.14	0.869	1.322
对体育教师教学满意度	4.13	0.922	4.15	0.908	4.14	0.934	-0.558

“不满意是不公平的最大的体现。”公平不公平的最大感受者是当事者。学生是教育公平的当事者，如果我们的学生满意，那就是教师资源均衡分配的最好体现。从数据分析结果可以看出，总体而言，中小学学生对教师教学总体水平认可度比较高。差异分析显示，农村中小学学生对教师教学总体水平认可度显著高于城市中小学生的认可度。

学生对各科教师教学满意度也普遍较高。就小学而言，在对教师教学的满意度方面，学生对数学、语文、英语教师的满意度相对较高，而对社会、科学教师的满意度相对较低；对语文、科学、英语、社会、体育教师的满意度，农村学校小学生显著高于城市小学生；对数学、音乐、美术教师的满意度没有显著性差异。就初中而言，城乡学生对各科教师的满意度没有显著性差异。

可见，当前学生对学校教育水平总体是比较满意、比较认可的。农村学校学生对教师教学水平评价高于城市学校学生的评价，似乎与我们的一贯认识“城市的师资力量强而农村师资力量薄弱”相悖。深思之后，我们认为，这可能就是“水涨船高”的原因。城市的孩子从小就比农村孩子“见多识广”，这无形中对城市学校的教师提出了更高要求，尤其是知识面方面的要求，农村学校孩子容易满足而城市学校孩子不容易满足。如果承认城乡的这个社会差异以及孩子早期教育家庭投入的差异，基础教育均衡发展的“均衡”可能会有新的含义，尤其是在初步均衡和基本均衡阶段。

那么，教师在教学方面还需要提高水平吗？学生对教师的判断是由需要和学习感受而做出的,需不需要提高教学水平也只有学生的发言最有意义。为此,我们让学生作判断。将需要程度从"非常需要"到"不需要"分为5档,分别赋值5,4,3,2,1。调查数据分析结果见表4-28。

表4-28 学生对教师教学水平提高要求的城乡比较

	总体		城市		农村		
	均值M	方差SD	均值M	方差SD	均值M	方差SD	t
教师教学水平要求度	3.09	1.154	3.04	1.104	3.13	1.190	1.445

总体而言,教师还是需要提高教学水平的,在这个方面,城乡学校学生对教师的要求没有显著差异。

进一步追问:"你希望老师在哪些方面再提高或改进些?"统计结果如表4-29。

表4-29 学生希望教师提高或改进的方面

项目	选择比例
A.教学方法	27.6%
B.知识讲解	31.6%
C.课堂管理	30.5%
D.对待学生	32.5%
E.教学态度	21.4%
F.其他	6.05%

可见,学生的意见是不一致的。这是正常的,也折射出不同的教师在不同的方面可能存在不足。从中看出,学生多是期望教师能在对待学生、知识讲解、课堂管理等方面有所提高。

有学者形容学生是客户,教育就是服务,教师要为学生服务,办学生满意的教育,这从一方面反映了教师教学应该让学生满意。如果教师教学自我感觉良好,而学生感觉厌烦,那绝不是优质教学。

3.学生学业成绩

学生学业成绩是评价教育优质水平的一个重要指标。学业成绩的调查分学科进行。我们将成绩分为四个分数区间:70分以下,70分到80分之间,80分到90分之间,90分以上,让学生选择自己平时成绩所在区间。对调查结果从低段到高段分别赋值1,2,3,4,进行数据处理。数据统计分析结果见表4-30。

表 4-30 学生平时学习成绩的城乡比较

	总体		城市		农村		
	均值 M	方差 SD	均值 M	方差 SD	均值 M	方差 SD	t
数学成绩	3.18	0.976	3.29	1.008	3.03	0.914	5.116 **
语文成绩	3.20	0.933	3.29	0.963	3.08	0.881	4.388 **
英语成绩	3.04	1.069	3.09	1.101	2.97	1.024	2.220 *
科学成绩	3.09	1.031	3.20	1.072	2.95	1.960	4.719 **
社会成绩	3.07	1.220	3.23	1.206	2.86	1.207	5.908 **

数据分析显示,学生总体学习成绩一般在 80~90 分之间,是比较理想的。城乡比较来看,各科考试成绩,城市学校学生都显著高于农村学校学生。

4.学生学习动力

做任何事情都需要有动力,动力不足事情常常做不好。学生学习也一样需要动力。那么,学生学习的动力来自哪里?“90 后”“00 后”的中小学生学习的动力情况如何?了解这些对指导学校教育、寻求有效教育教学方法、提高教育质量具有重要意义。调查发现,学生的学习动力源是多元而复合的,并不是单一的。具体数据如表 4-31。

表 4-31 学生学习的主要动力源

项　目	选择比例
A.升学,将来找个好工作	56.7%
B.提高素质,将来做个有文化的人	39.3%
C.父母的压力或奖励	21.8%
D.老师的压力或奖励	13.1%
E.自身对知识的好奇和渴望	17.5%
F.学习方面的自我成就感	12.2%
G.同学之间的竞争	17.9%
H.班级学习氛围	8.9%
I.责任感和使命感	5.6%
J.其他	1.1%

从表中数据可以看出,半数以上的学生学习动力之一来自比较实际的“升学,将来找个好工作”。而我们常说的“为中华崛起而读书”的责任感和使命感仅是极

少数(5.6%)学生的学习动力源之一,“自身对知识的好奇和渴望”也只是不到五分之一学生的学习动力源之一。这为如何激发学生学习动力提出了富有挑战性的课题。

5.学校学习氛围和教育环境

学校是学生生活学习的地方,我们应该为学生营造良好的学习氛围和学习环境。学校学习条件是重要的一个方面,也是教育均衡的重要评价指标。从学生的视角去看待学校为其创造的条件可能比从社会的视角看待更实际一些。因为教育结果均衡是教育均衡的重要方面,教育结果包括学生的学校认识感受和学生的学习结果。我们就“学校的学习氛围”“对学校的学习环境和条件的满意度”两个问题进行调查,层级从“非常好”到“不好”、从“非常满意”到“不满意”分别分为5档,分别赋值5,4,3,2,1。调查数据统计分析结果见表4-32。

表4-32 学校学习氛围和学习环境的城乡比较

	总体		城市		农村		
	均值M	方差SD	均值M	方差SD	均值M	方差SD	t
学校学习氛围	3.96	0.907	3.91	0.925	3.99	0.892	1.557
学习环境与条件	3.88	0.984	3.78	1.033	3.96	0.937	3.495**

结果显示,总体而言,学生认为当前学校学习氛围比较好,城区学校与农村学校学生认识上没有显著差别。对学校的学习环境和条件的满意度也比较高,但城区学校学生和农村学校学生对现有环境和学习条件的满意度有显著差别。农村学校学生满意度高于城区学校学生。这一方面可能表明,当前农村学校办学条件确实已经好了,使学生感到比较满意;另一方面也可能表明,农村学生要求比较低。但不论哪种情况,可以肯定的是,当前农村学校学生在校学习生活的“幸福指数”是比较高的。

那么,从学生的角度看,学校需要在哪些方面进一步改善呢?学校的主体是学生,学校是学生生活的主要场所。学校的文化、学校的教育、学校的条件对学生学习是有直接影响的。学生对学校的要求体现了学生对学校办学条件的改善期望,满足学生的需要是“最大的均衡”。学生对学校有什么进一步的改善需要呢?调查结果如表4-33。

表4-33　城乡学生对学习环境期望状况的比较

项　目	选择比例
A.学校环境	24.4%
B.班级管理	25.0%
C.教学条件	25.4%
D.运动场所	35.3%
E.实验设备	27.6%
F.老师素质	9.9%
G.其他	3.1%

不同学校不同学生的期望是不一致的，这也表明不同的学校有不同的情况，但相对较多的是运动场所的改善要求，实验设备的更新要求。喜欢运动是孩子的天性，学校应该有个好的运动场所。

开封市义务教育均衡发展调查问卷(学生卷)

亲爱的同学：

我们想向你了解学校教学情况。本调查问卷仅用于研究，请根据自己的真实感受选择符合自己观点的选项，在相应的选项上打“✓”，或做适当补充。感谢你的参与！

基本信息：

你所在学校类别：1.农村　　2.城市

你所在学段：1.小学　　2.初中

1.你喜欢学校学习生活吗？

A.非常喜欢　　B.比较喜欢　　C.有点喜欢　　D.不太喜欢　　E.不喜欢

2.你对学习感兴趣吗？

A.非常感兴趣　　B.比较感兴趣　　C.有点感兴趣　　D.不太感兴趣

E.不感兴趣

3.你认为老师教学的总体水平如何？

A.非常好　　B.比较好　　C.基本可以　　D.不太好　　E.不好

4.你对老师的教学满意吗？（没有开设的课程不选）

数学　　A.非常满意　　B.比较满意　　C.基本满意　　D.不太满意

E.不满意

语文 A.非常满意 B.比较满意 C.基本满意 D.不太满意

E.不满意

科学 A.非常满意 B.比较满意 C.基本满意 D.不太满意

E.不满意

英语 A.非常满意 B.比较满意 C.基本满意 D.不太满意

E.不满意

社会 A.非常满意 B.比较满意 C.基本满意 D.不太满意

E.不满意

美术 A.非常满意 B.比较满意 C.基本满意 D.不太满意

E.不满意

体育 A.非常满意 B.比较满意 C.基本满意 D.不太满意

E.不满意

5.你们班级课外活动开展得如何?

A.非常好 B.比较好 C.基本可以 D.不太好 E.不好

6.你认为学校的学习氛围如何?

A.非常好 B.比较好 C.基本可以 D.不太好 E.不好

7.你对学校的学习环境和条件感到满意吗?

A.非常满意 B.比较满意 C.基本满意 D.不太满意 E.不满意

8.你以往的考试成绩一般在哪个分数段(百分制)?(没有开设的课程不选)

数学 A.70 分以下 B.70 分到 80 分之间

C.80 分到 90 分之间 D.90 分以上

语文 A.70 分以下 B.70 分到 80 分之间

C.80 分到 90 分之间 D.90 分以上

科学 A.70 分以下 B.70 分到 80 分之间

C.80 分到 90 分之间 D.90 分以上

英语 A.70 分以下 B.70 分到 80 分之间

C.80 分到 90 分之间 D.90 分以上

社会 A.70 分以下 B.70 分到 80 分之间

C.80 分到 90 分之间 D.90 分以上

9.总体而言,你觉得老师在对待学生方面公平吗?

A.非常公平 B.比较公平 C.基本公平 D.不太公平 E.不公平

10.你认为老师在教学方面还需要提高水平吗？

A.非常需要　B.比较需要　C.有点需要　D.不太需要　E.不需要

11.你学习的主要动力是什么？（可多选）

A.升学,将来找个好工作　B.提高素质,将来做个有文化的人

C.父母的压力或奖励　D.老师的压力或奖励

E.自身对知识的好奇和渴望　F.学习方面的自我成就感

G.同学之间的竞争　H.班级学习氛围

I.责任感和使命感　J.其他

12.你希望老师在哪些方面再提高或改进些？（可多选）

A.教学方法　B.知识讲解　C.课堂管理　D.对待学生

E.教学态度　F.其他

13.你认为学校在哪些方面需要进一步改善？（可多选）

A.学校环境　B.班级管理　C.教学条件　D.运动场所

E.实验设备　F.老师素质　G.其他

开封市义务教育均衡发展调查问卷(教师卷)

尊敬的老师：

您好！为了了解我市义务教育均衡发展现状,特向您做一调查,希望您能在百忙中抽出宝贵时间根据自己教学的实际情况给予真实选答,请在选项上直接打“✓”。真诚地谢谢您！

基本信息：

您所在学校类别:1.农村　2.城市

您任教的学科:1.语文　2.数学　3.英语　4.科学　5.社会

6.其他

1.您学过自己所教学科的课程标准吗？

A.认真学过　B.粗略看过

C.培训时听过但自己没学过　D.没有学过,不甚了解

2.您上课时向学生出示教学目标吗？

A.每节课都出示　B.多数课出示

C.偶尔出示　D.不出示,没必要

3.您讲新课前要求学生预习功课吗？您为学生指导过预习方法吗？

A.要求;经常指导　　B.要求;偶尔指导

C.要求;没指导过　　D.不要求;没指导过

4.您在课堂中给学生看书自学的时间吗?一般每节课给多少时间?

A.给;10 分钟左右　　B.给;5~6 分钟

C.给;2~3 分钟　　D.基本不给

5.您在课堂中让学生当堂动笔练习吗?一般每节课给多少时间?

A.给;10~15 分钟　　B.给;5~9 分钟

C.给;3 分钟左右　　D.基本不给,课后再训练

6.您喜欢学生在课堂上提出质疑吗?

A.喜欢　　B.比较喜欢

C.不喜欢,担心影响进度　　D.不喜欢,担心难以答疑

7.您会制作课件吗?使用过多媒体设备上课吗?

A.会;经常使用　　B.会;偶尔使用

C.会;未曾使用过　　D.不会;从未使用过

8.您经常使用电脑上网浏览网上教学资源、教学经验介绍吗?

A.经常　　B.比较经常　　C.不经常　　D.从未

9.您课堂上经常让学生讨论问题吗?

A.经常　　B.比较经常　　C.不经常　　D.从未

10.您课堂中能做到关注每个学生吗?

A.能做到　　B.基本能做到　　C.基本做不到　　D.根本做不到

11.您平时对待优秀生和后进生的态度一样吗?

A.一样　　B.基本一样　　C.基本不一样　　D.很难一样

12.您认为自己在运用评价手段激励学生学习方面做得如何?

A.很好　　B.比较好　　C.一般　　D.较差

13.您总体感觉每天的工作负荷怎样?

A.比较轻　　B.一般　　C.比较重　　D.重

14.您感觉目前学生的学习积极性、主动性、兴趣情况如何?

A.很好　　B.比较好　　C.一般　　D.较差

15.您认为老师课堂讲解与学生自学、思考、讨论、训练的时间怎样安排较适宜?

A.老师讲解累计时间不超过四分之一,学生自学、思考、讨论、训练累计时间不少于四分之三

B.老师讲解累计时间不超过三分之一，学生自学、思考、讨论、训练累计时间不少于三分之二

C.老师讲解累计时间不超过二分之一，学生自学、思考、讨论、训练累计时间不少于二分之一

D.老师讲解累计时间不超过四分之三，学生自学、思考、讨论、训练累计时间不少于四分之一

16.您在教学设计时最关注下列哪些问题？（限选三个）

A.教材的难点　　B.教材的重点　　C.教材的基本要求

D.学生的原有基础　　E.学生的兴趣点

17.您在备课时最关注下列哪些问题？（限选三个）

A.教材内容分析　　B.教学方法选择　　C.教学过程设计

D.教学情境创设　　E.学习目标设定　　F.教学语言设计

G.学生原有学习基础分析　　H.确定学习目标高低层次

18.您在组织学生讨论并回答问题时，最希望学生的回答如何？

A.与自己的理解吻合　　B.出乎自己的意料

C.基本正确，但有缺漏　　D.其他

19.您在倾听学生回答时，比较关注的是下列哪些方面？

A.问题答案的正误　　B.语言组织的正误　　C.有无独到的见解

D.学生的表情　　E.学生是否有困难　　F.其他

20.您课堂提问时一般倾向于提问下列哪些学生？

A.优秀生　　B.中等生　　C.差生　　D.最踊跃的

E.不举手的　　F.不听讲的　　G.随机

21.您认为教学中您在以下十个方面做得如何？

（1）清晰授课：逻辑的、逐步进行的次序，清晰易懂地授课，没有分散学生注意力的不良习惯。

A.很好　　B.较好　　C.一般　　D.不好

（2）多样化教学：多样的教学材料、提问、反馈和教学策略等。

A.很好　　B.较好　　C.一般　　D.不好

（3）任务导向：内容导向，而不是过程导向，使内容覆盖面尽可能大，教学时间尽可能多。

A.很好　　B.较好　　C.一般　　D.不好

（4）学生投入：限制分散注意力的机会，使学生就教学内容进行操作、思考和

探询等。

A.很好　　B.较好　　C.一般　　D.不好

(5)学生成功率:把60%~70%的时间用在能给学生带来中高水平的成功率的任务上,尤其是在讲解式和传授式教学中。

A.很好　　B.较好　　C.一般　　D.不好

(6)运用学生的想法和贡献:运用学生的回答促成课时目标,让学生使用自己的想法、经验和思维模式等,详细阐述和扩展所学内容。

A.很好　　B.较好　　C.一般　　D.不好

(7)组织:在一堂课的起始部分提供先行组织者和心理策略,用多种要求创设活动结构。

A.很好　　B.较好　　C.一般　　D.不好

(8)提问:运用内容问题(直接)和过程问题(间接)传达事实,并鼓励学生探究和解决问题。

A.很好　　B.较好　　C.一般　　D.不好

(9)探询:诱导、澄清、探求额外信息,必要时调整方向。

A.很好　　B.较好　　C.一般　　D.不好

(10)热情:在课堂讲授中通过语言的抑扬、手势、目光接触以及活力等展示生机、投入、兴奋和兴趣。

A.很好　　B.较好　　C.一般　　D.不好

22.您认为当前本地区教育均衡发展状况如何?

A.很好　　B.较好　　C.一般　　D.不好

23.您认为当前学生学习方面存在的最大问题是什么?

24.您认为当前教师教学方面存在的最大问题是什么?

总之,不管是学生的毕业生升学率、学生巩固率以及学生的综合素质与个性发展状况,城市学校都要明显优于农村学校,这主要是由教育资源配置的不均衡造成的,但还与农村家长的教育观念与家庭教育能力以及传统中小学督导评估制度息息相关。

第二节
开封市义务教育校际均衡发展问题及影响因素

义务教育校际均衡发展是指在义务教育阶段，在一定行政区域内，校际在教育软件如教师，教育硬件如校舍、设备等方面，实现相对均衡，初步实现公民受教育权利的平等和公平。促进城乡义务教育均衡发展，维护教育公平已经成为我国教育事业改革与发展的重点和难点，也是目前我国教育理论界普遍关注的热点。而区域内的校际非均衡发展是义务教育非均衡发展的一个重要表现，也是引发当前“择校热”现象的根源。

为深入了解开封市校际非均衡发展的真实状况，我们分别在开封市区选择了2所优质初中、2所薄弱初中、2所优质小学、2所薄弱小学，在通许县尉氏县、禹王台区、鼓楼区分别选择了2所县城初中、乡村初中、县城小学、乡村小学共40所学校作为样本学校对校长进行访谈，并进行实地考察，以下文中所有数据均来自校长访谈和实地考察结果。

一、开封市义务教育校际均衡发展存在问题

（一）教育规模失衡现状

表4-34：初中办学规模状况

学校类型	在校生（人）	教学班（个）	平均班额（人）
城市优质初中	2500	42	59.5
城市薄弱初中	400	13	30.8
县城优质初中	1200	17	70.6
乡村初中	351	9	39

表 4-35:小学办学规模状况

学校类型	在校生(人)	教学班(个)	平均班额(人)
城市优质小学	3800	62	61
城市薄弱小学	198	6	33
县城优质小学	4000	54	74
乡村小学	60	6	10

调查发现,城市的优质初中与薄弱初中,城市的优质小学与薄弱小学,农村的县城优质初中与乡村初中,农村的县城优质小学与乡村小学在办学规模上都存在较大的不平衡现象,

由表 4-34、表 4-35 可以看出,优质学校的生源都较好,在在校生数量、教学班数量上都远远高于城市薄弱学校与乡村学校,也都普遍存在着大班额或超大班额的人数拥挤现象,而薄弱学校与乡村学校普遍存在着学生数量较少,小班化与教育机会闲置的现象。

我们在调查中还发现,城市薄弱学校和乡村学校的生源流失现象严重,究其原因,乡村学校的生源主要是周边的行政村农民子女,随着当前的城镇化趋势,很多农民到城市去打工时也将子女安排在了城市上学;城市薄弱学校招收了许多农民工随迁子女,由于农民工在城市中不断变换工作,他们的子女也随之流动,另外,城市薄弱学校中的一些生源向城市优质学校流动。

(二)师资条件失衡现状

表 4-36:初中师资条件状况

学校类型	每一专任教师负担学生数(人)	本科以上学历比例(%)	市级以上骨干教师比例(%)
城市优质初中	25	90	28
城市薄弱初中	8	80	18
县城优质初中	15	40	11
乡村初中	7	34.6	1

表 4-37：小学师资条件状况

学校类型	每一专任教师负担学生数（人）	专科以上学历比例（%）	市级以上骨干教师比例（%）
城市优质小学	30	90.9	44.6
城市薄弱小学	12	89.5	25.6
县城优质小学	26	78.6	27.8
乡村小学	5	68.1	0

调查发现，优质学校与薄弱学校的师资存在极大不均衡状况。

就教师数量上看，优质学校普遍存在教师缺编情况，每一专任教师负担学生数量都比较多，见表 4-36、表 4-37。在访谈过程中也发现，优质学校普遍存在聘请代课教师的现象。而薄弱学校和乡村学校的专任教师负担学生数量比较少，编制不缺，但在访谈中发现他们存在着结构性缺编的现象，没有专门的体美音教师，一些体美音课程无法开设，同时还存在着教师年龄偏大的问题。另外，在访谈中还发现，乡村学校教师向县城优质学校流动，薄弱学校的教师向优质学校流动的现象。

就教师业务能力来看，城市优质学校教师的业务素质普遍好于薄弱学校和乡村学校。在教师的高学历比例和市级以上骨干教师比例方面，城市优质学校高于薄弱学校，县城优质学校高于乡村学校，具体数据见表 4-36、表 4-37。在实地考察期间，我们通过进教室听课，也普遍感受到在课堂语言组织、教材的理解、课堂的驾驭、信息化手段的运用等方面，城市优质学校高于薄弱学校，县城优质学校高于乡村学校。

究其原因，我们在访谈过程中发现，优质学校非常重视教师业务素质的提高，比如所调查的一所城市优质小学就非常注重教育科研对学校教师专业化发展的促进作用，他们学校承担了国家教育部和省教育厅重点实验课题“现代家庭教育研究”“知心家庭学校”“研究中学习的理论与实践”，省教育厅新课程改革的“学习方式的研究”“口语评价标准研究”等课题，并承担了省实践活动课，国家“注音识字，提前读”等教学实验的任务；所调查的一所县城优质初中有计划、有步骤地做中青年教师的培养工作，每学期都安排骨干教师外出学习培训达 20 人次，还积极组织教师参加继续教育学习和各级各类业务培训。而一些薄弱学校或乡村学校在教师培养方面的力度就较小，措施也不是很到位。

我们通过下面一篇网上流传的描述农村教师的文章可窥见一斑。

看看农村教育的“支柱”——那些困顿无力的乡村教师吧

这不是“感动中国”栏目。下面描述的这些乡村老师不仅不会让你感动得流泪,或许反而会让你恨得拍桌。

他们对学生满不耐烦,事不关己地抛出一句“这种学生就是废了”,便给成绩落后学生的未来定了性;他们对待班级不是暴力压制,就是放任不理;他们照着几年前的教案讲课,布置海量没有针对性的作业;他们在自己的家里支起桌子收费补课;他们的注意力只停留在那些和绩效奖金挂钩的前十名学生身上……

是他们造成了农村教育的失败?是他们该对学生的不良表现负责?是他们自身的素质水平低下?其实,不然。他们也只是一群向现实妥协了的无力的普通乡村教师罢了。

这些乡村教师长期深陷在难以克服的教育教学困境中。

他们面对的学生成绩水平参差不齐,大多没做好应有的学业准备。有的学生成熟自律,心里清楚自己唯一的出路就是学习;有的学生上了初中,却还不识几个字;有的学生注意力缺失,哪怕老师坐在旁边一对一辅导,他的眼神也还无法集中在书本上。

他们面对的学生家庭环境复杂,性格也更为极端。有的学生是“拆二代”,是村里的暴发户,平日里飞扬跋扈,欺负那些温柔的老师;有的学生父亲是杀人犯,哥哥是看守所的常客,不服管教,浑身戾气,书桌里经常被搜出来管制刀具;有的学生的妈妈早就“不见了”,性格敏感,唯唯诺诺,上课也不敢看老师。

他们被赶鸭子上架,应学校需求去教各种自己本不熟悉的科目,对课程的了解往往也只来源于几本“教材全解”。计算机老师是学美术的;上个学期教语文,这个学期教生物,下个学期教英语。

那么问题就来了:怎样把一群学生纳入同一个课堂?怎样控制教学进度,来做到“一个都不能少”?除了念教辅和抄板书,怎样讲一门自己也似懂非懂的课程?

现实的教学情境把乡村教师抛向一个一个难解的困境,却没有提供足够的支持和培训来帮助他们解决问题。缺乏教学效能感的老师,逐渐因筋疲力尽而减少对教学和学生的承诺,选择放弃部分学生,进行简单粗暴的课堂管理,只宣讲肚子里仅有的那几滴墨水。

除教学任务外,这些乡村教师还担负着繁重的额外工作任务,他们缺乏个人的休息时间,消极情绪无从释放。

现在农村多是寄宿制的中学,大多数老师和学生一样,一周有五六天都被困在学校。有的女老师家里孩子小,就干脆把孩子老人也接来学校住,一大家子四五口人挤在一间20平方米的单间里,屋子里放置着锅碗瓢盆煤气罐,生活环境也没比12个学生一间的宿舍好到哪去。

先不说一周二三十节连轴转的课,就是没有课的时候也要坐班,一群人挤在狭小的办公室里,抽烟的抽烟,闲聊的闲聊。

学校没钱请宿管,老师便轮着班值周,每天守着学生吃饭,检查学生宿舍卫生。晚上就睡在门房,半夜起来上厕所的学生还要到你这敲门签字。有时,学生半夜翻墙跑了,被村里人抓住在人家水塘里偷鱼,还要摸着黑出去认领。

中午炊火正旺,听到宿舍楼前主任的一声招呼,就要放下手里的铲子去开会,去学习上面最新传达下来的消息。

县里要求这学期要举办教师运动会来"丰富教师课余生活",这就要和其他老师调课,在原本应该休息的时间跑去操场挥洒汗水。

学校里没有保安,没有宿管,没有辅导员。乡村教师不得不身兼多职,日复一日地处理学生出现的各种问题,应对学校的各种繁杂安排,弦儿一直紧紧地绷着,日子久了,教师的情感和能力都逐渐趋向了衰竭,对工作没了热情,对学生徒生厌烦。

这些乡村教师如木偶般,被那些繁杂而不切实际的上级考核指标操纵着,禁锢着。

每周全校老师开会,上级教育单位都会有新的指令需要"学习"。往往是校长宣布我们要"学习"啦,然后埋下头,操着方言,从头到尾读一遍听不出来重点的"红头文件"。

有时候,上级教育部门要求学生的座位要体现"小组合作",要向欧美先进国家学习。于是,领导来检查的那两周,每个班的座位都从"秧田式"换成了"小组式",学生的兴奋劲儿还没过,座位便随领导的离开而换回"秧田式",因为教师承受不了学生围成小组那乱哄哄的气氛。

有时候,上级教育部门突然要求检查教案,而且教案必须手写,教案里要"学情分析""教学重点"什么也不能少。于是,老师们翻箱底的翻箱底,上网抄的上网抄,不是把几年前写的教案拣出来,就是胡抄乱写一通。

同时,上级教育部门三天两头下达各种不顾教师承受能力的考核指标和学习要求。这周末普法考试,下个月要对老师进行素质教育,每个学期必须旁听30节同科目老师的课,网络课程也必须要学。连语文课每个学期要留多少周记和作文都有规定。

教学改革本出于好意,但却由于执行无效,加重了教师的负担。上级教育机关在制定决策时,没有考虑到教学一线教师的工作压力和执行水平,没有提供支持性资源，缺乏有效的反馈和明确的计划，只是一味地提要求，喊口号，事无巨细地进行考核。这让乡村教师在教育体系中变得日渐被动与无力。

当然还有最重要的，钱，钱，钱。

给那么点儿微薄的工资，安排那么些累心累人的活儿。是真想把乡村教师当蜡烛，烧完一个少一个吧？

教师也不过是份职业，教师也都是一个个普通人，想过好自己的小日子。不是所有乡村教师都那么大爱无疆，想去燃烧自己，感动中国。

其实，近年来，农村的教育环境也在逐渐改善，学校有了多媒体、电教室，厕所和食堂也盖起来了。但乡村教师作为教育实施的主体，应当得到更多的支持和帮助。

教育的改善，仅仅靠自上而下地添置贵重资源是远远不够的。教育领域并不缺乏好的主意，而是缺乏有效的执行手段。很多现行计划常常想在很短的时间内做太多事情，却没有将一线教师真正考虑在内。

帮帮这些乡村教师吧，只有通过他们，我们才能帮助更多的孩子。

（三）硬件设施失衡现状

表 4-38：初中硬件设施状况

学校类型	生均占地面积（平方米）	生均建筑面积（平方米）	生均图书数量（册）	各类教学仪器达标情况
城市优质初中	8.66	3.52	30	省定一类标准
城市薄弱初中	40	12.8	300	省定二类标准
县城优质初中	9.55	3.18	23	省定三类标准
乡村初中	30	8.12	10	不达标

表 4-39：小学硬件设施状况

学校类型	生均占地面积（平方米）	生均建筑面积（平方米）	生均图书数量（册）	各类教学仪器达标情况
城市优质小学	4.59	2.11	20.5	省定一类标准
城市薄弱小学	23.6	14.6	21	省定二类标准
县城优质小学	5.16	2.23	12.5	省定二类标准
乡村小学	28.2	18.3	3.6	不达标

调查发现，优质学校与薄弱学校、乡村学校在硬件设施的具体项目方面存在着不平衡现象。由表 4-38、表 4-39 可以看出，在生均占地面积与生均建筑面积方

面，城市薄弱学校明显好于优质学校，乡村学校明显好于县城优质学校；在生均图书数量方面，城市优质学校与城市薄弱学校相差不大，县城优质学校明显高于乡村学校；在各类教学仪器达标方面，随着城市薄弱学校标准化建设进程的加快，城市薄弱学校的各类教学仪器虽然与优质学校还有一定的差距，但也基本达到省定二类标准，县城优质学校的各类教学仪器已经达到省定三类标准与二类标准，但乡村学校的各类教学仪器虽然已经有上级的拨付，较之以前有所改善，但还没有达到标准。

（四）办学质量失衡现状

表4-40：初中办学质量状况

学校类型	巩固率	毕业生升学率
城市优质初中	98.7	91.8
城市薄弱初中	91.9	57.9
县城优质初中	92.8	78.8
乡村初中	86.5	48.5

表4-41：小学办学质量状况

学校类型	巩固率	毕业生升学率
城市优质小学	102.7	99.9
城市薄弱小学	99.9	96.1
县城优质小学	100.8	98.7
乡村小学	96.8	91.8

城市优质学校与城市薄弱学校、县城优质学校与乡村学校在办学质量上还存在着一些不均衡的现象。由表4-40、表4-41可见，在巩固率、毕业生升学率方面，城市优质学校高于城市薄弱学校，县城优质学校高于乡村学校，但是差距并不是很大。

我们在调查中也发现，城市优质学校与县城优质学校普遍比较重视学生综合素质和个性的发展以及良好行为习惯的养成，他们都形成了自身独特的办学理念，注重校园文化建设，注重学生的活动体验。如我们所调查的一所城市优质小学为在“创新育人，育人创新，创育新人”的理念下，积极投身实践，并在实践中融入德育，让学生在多姿多彩的活动中体验、感悟做人的道理，确立健全的人格：富有特色的“读书节”“军训”“手拉手”“红色根据地之旅”“校园之星”评选等活动，有效地提高了学生的道德素养；“小记者全国巡回采访”“红领巾电视台”的开播很好地培养了学生的实践能力；有趣的“摄影”“科技”“小足球队”“航模”等兴趣小组满足了学生的兴趣爱好，发展了学生的特长，逐渐形成了学校的特色教育；“少代会”大队长、大队委的竞选和红领巾电视台节目主持人的选拔，提高了学生的综合素质。学校“清新文学社”的同学，在教师辅导下，创作了许多富有个性和真切情感的优秀作品。又如我们所调查的一所县城优质小学实验的是朱永新的“新教育实验”，通过营造书香校园，采用晨诵（七点四十分到八点朗朗儿童诗、古诗）、午读（读课外书）、暮省（写日记）的方式提高学生的综合素质。我们所调查的一所城市优质初中和县城优质初中在学生综合素质能力提高方面也分别采取了各有特色的措施，也取得了较好的效果。但在所调查的城市薄弱学校中，学校的领导也都曾试图进行一些改革，但是来自教师、学生以及家长方面的阻力太大，效果不是很理想，而所调查的乡村学校领导也有进行教学改革的愿望，但还没有系统的构想。

二、开封市义务教育校际均衡发展问题的影响因素分析

造成义务教育校际发展不均衡的原因十分复杂，既有历史的影响，又有现实的原因。具体分析起来，主要有以下几个方面：

（一）重点校制度

改革开放初期，开封市同全国其他城市一样，实行了重点校制度，建设了一批“重点中小学”，各级政府和教育行政部门在政策上倾斜，财力上扶持，师资上保障，让原本有限的教育资源过分集中地适用于少数重点中小学（一级一类学校），使少数重点中小学无论在办学条件、师资水平、生源质量等方面大大优于其他学校，这样就人为地制造了重点与非重点学校在教育资源享有上的失衡。这种重点校制度是我国在教育资源短缺条件下的一种政策选择，但在20世纪90年代，随着九年义务教育的普及，人民群众对优质教育的需求日益迫切，我国已经取消了义务教育的重点校制度。但是这种重点校制度的实施已经让重点学校积累了大量的优质人力、物力有形资源以及品牌效应的无形资源，成为优质学校，同时一些非重点校因为历史的原因成为薄弱学校。

（二）教师的单向流动

“为获取更佳的成才机会，只要存在着不同质量的教育机会供给，受教育者就

会展开竞争去争取接受更高更优质量的教育，择校行为就会必然存在。”[①]随着人民群众文化程度的增高以及对教育的重视程度增强，人民群众对优质教育资源需求的日益迫切，择校问题成为教育行政部门必须面临的难题。前期重点校制度的实施已经造成学校之间教育质量的差异，教育行政部门只有一方面扶持薄弱学校，另一方面不得不让优质学校扩大规模，以便在短期内满足人民群众的需求。由此，在优质学校扩张期间，出现了不正常的教师单向流动现象。

一是校长的流动。校长的配置一般由城市薄弱偏远学校向城市中心优质学校提拔与重用，结果薄弱学校成了优质学校校长的培养基地。

二是教师的流动。优质学校规模的扩张，需要补充相对较多的教师，尤其是想补充一些业务素质高的优秀教学骨干教师。薄弱学校的一些教师在优质学校的优势条件吸引下流动到优质学校里来，这些流动来的教师绝大多数是优秀的教学骨干教师，而优质学校的教师不向薄弱学校流动。这种单向的教师流动加剧了优质学校与薄弱学校师资的不平衡。

（三）家长与社会的支持与期望

调查发现，城市优质学校的家长普遍是来自城市，县城优质学校的家长普遍来自县城，而城市薄弱学校的家长普遍是郊区农民以及进城务工人员，乡村学校家长主要是所辖行政村的农民。不管是对教育的重视程度上，还是在家庭作业辅导能力上，还是财力、精力上，优质学校的家长都占有绝对的优势，他们在给予学校教师更多的支持与配合的同时，也对学校的教育质量抱有更多的期望，这种支持与配合又促进了学校教育教学质量的提高，这种期望也促使学校领导与教师不断地进行教育教学变革以提高教育质量。同时，由于优质学校品牌效应，他们在社会上形成了良好的口碑，社会团体以及一些非政府组织对他们也给予了一些经济上或资源上的支持。

（四）校长个人的素质与努力

苏霍姆林斯基说：“一个好校长就是一所好学校。”陶行知先生说：“校长是一个学校的灵魂，要想评论一个学校，先要评论他的校长。”温家宝更是强调要让教育家办教育。实践表明，一所学校的兴衰往往与学校领导层密切相关。通过调查

① 李志华、王坤庆：《义务教育阶段的择校行为分析》，《河北师范大学学报（教育科学版）》，2004（05）。

我们发现,优质学校的校长往往具备这样一些好的素质:高度的事业心、责任心,高尚的道德品质,先进的现代学校发展理念,良好的管理能力,比较全面的知识基础,较强的教学指导能力与科研能力,较好的教育政策、教育法律运用能力。优质学校的校长往往能抓住机遇,灵活运用教育政策,不断地拓展资源,发展壮大学校,打造学校的品牌。

第三节
开封市流动儿童义务教育存在问题及影响因素分析

近年来,开封市经济发展速度明显加快,随着大量流动人口流入城市,流动人口子女的教育问题日益突出。本研究主要采取文献资料法和教育调查法两种研究方法,理论与实践相结合,定量与定性分析相结合,探析开封市流动儿童义务教育存在的问题及影响因素。通过文献查阅等方法收集有关流动儿童教育方面的文献资料,为本课题的研究提供有益借鉴。通过调查问卷和访谈等形式对流动儿童的学校教育、家庭教育和社会教育三个主要方面的现状进行了实地调查。调查共向开封市 53 所中小学发放了调查表和问卷,其中又选取了一些具有代表性的学校进行了深入访谈,开封市公安局、卫生局和教育局等相关单位也给我们提供了大量有益的数据和信息。本次流动儿童问卷调查共发放问卷 1570 份,其中学校班主任 70 份,流动儿童 500 份,流动儿童家长 400 份,城市儿童 300 份,城市儿童家长 300 份。共计回收有效问卷 1479 份。访谈学校校长 3 人,班主任 30 人,流动儿童 50 人,流动儿童家长 30 人。

流动儿童是一个城市未来重要的人力资源,是城市建设的中坚力量。关于流动儿童的定义,学术界有着十多种定义,而具代表性的主要有以下三种。段成荣认为:所谓流动儿童,通常是指户籍不在“本地”但在“本地”已居住相当长时间的儿童[①];程燕等人认为流动儿童是指某地区外来人口中 14 岁及 14 岁以下的儿童

① 段成荣:《农民工:一个跨越城乡的新兴群体》,《人口研究》,2005(04)。

和少年人口群体[①]；而在1998年国家教育委员会和公安部联合发布的《流动儿童少年就学暂行办法》中是这样定义的："流动儿童少年是指6至16周岁（或7至15周岁），随父母或其他监护人在流入地暂时居住半年以上有学习能力的儿童少年。"本论文中的流动儿童借用这一概念。

据统计，截至2013年年底，全市10.7万流动人口中，流动儿童数目约为25400人。这些儿童多为跟随父母来开封市上学、居住生活的儿童，其父母多是在汴打工人员。大部分流动儿童的父母主要是企业员工、建筑工人、服务人员、个体摊贩等。在所调查的学校中，流动儿童的比例如下表所示，流动儿童"占绝大多数的""占一半左右的"班级均近25%，因而流动儿童的教育已成为不容忽视的问题。

表4-42：班级内流动儿童数量情况统计报表

调查问题	调查对象	调查内容	百分比
班级内流动儿童数量	学校班主任	认为"占绝大多数"的班主任	24.6%
		认为"占一半左右"的班主任	24.6%
		认为"占少部分"的班主任	33.9%
		认为"基本没有"的班主任	16.9%

一、学校教育方面存在的问题及影响因素分析

（一）流动儿童的学习不具有连续性，流入地学校门槛较高

流动儿童，他们本应该在学校读书，却由于父母工作地点的变化而不断地更换学校。往往孩子还未适应新学校的环境，又要搬迁到下一个目的地。再加上每一次的变迁未必合时宜，就会导致孩子暂时或者短期内辍学现象的发生。此外，流入地学校对于流动儿童的进入通常会有较高的入学门槛，诸如"赞助费"或者"择校费"的名目较多，当然，当地家长、教师隐形歧视的压力也会施加于流入地的学校，使得流动儿童入学的困难重重。这是目前困扰诸多流动儿童入学的因素之一。根据调查问卷，班主任的回答如表4-43所示：

① 程燕等：《重视我国流动儿童少年的教育》，《西北人口》，2005(02)。

表 4-43:是否喜欢流动儿童情况统计报表

调查问题	调查对象	调查内容	百分比
是否喜欢流动儿童	学校班主任	相比本地生,非常喜欢流动儿童的班主任	9.3%
		相比本地生,跟本地生一样喜欢的班主任	75.4%
		相比本地生,不喜欢流动儿童的班主任	15.3%

此表来自班主任调查问卷

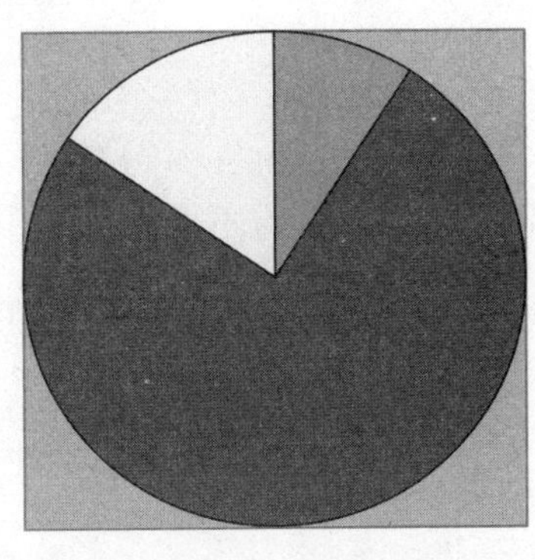

如表 4-43,问及相比本地生,喜欢流动儿童与否,大部分的教师回答与本地生一样,但也有相当一部分教师并不喜欢流动儿童。在与学校班主任访谈中,提到对流动儿童的接收意愿,老师们不会说不愿意接收,但他们会反映流动儿童转入带来的一系列问题,概括如下:

(1)流动性大,不易管理。

(2)流动儿童户籍信息不详,建立档案有困难。

(3)流动儿童成绩差,较少有机会参加各类兴趣培训班,也缺少课外书籍,与同年级学生程度相差大。

(4)流动儿童的学习习惯差,学生素质有待提高。

(5)流动儿童原来所在的学校与转入学校教材不统一,需要单独补习。

(6)接收流动儿童会增加教师的工作负担和个别辅导的难度。

(7)在校学生人数太多,班额太大,学生密度高,教师缺编,教室不够用,无力再接收流动儿童。

(8)流动儿童的家长对孩子的教育不重视,与学校工作配合不够,不利于对学生的教育。

(二)公立学校隐性费用高,流动儿童教育压力大

尽管一些城市的公立学校减少甚至是免除了借读的费用,但是公立学校依然存在一些较为隐性的收费制约着流动儿童的进入。学校为了达到某些目的,常有

一些类似于"定制酸奶费""打印费""校服费"等的收费条目。可怜天下父母心，每个父母都希望自己的孩子能够在校园里接受良好的教育和共享平等的教育资源，都不希望自己的孩子在某一方面落后于其他人。所以，流动父母通常承受着巨大的精神以及经济压力。上与不上，怎么上，如何上，常常困扰着他们。上，各种教育投入压弯腰；不上，恐孩子没有出路。在双重压力下，他们心力交瘁，手足无措。

（三）流动儿童超龄就读现象普遍

家庭的流动，导致儿童学校的不固定。学校的不断变动，环境的无法适应，学业的中断，父母的忽视，致使大龄儿童与适龄儿童共同上课的情景时有发生。调查如表4-44所示，各学校存在不同程度的超龄就读现象。在个别学校，有教师反映，初二16岁的都有，一个是因为农村孩子入学比较晚，再一个就是随着父母来回转，去一个新地方可能就要重新上某一个年级。

表4-44：班级内流动儿童超龄就读现象情况统计报表

调查问题	调查对象	调查内容	百分比
班级内流动儿童超龄就读现象	学校班主任	"占绝大多数"的班级	0
		"一半左右"的班级	13.8%
		"占少部分"的班级	49.3%
		"基本没有"的班级	36.9%

此表来自班主任调查问卷

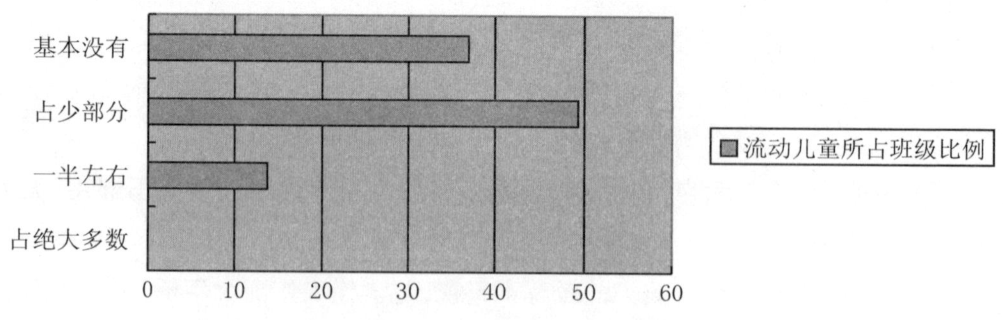

（四）流动儿童的教育基础比较薄弱

如表4-45所示，有相当一部分班主任认为流动儿童的教育基础薄弱，很难教，只有极少数班主任认为流动儿童教育基础较好，容易教授。由于流动儿童多数来自于经济相当不发达的地区或农村，教育质量普遍偏低，因而教育基础薄弱在某种程度上来说是必然的。这也解释了城市学校接收流动儿童意愿低的现象。在向53所中小学发放的调查问卷中,流动儿童学习成绩的优秀率普遍低于学校总体学生学习成绩优秀率,最低的优秀率只有3%。

表4-45:班级内流动儿童的教育基础情况统计报表

调查问题	调查对象	调查内容	百分比
班级内流动儿童的教育基础	学校班主任	认为“教育基础不好,很难教”的老师	24.6%
		认为“教育基础一般”的老师	21.5%
		认为“教育基础好,容易教授”的老师	4.6%
		认为“教育基础参差不齐”的老师	49.3%

此表来自班主任调查问卷

(五)流动儿童存在受歧视现象

歧视已成为影响流动儿童很好地融入社会和心理健康成长的非常重要的不利因素之一。由于流动儿童的外地户籍以及家庭经济收入较低、居住条件较差等特点,流动儿童受歧视的现象非常普遍。城市流动儿童在城里受到各种各样的歧视。有社会管理制度上的歧视,有经济上的歧视,乃至语言、文化和心理上的歧视。流动儿童被城市儿童冠上各种类似于“乡巴佬”“土包子”等带有歧视性语言的词语,甚至还存在着一些嘲笑、谩骂、殴打流动儿童的现象。在这样的环境下,流动儿童与城市儿童的各方面差距拉大,形成鲜明的对比。此外,不时发生的各种歧视性的行为深深地影响着流动儿童的身心健康,使他们承受着比同龄人更大的压力。这样的自卑感、不平等感的压力逐步深化,如果没有得到正确的引导,很容易造成不可预计的危害。马加爵的例子就可以很好地论证这一观点,虽然所处的年龄段不同。因此,为了最有效地、最大限度地避免歧视状况的发生,应该有步骤有意识地提高歧视者的觉悟,并引导他们拥有积极的心理状态。从表4-46显示来看,流动儿童受歧视的现象虽然存在,但只是少数。通过访谈我们了解到,有的班级流动儿童占大多数,有个班主任说:“农村的孩子把城市的孩子同化了,班里那一两个城市孩子没有‘市场’,城市孩子讲文明,这不为农村孩子所看重。”虽然这一现象并不严重,但我们要防患于未然,及时找到应对措施,防止情况加重。

表 4-46：是否存在对流动儿童歧视问题情况统计报表

调查问题	调查对象	调查内容	百分比
是否存在对流动儿童歧视	学校班主任	多数人对流动儿童有歧视	0
		少数人对流动儿童有歧视	9.2%
		不存在歧视	90.8%

对流动儿童是否有歧视的情况

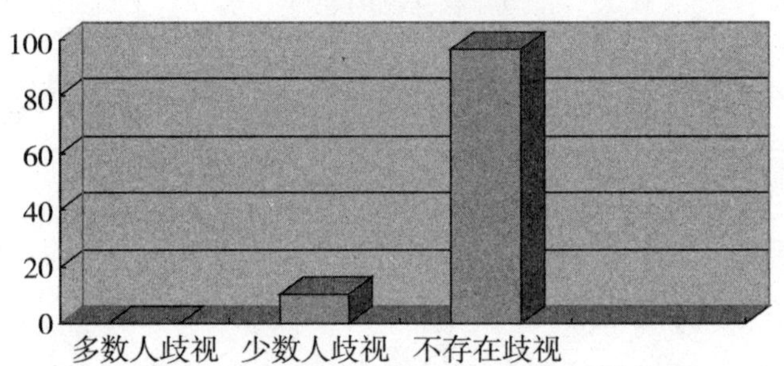

（六）学校与家长关系脱离

孩子的成长、教育和家长与学校的沟通是紧密相连的，良好有效的交流对孩子的各方面的成长是至关重要的。如表 4-47 所示，开家长会“很少来”和“基本不来”的家长占了几乎一半。大部分流动儿童的父母是企业员工、建筑工人、服务人员、个体摊贩等，对他们来说，养家糊口仍然是生活中最大的责任，在关心孩子的学习上花费的精力并不多，不是不愿意，是客观条件的限制。与此不同，城市家庭在本地都拥有极其固定的居住场所，与学校的联系自然较为便利。再加之城市儿童大多是独生子女，家长很乐意长期主动地与老师取得联系。由于生长环境的原因，城市家长更为注重孩子的教育问题，往往也能主动与孩子谈话沟通，并能辅导其孩子的作业。而流动儿童的家长受经济因素影响较大，为了养家而疲于奔波，没有固定时间，没有固定居住地，没有固定地与学校取得联系。当然，出席家长会的次数也是屈指可数。从而致使学校与家长关系的剥离。大多数流动儿童家长也都认为常与学校或者教师保持畅通的联系是必需的。当问及是否有必要经常与教师联系或是否有必要开家长会时，几乎所有的流动儿童家长都会给予肯定和积极的评价：“有必要经常和老师保持联系。”“只有开家长会时才能和老师联系。”从家长的回答可以看出家长认为和教师联系的必要性，同时也可以反映出家长和教师联系时的被动性，只有学校要求开家长会时，家长才会借此机会和老师沟通交流，而很少积极主动与教师联系。据调查，66.47%的开封市流动儿童家长有事时才与教师联系或从不与教师联系。

表 4-47:流动儿童家长参加家长会的情况统计报表

调查问题	调查对象	调查内容	百分比
流动儿童家长参加家长会的情况	学校班主任	认为"经常来参加家长会"的班主任	52.5%
		认为"很少来参加家长会"的班主任	37.7%
		认为"基本不来参加家长会"的班主任	9.8%
		认为"从不来参加家长会"的班主任	0

流动儿童家长参加家长会情况

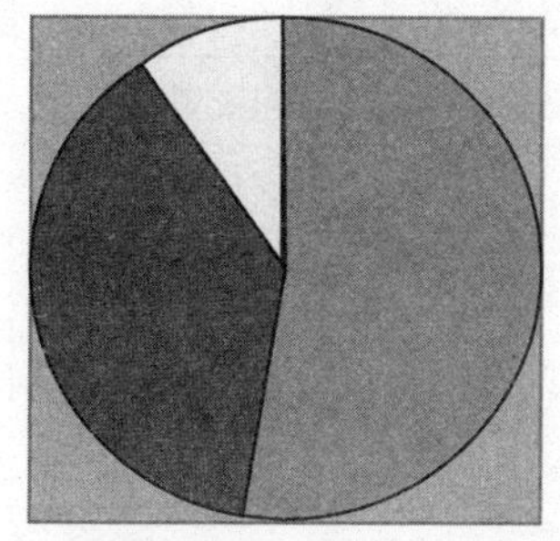

二、家庭教育方面存在的问题及影响因素分析

(一)家长的家庭教育观念存在偏差

1.在教育责任上家长存在着意识上的偏差

有些家长没有去教育孩子的意识,认为家长只需要给孩子提供学习的环境和条件,例如,有的家长认为,我们家长需要做的就是让孩子吃饱穿暖,不影响孩子学习就行。并且,孩子学习上需要买什么给他买什么就行了。他们误以为给孩子吃、喝,供孩子上学就行了,至于孩子具体学习上的事不用他们管。访谈时了解到,某同学的父母整天在外包工程,每逢周末或放假就是带孩子去外面吃顿大餐,对孩子的学习几乎不管,或者最多就是一句"最近学习怎样",然后就没有了下文。由此可以看出,有些家长认为,他们的责任就是为孩子准备学习所需的物质条件,而没有对孩子进行家庭教育的意识。

有些家长认为,教育是学校的事,是教师的责任,和家长没有多大关系。调查结果显示,虽然大部分流动儿童家长不同意"教育孩子是学校的事"这一说法,但仍然还有一部分家长认为教育孩子是学校的事情。对"教育孩子是学校的事"这一说法表示“说不清楚”的家长，也在一定程度上表明了其对家庭教育责任的推卸。调查结果如表4-48所示，城市儿童家长关于教育孩子是不是学校的事的看法较流动儿童家长来说更为理性，只有4.3%的家长认为教育孩子是学校的事，近90%的城市儿童家长不同意教育孩子是学校的事。这一调查说明城市儿童家长普遍承认教育孩子不仅是学校的责任，也是家庭和社会的责任。

表4-48：对“教育孩子是学校的事”的看法情况统计对比表

调查问题	调查对象	调查内容	百分比
对“教育孩子是学校的事”的看法	流动儿童家长	表示“同意”的家长	6.2%
		表示“说不清楚”的家长	17.6%
		表示“不同意”的家长	76.2%
	城市儿童家长	表示“同意”的家长	4.3%
		表示“说不清楚”的家长	6%
		表示“不同意”的家长	89.7%

此表来自流动儿童和城市儿童家长调查问卷

对“教育孩子是学校的事”的看法

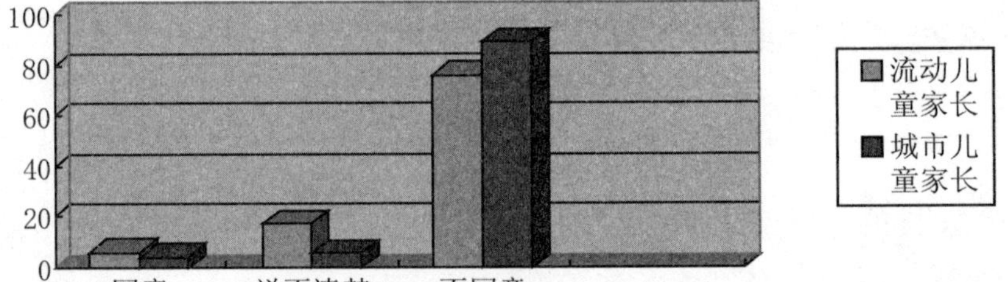

2.在教育内容方面家长存在意识上的偏差

在教育内容方面，流动儿童家长相对比较重视知识和道德教育，而比较忽视身体健康和心理健康方面的教育。在“您的家庭教育内容主要是什么？（可以多选）”的调查中，仅有24.9%的家长选择了进行“身体健康教育”，20.7%的家长选择了进行“心理健康教育”。此调查结果显示，大部分家长没有对儿童进行身体健康教育和心理健康教育，选择“知识教育”和“道德教育”的比例相对较高一些。目前开封市流动儿童家庭教育内容存在问题的主要表现是：

（1）主观上较为重视知识教育，客观上却做不到位。从调查结果可知，在家庭教育主要内容的选择上，“知识教育”排在首位，可见家长主观上对知识教育的重视。而从以上论述可知，家长虽然主观上重视知识教育，但由于流动儿童家长的受教育程度基本上在“初中”或“初中以下”，辅导不了孩子的功课。

(2)主观上不重视健康教育,客观上也无充分的条件。根据调查可知,流动儿童家长工作比较繁忙,只能保证孩子饿不着或吃饱,很少考虑孩子饮食的营养搭配或营养是否够用。我访谈一位初中生时,问:“你们早餐吃什么?”他们的回答普遍一致:“喝粥、吃馒头、就咸菜。”由此可以看出,家长们很少考虑孩子们的营养需求。另外,调查中也发现,家长也很少关注儿童的心理健康问题,这可能是由流动儿童家庭经济状况差或流动儿童家长本身对此方面缺乏认识等原因所造成。在刷牙、洗澡和换衣服等的频率上流动儿童明显低于城市儿童,一方面在主观意识上,流动儿童家长更关注维持日常的生计,较少关注到这些细微的小事,对孩子的健康教育较少;另一方面,即使流动儿童家长有这种意识,也没有充足的时间来督促孩子完成,工作以外的时间较少,有时间也多用于休息。

(二)家庭教育能力不足

1.日常教育方式存在不合理现象

家长是孩子的第一任老师,对孩子的品德培养、人际交往能力培养是潜移默化的,家长的教育方式对流动儿童的学习成长具有重要的作用,以下仅就批评方式和沟通交流情况可窥见一斑。

针对孩子的错误批评的艺术性是家长必须进行修炼的功夫。针对家庭教育方式,笔者分别对流动儿童家长和城市儿童家长展开了调查,调查结果如表4-49所示:

表4-49:家庭教育方式情况统计对比表

调查问题	调查对象	调查内容	百分比
家庭教育方式	流动儿童家长	采用批评教育方式	82.4%
		采用打骂方式	13%
		采用不闻不问方式	4.6%
	城市儿童家长	采用批评教育方式	94.4%
		采用打骂方式	2.6%
		采用不闻不问方式	3%

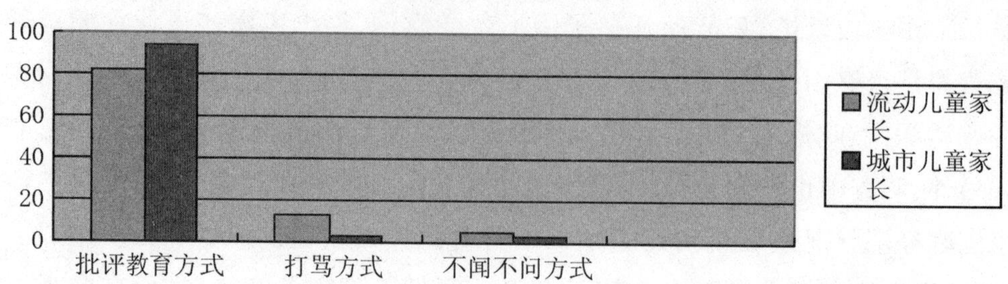

从表4-49中我们可以看出，大多数流动儿童家长对孩子的教育方式都是批评教育，但还有13%的家长采用打骂的方式，他们认为孩子不打不骂是不会改正错误的，只有记住疼了下次才能不犯错误，仍然有4.6%的家长对孩子不闻不问。城市儿童家长在对孩子的教育上较流动儿童家长更为合理，只有2.6%的家长采用打骂的方式，还有3%的家长由于客观原因如没有时间等对孩子不闻不问。

亲情沟通是表达爱的重要手段，是促进儿童健康成长的重要一环。而流动儿童与家长的沟通状况却不容乐观。据调查，37.8%的家长偶尔或不与孩子沟通。调查结果如表4-50所示：

表4-50：家长与孩子沟通情况统计对比表

调查问题	调查对象	调查内容	百分比
家长与孩子沟通情况	流动儿童家长	经常，除了学业，谈话的其他内容涉及面也广泛	61.2%
		偶尔，主要是学业	27.7%
		很少跟孩子沟通，他也很少告诉我他的心情	10.5%
		基本不沟通	0.6%
	城市儿童家长	经常，除了学业，谈话的其他内容涉及面也广泛	79%
		偶尔，主要是学业	15.6%
		很少跟孩子沟通，他也很少告诉我他的心情	5%
		基本不沟通	0.4%

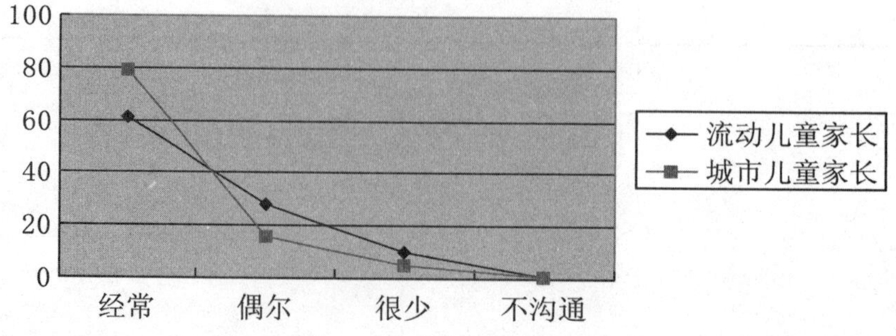

沟通不畅的原因大概有两点：一是由于流动儿童家长的工作繁忙，在时间上客观地限制了亲子之间的沟通与交流。二是观念的差距。在流动人口中，孩子跟随父母进入城市生活，由于孩子本性使然，与父母相比较更易在短时间内接受新鲜的环境或者事物，能迅速融入城市圈子。但是父母的文化水平低，思想观念更新慢或难以更新，于是，父母与孩子的思想观念会慢慢产生差距，父母与孩子之间就会产生隔阂，亲子之间的关系就会变得淡薄。城市儿童家长受教育程度普遍高，因而在教育观念上也较为先进，更注重与孩子的沟通交流。

2.家长文化水平相对较低，学业辅导能力不足

据调查结果显示，开封市流动儿童父母的文化程度普遍在“初中”或“初中以下”，难以对孩子进行有效的家庭教育，难以担负起孩子的学习辅导责任，家长可能心有余而力不足。访谈时，一位孩子的母亲说：“对于孩子的学习我们也辅导不了，我们也没办法，也觉得亏欠孩子，所以只能在吃、玩等方面尽量满足孩子的愿望。”开封市流动儿童父母亲文化程度调查结果如下表所示：

表 4-51：流动儿童父亲的文化程度情况统计报表

调查问题	调查对象	调查内容	百分比
流动儿童父亲的文化程度	流动儿童家长	没有上过学	0.8%
		低于小学水平	4.2%
		小学	17.5%
		初中	55.4%
		高中、中专、师范	16.6%
		大专以上	5%
		不知道	0.5%

表 4-52：流动儿童母亲的文化程度情况统计报表

调查问题	调查对象	调查内容	百分比
流动儿童母亲的文化程度	流动儿童家长	没有上过学	5.7%
		低于小学水平	5.5%
		小学	16.7%
		初中	55.4%
		高中、中专、师范	11.1%
		大专以上	2.8%
		不知道	2.8%

表 4-53:家长给孩子辅导功课情况统计对比表

调查问题	调查对象	调查内容	百分比
家长给孩子辅导功课情况	流动儿童家长	完全有能力辅导	41.4%
		除个别难题外,基本能辅导	32.1%
		辅导不了,也借助不了别人的力量	17.6%
		请别人给辅导	8.9%
	城市儿童家长	完全有能力辅导	43%
		除个别难题外,基本能辅导	22.6%
		辅导不了,也借助不了别人的力量	2.4%
		请别人给辅导	32%

家长辅导能力对比

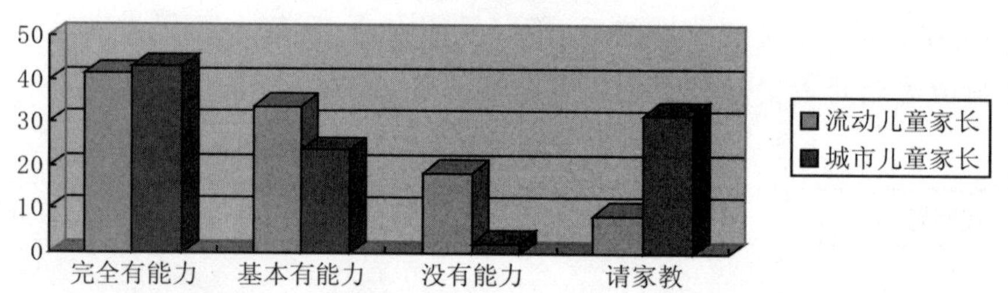

由于流动儿童家长的文化程度普遍集中在初中以下,近年来随着基础教育课程的改革,学生所学知识早已更新换代,家长们的知识由于不再复习多已忘记,因而他们对孩子的辅导能力普遍较低,加之没有时间,更没有经济基础请家教,因而在对孩子学业辅导上流动儿童家长做得非常不好。城市儿童家长文化程度普遍高于流动儿童家长,对孩子的学业也更为重视,即使没有时间也有给孩子请家教的经济能力。

3.家长对孩子教育期望不够合理

心理学研究表明,合理的期望能够促进个体朝着所期望的方向发展,而过高或过低的期望则可能适得其反。[①] 调查发现,流动儿童家长对孩子的成长存在着期望过高或过低两极分化的情况。由表 4-54 可见,66.5%的家长希望自己的孩子能够上完大学,读得越高越好。大多数流动儿童家长的受教育水平偏低,加之自身所掌握的科学文化知识和技能水平很有限,从而,他们所从事的工作大多是体力劳动,这些工作通常又脏又累又苦且收入偏低。由于自身的遭遇,他们更能体验生活的艰辛。"知识能改变一切"就成了他们改变现状的"救命稻草",于是,他

① 杨巍峰:《管理心理学中的"期望理论"》,《述评心理学探新》,1989(02)。

们把这些希望寄托于孩子身上，竭尽所能为孩子提供优质的教育，以避免自身的悲剧重演。在城乡二元制结构框架下，他们更清晰地明白，接受好的教育，拥有更高的文凭，才能获得更好的工作，得到更高的报酬。因此，流动儿童的家长比城市家长对于教育抱有更高的期望。用他们自己的话来说就是"上大学=好工作"，"读得越高越好"。但是，我们通过调查也发现，在流动儿童家长中也存在另一种现象：对子女的教育期望比较低，这些家长大多数是自己的文化程度不高，但都"混"得比较成功。这些家长的观念大体是："学习成绩好，以后不一定能混好，你看我，不也没读书嘛，但照样混得很好，我赚的钱比那些博士赚的钱都多。"

表 4-54：流动儿童家长对孩子的学历期望情况统计报表

调查问题	调查对象	调查内容	百分比
流动儿童家长对孩子的学历期望	流动儿童家长	上完小学	0.6%
		初中	1.1%
		高中	5.5%
		大学	21.3%
		大学以上，读得越高越好	66.5%
		视孩子的学习情况而定	4.4%
		视家庭经济条件而定	0.6%

总之，教育期望的两极分化暗含着流动儿童家长对教育的功利性价值判断存在着严重分歧。一种观点认为自身的文化素质不高导致现在的疲于养家糊口状态，他们坚信教育可以改变一切，并且能够改变一切；另一种看法认为，经济状况的好坏与教育程度没有太多关系，文化水平低照样可以通过做生意等途径获得较高的经济收入，这与最近流行的"读书无用论"在某一方面是重合的。无论怎样，我们认为，流动儿童的家长们的思想具有朴实性和功利性，他们基本不会考虑到接受教育层次高能够提升子女的综合素质，只是简简单单地将教育等同于赚钱的工具。

4.家庭教育文化氛围不够浓厚

家庭是孩子最早学习的场所，良好的家庭文化氛围对孩子起着潜移默化的影响，它不仅可以修身养性，也可以推动孩子良好习惯和品质的形成。但根据调查，开封市流动儿童家庭的文化氛围普遍不够浓厚，这些父母的文化程度在初中及其以下占绝大部分，很难在学习习惯、道德品德方面为孩子做出表率。

（三）家庭教育资源较为匮乏

1.家庭教育用品较少

学生的学习离不开相应的学习工具。随着现代社会物质生活的富裕，各种商家根据学生学习的需求和家庭教育的需求不断地对学习用品进行研究，学生的学习用品不断推陈出新，花样百出，比如，家庭中经常用到的点读机、学习机、电脑、学习软件、能够支持学习软件的电视等。调查发现，流动儿童家庭中很少存在这样的学习设备。究其原因，这跟流动儿童家庭的经济水平有很大的关系。据调查，72%的家长认为其没有给孩子提供充分的学习条件。调查结果如表 4-55 所示：

表 4-55：流动儿童家长是否给孩子提供了充分的学习条件情况统计报表

调查问题	调查对象	调查内容	百分比
流动儿童家长是否给孩子提供了充分的学习条件	流动儿童家长	已经很充分了	33.5%
		一般	35.4%
		不是很好	30.2%
		从没想过	0.9%

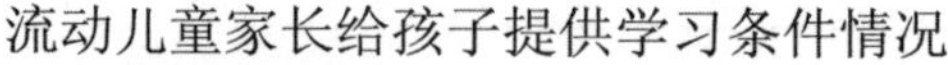

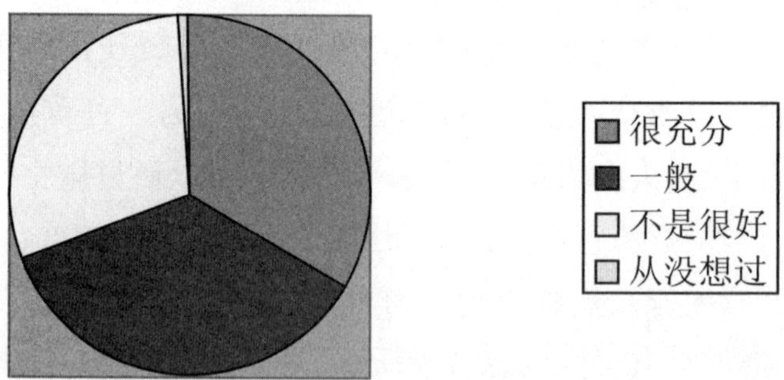

据有关流动人口的生活质量差异的报告显示：与城市家庭相比，8.5%的流动儿童家庭生活水平与城市一般家庭接近；而 33.1%的流动儿童家庭生活状况基本能维持城市的生活要求；剩下占 58.4%的流动儿童家庭无法达到城市生活的基本要求。基于此，笔者认为，流动儿童家庭的经济状况在教育资源的投入上起到了决定性的作用。据调查，开封市大部分流动儿童家庭每月总收入平均在 3000 元以下，其比例高达 72.3%。调查结果如表 4-56 所示：

表 4-56:流动儿童家庭每月收入情况调查统计报表

调查问题	调查对象	调查内容	百分比
流动儿童家庭每月收入	流动儿童家长	认为在 2000 元以下	39.1%
		认为在 2000—3000 元	33.2%
		认为在 3000—4000 元	22.2%
		认为在 4000 元以上	5.5%

从流动儿童家庭收入状况来看,绝大部分收入可能都用于日常生活必需品的消费,若再缴纳房租,用于孩子教育上的费用是有限的。

2.家庭教育时间难以保证

流动儿童的家长受职业限制,工作繁忙,没时间进行家庭教育。据调查,大部分开封市流动儿童的家长是普通的企业职工、建筑工人、服务人员、个体摊贩等,而且这些职业有一个共同点就是工作时间长,工资低。据调查,开封市有相当一部分流动儿童家长每天的工作时间超过正常工作时间,26%的家长每天平均工作时间在 10—12 小时,16%的家长每天平均工作时间在 12 小时以上。调查结果如表 4-57 所示:

表 4-57:流动儿童家长平均工作时间情况统计报表

调查问题	调查对象	调查内容	百分比
流动儿童家长平均工作时间	流动儿童家长	平均工作 8—10 小时	42.3%
		平均工作 10—12 小时	26%
		平均工作 12 小时以上	16%
		没有工作	15.7%

流动儿童家长平均工作时间

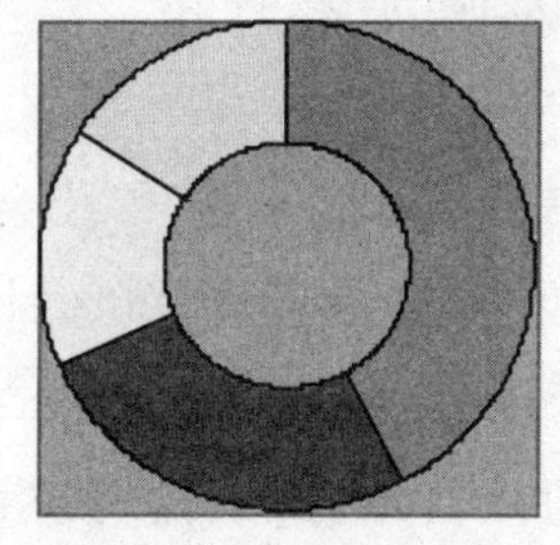

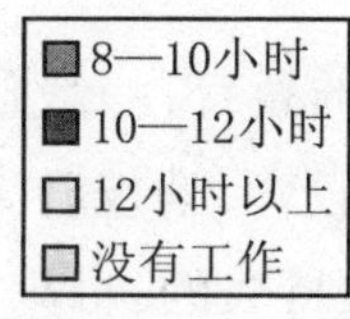

据调查,41.4%的家长认为没有时间给孩子辅导功课,调查结果如表 4-58 所示:

表 4-58：家长给孩子辅导功课时间情况统计对比表

调查问题	调查对象	调查内容	百分比
家长给孩子辅导功课时间情况	流动儿童家长	完全有时间陪伴孩子学习	8.9%
		孩子学习三分之二时间能陪伴	32.1%
		孩子学习三分之一时间以下能陪伴	17.6%
		陪伴不了	41.4%
	城市儿童家长	完全有时间陪伴孩子学习	19.6%
		孩子学习三分之二时间能陪伴	35.7%
		孩子学习三分之一时间以下能陪伴	20.7%
		陪伴不了	24%

家长给孩子辅导功课时间的情况

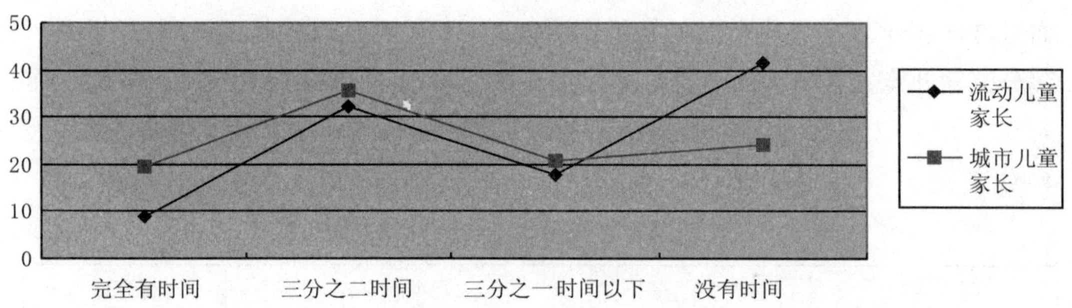

我们也知道许多流动儿童家长整天起早贪黑，忙着做生意，养家糊口，他们难得有时间和孩子相聚，更谈不上教育了，许多家长早晨上班时，孩子还在睡梦中，晚上收工时，孩子已经睡着了，根本没有时间和孩子谈心交流，更谈不上教育。由于流动儿童家长特殊的职业类型，他们没有时间和精力对孩子进行家庭教育。

三、社会教育方面存在的问题及影响因素分析

我们通常所说的教育，一般包括家庭教育、学校教育和社会教育。家庭教育是人们接触最早的教育，学校教育为人生发展奠定坚实基础，社会教育则是对人的一生影响最大、最持久的教育。那么，社会教育究竟是什么？我们认为，社会教育可以从广义、狭义两方面去理解：广义的社会教育，是指有意识地培养人，并使人身心和谐发展的各种社会活动，这和我们所说的广义教育的含义是吻合的；狭义的社会教育是指由政府、公共团体或私人所设立的社会文化教育机构对社会全

体成员所进行的有目的、有组织、有系统、独立的教育活动[①]，如青少年宫、文化宫、图书馆以及社区文化氛围等。本研究中所采用的社会教育的概念是狭义的概念。社会教育，能够丰富学生的课余生活，能够拓宽眼界，激发潜力和创造力。对于流动儿童而言，家庭教育与学校教育已经落后于城市儿童，但是他们参与社会教育的状况更加不容乐观。

（一）对流入城市的认同度低

十八大报告提出要建立社会主义核心价值体系，培养每个社会成员的爱国主义情怀是核心价值体系建立的基础。要培养爱国主义情怀首先应从爱自己的家乡、爱自己生活的地区做起。因此，培养流动儿童对流入城市的热爱之情非常重要。表4-59是对流动儿童在城市生活的心理感受的一个初步调查结果显示。从下表分析可知，流动儿童对城市生活感到非常喜欢的比例较少，比较喜欢和不喜欢所占比例较大。流动儿童对于生活在城市中的整体感受不是很如我们所希望的那样，一半以上的流动儿童不喜欢或者不太喜欢生活在这个城市。

表4-59：流动儿童对城市生活感受情况调查统计报表

调查问题	调查对象	调查内容	统计结果
对城市生活的感受	流动儿童	不太喜欢	10.7%
		比较喜欢	21%
		一般	42%
		非常喜欢	21%
		说不清	5.3%

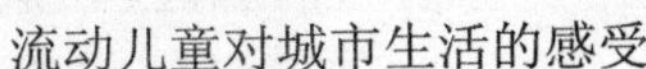

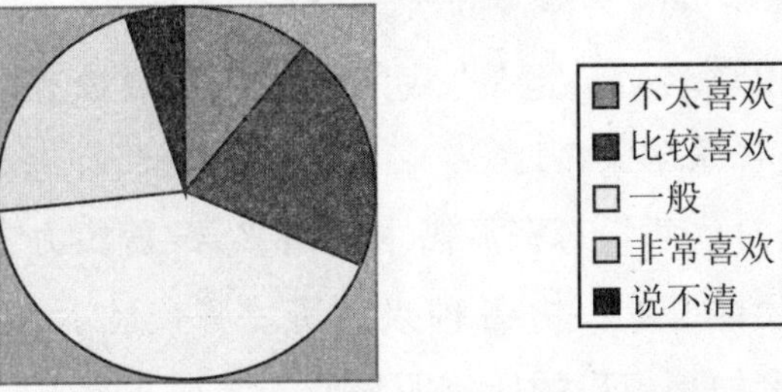

在流动儿童来到城市生活后，由于思想、生活都受到很大冲击，且对自己的身份不确定，无法更好地融入本地儿童群体，他们常常以地缘、亲缘、网缘等关系为

① 章晶晶：《浅析我国青少年的社会教育》，《中国教师》，2009（s1）。

纽带结伴成伙，在脱离了家庭、学校的有效监管状态之下，很容易走上违法犯罪道路。统计资料表明，近年来，流动儿童的犯罪率呈现出逐年升高的趋势。

（二）对一些公共教育活动的参与度低

1.参观、旅游公共教育文化方面的图书馆、博物馆、纪念馆、文化古迹的次数少

开封是一座历史文化名城，依托其地理、历史优势，建有开封博物馆、大宋文化博物馆、刘少奇纪念馆，同时开封地域所在的几所大学都有图书馆，同时还有久负盛名的相国寺、禹王台、兴国寺塔、大云寺塔、东大寺、古观音寺、延庆观、宝珠寺等文化古迹。这些公共教育文化场所肩负着对青少年进行道德教育、历史文化教育的责任，但我们在调查中发现，流动儿童参观游览的次数明显低于城市儿童。

表 4-60：儿童参观公共教育文化古迹统计对比表

参观地点	城市儿童平均参观次数	流动儿童平均参观次数
图书馆	3.8	0.2
博物馆	6.3	1.2
刘少奇纪念馆	4.5	1.4
开封地域内各种寺、塔	13.9	6.3

城市儿童、流动儿童参观公共教育文化古迹情况对比

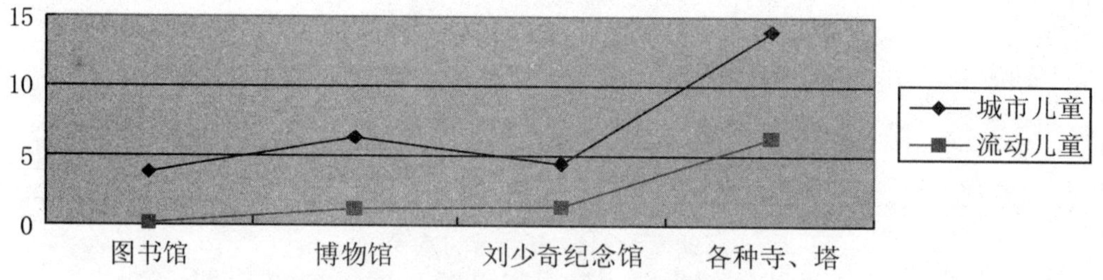

2.参加私人、团体举办的兴趣班的次数少

开封市是一座“书法名城”，也是“戏曲之乡”，钟灵毓秀的开封孕育出了一批书画名家、戏曲名家、音乐名家、舞蹈专家、珠心算专家、心理健康专家等。随着社会的发展和人民群众对优质教育资源需求的增多，乘着民办教育政策的逐步规范的东风，一部分私人团体开始举办各种兴趣班。调查显示，由于家长观念和经济的因素，流动儿童中参加兴趣班的比例明显低于城市儿童。

表 4-61:儿童参加兴趣班情况统计表

调查问题	调查对象	调查内容	百分比
儿童参加兴趣班情况	流动儿童	经常参加	37.7%
		偶尔	29.7%
		从来不参加	32.6%
	城市儿童	经常参加	64%
		偶尔	32.1%
		从来不参加	3.9%

流动儿童和城市儿童参加兴趣班对比情况

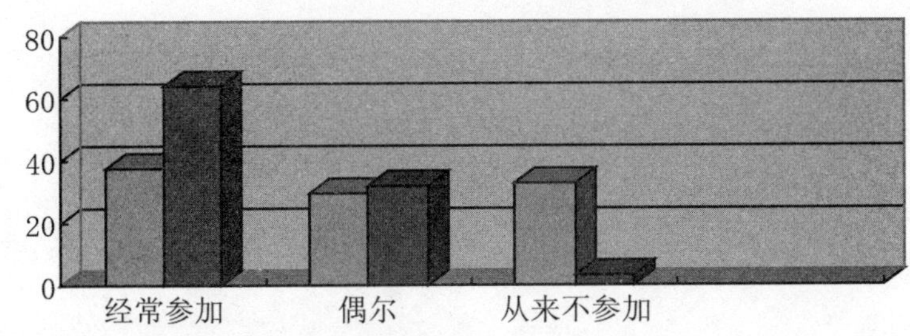

3.参与社区教育的次数少

社区教育是指在社区中,开发、利用各种教育资源,以社区全体成员为对象,开展旨在提高成员的素质和生活质量,促进成员的全面发展和社区可持续发展的教育活动。① 由于流动儿童家庭多处于城市边缘,周边并没有良好的社区教育资源,另一方面,社区教育与社区建设是相互依赖相互促进的,流动儿童所在郊区并不在社区范围内,由于户籍的限制他们很少有机会参与到社区教育中去。

表 4-62:儿童参与社区教育统计对比表

调查问题	调查对象	调查内容	百分比
儿童参与社区教育情况	流动儿童	经常参加	1%
		偶尔	10.4%
		从来不参加	88.6%
	城市儿童	经常参加	72%
		偶尔	21.4%
		从来不参加	6.6%

① 国家标准化管理委员会:《社区服务指南第 3 部:文化、教育、体育服务》,2006 年 12 月。

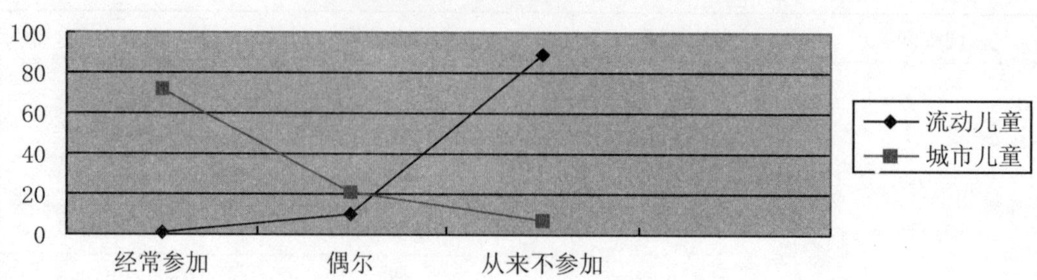
流动儿童和城市儿童参与社区教育活动对比
100
80
60
40
20
0
经常参加
偶尔
从来不参加
流动儿童
城市儿童

附录一：学校流动儿童的调查表

学校流动儿童的调查表

填表人： 联系电话：

1.学校		2.在校生数	
3.流动儿童数		4.流动儿童占在校生总数的比例	
5.2013 年流动儿童辍学人数		6.2014 年流动儿童辍学人数	
7."超龄"流动儿童人数		8."超龄"流动儿童占在校生总数的比例	
9.学校学生学习成绩优秀率		10.流动儿童学习成绩优秀率	
11.2014 年 1 月至今学生受处分人数		12.2014 年 1 月至今流动儿童受处分人数	
13.2014 年 1 月至今学校学生犯罪人数		14.2014 年 1 月至今流动儿童犯罪人数	
15.学校在接受流动儿童方面存在什么困难？			
16.为提高流动儿童受教育质量，学校采取了哪些措施？			
17.学校希望政府在流动儿童的教育上出台什么样的规定和政策？			
18.贵校希望在流动儿童教育上校外给予怎样的支持与帮助？如家长、社区等。			

附录二：流动儿童调查问卷

流动儿童调查问卷

亲爱的同学：

你好！这是一份关于开封市流动儿童的调查问卷，调查的目的是了解你在开封市的教育、生活、健康等各方面的情况，以期你能在开封市得到更好的生活和教育。问卷不需记名，答案也无对错，仅做研究使用，对您的回答我们也绝对保密！谢谢您的合作！

性别（　　）年龄（　　）年级（　　）

1.你父亲的文化程度是：

A.小学　B.初中　C.高中　D.大学　E.研究生　F.博士

2.你母亲的文化程度是：

A.小学　B.初中　C.高中　D.大学　E.研究生　F.博士

3.你在家里学习和写作业的地方：

A.书桌上（写字台）　B.饭桌上　C.椅子上

D.柜子上　E.床上　F.其他地方

4.你的居住情况：

A.与父母同居一室　B.和兄弟姊妹挤在一起

C.和其他人挤在一起　D.单独居住

5.你每周的零花钱大概是多少？

A.40元以下　B.40—60元　C.60—80元　D.80元以上

6.你的零花钱的用途：

A.买零食　B.买学习用品　C.买图书　D.攒起来

E.买玩具之类的东西

7.你每天喝牛奶的情况：

A.喝　B.没喝　C.偶尔喝

8.你多长时间刷一次牙？

A.每天一次　B.每周一次　C.每月一次　D.从不刷

9.你多长时间洗一次澡？

A.每天一次　B.每周一次　C.每月一次　D.偶尔洗一次　E.从不洗

10.你多长时间换一次衣服？

A.每天一次　　B.每周一次　　C.每月一次　　D.脏了就换

11.放学后，你是否有足够的时间写作业？

A.完全没时间，要帮爸妈做生意

B.在帮爸妈做生意同时，抽时间写作业

C.有足够的时间写作业

12.在家学习时是否有台灯？

A.有　　B.没有

13.你在城市里拥有好朋友的情况是：

A.没有　　B.很少　　C.多　　D.很多

14.你对城里生活的感觉是：

A.不太喜欢　　B.比较喜欢　　C.一般　　D.非常喜欢　　E.说不清

15.你是否喜欢进城上学？

A.喜欢　　B.不喜欢

16.你对城里社会生活的感觉是：

A.不太喜欢　　B.比较喜欢　　C.一般　　D.非常喜欢　　E.说不清

17.你希望你将来取得什么学历？

A.小学　　B.初中　　C.高中　　D.大学　　E.研究生　　F.博士

18.你现在最大的需求是：

A.能得到学校的关怀　　B.有很多朋友，可以分享快乐

C.希望吃得、穿得更好一点　　D.希望照顾自己的能力越来越强

E.其他________

19.你觉得目前学校好还是以前学校好？（无转学经历者可不填）

A.城市学校好　　B.农村学校好　　C.都不好

20.你觉得现在老师好还是以前老师好？

A.城市老师好　　B.农村老师好　　C.都不好

21.你家里有没有电脑？

A.有　　B.没有

22.如果考试没考好，大多数情况下，你认为最主要的原因是：

A.没人给我辅导功课　　B.老师教得不好　　C.自己不努力

23.在家有没有人给你辅导功课？

A.有　　B.没有

24.在家谁给你辅导功课？

A.爸爸妈妈　B.爷爷奶奶　C.家庭教师　D.无人辅导　E.其他

25.父母给你报兴趣辅导班的情况是：

A.3个以上　B.1—2个　C.没有报过

26.学习中遇到困难时最希望谁帮你解决？

A.父母　B.老师　C.同学和朋友　D.其他人

27.你有多少本课外书？

A.一本也没有　B.10本以下　C.10—50本　D.50—100本

E.100本以上

28.你觉得现在的学校哪些方面比以前的学校好？（可以多选）

A.学校环境　B.师资力量　C.教学内容　D.教学方法

E.老师对你的态度　F.和同学的关系　G.其他

29.你目前所学科目比以前增加了吗？

A.增加了　B.和以前一样

30.你目前所在学校课余活动与以前相比有什么变化？

A.增加　B.和以前一样

31.你最信任谁？

A.父母　B.老师　C.同学或朋友　D.其他

32.你的同学是否喜欢和你玩？

A.喜欢　B.不喜欢

33.你希望社会在哪些方面给予特殊关怀？（可以多选）

A.资金资助　B.情感支持　C.政策保护

34.你现在参加兴趣班的情况是：

A.三个及以上　B.两个　C.一个　D.没有参加

35.你参加所在社区里组织的活动的情况是：

A.经常参加　B.偶尔　C.从来不参加

36.从上小学起，你进入高校图书馆的次数是________，你参观博物馆的次数是________，参观刘少奇纪念馆的次数是________，你游览开封地域内各种寺、塔（主要是指相国寺、禹王台、兴国寺塔、大云寺塔、东大寺、古观音寺、延庆观、宝珠寺）的次数是________。

37.在学校学习方面，你想对老师说什么？

38.在生活方面，你想对爸爸妈妈说什么？

附录三:流动儿童家长问卷

流动儿童家长问卷

尊敬的家长:

您好！这是一份关于开封市流动儿童家长的调查问卷,调查的目的是了解开封市流动儿童教育、生活、健康等各方面的情况,以期流动儿童能在开封市得到更好的生活和教育。问卷不需记名,答案也无对错,仅做研究使用,对您的回答我们也绝对保密！

1.您的性别:

A.男　　B.女

2.您的年龄:

A.60 岁以上　　B.40—59 岁　　C.30—39 岁　　D.30 岁以下

3.孩子的监护类别:

A.由母亲监护　　B.由父亲监护　　C.夫妻共同监护

4.孩子父亲的文化程度:

A.没上过学　　B.低于小学水平　　C.小学　　D.初中

E.高中、中专、师范　　F.大专以上　　G.不知道

5.孩子母亲的文化程度:

A.没上过学　　B.低于小学水平　　C.小学　　D.初中

E.高中、中专、师范　　F.大专以上　　G.不知道

6.您平均每天工作多长时间?

A.8—10 小时　　B.10—12 小时　　C.12 小时以上　　D.没有工作

7.您觉得每天工作压力大吗?

A.没什么压力　　B.稍微有点　　C.比较有　　D.很大

8.每月您的家庭总收入大概是多少?

A.2000 元以下　　B.2000—3000 元　　C.3000—4000 元　　D.4000 元以上

9.过去一年中,你们家在子女教育上的支出占家庭消费总支出的比例大约是多少?

A.15%以上　　B.10%—15%　　C.5%—10%　　D.5%以下

10.您的孩子现在就读的学校比以前就读的学校多交(　　)元费用。

11.在孩子上学问题上,家长的烦恼主要是:

A.费用太高　　B.户口不在本地影响升学　　C.学校条件差

D.没有太多担忧　　E.其他________

12.您带孩子一起外出打工的原因是：

A.家里无人照顾　　B.想念孩子　　C.想让孩子在城市接受好的教育

D.想让孩子开阔视野

13.您的孩子转学情况是：

A.3 次以上　　B.2 次　　C.1 次　　D.从未转过

14.您的孩子是否在正常年龄范围内入学？

A.超龄　　B.正常年龄

15.孩子犯错误时您的教育方式是：

A.批评教育　　B.打骂　　C.不闻不问

16.您的家庭教育内容主要是什么？（可以多选）

A.身体健康　　B.心理健康　　C.知识教育

D.道德教育　　E.各方面教育

17.您对孩子上学的看法是：

A.必须要上，不上学就没前途　　B.如果孩子成绩不好就没有必要上了

C.如果家庭经济状况不好不上也可以

18.您对孩子所获得的教育学历期望是：

A.上完小学　　B.初中　　C.高中　　D.大学

E.大学以上，读得越高越好　　F.视孩子的学习成绩而定

G.视家庭经济条件而定

19.您对孩子的学习成绩如何看待？

A.考分越高越好，最好都是优秀　　B.班里排名前几就好，不用太高

C.孩子只要努力就好，不会给他很多压力　　D.考不好就批评、责骂

20.您与学校、教师沟通情况是：

A.经常主动和学校、教师联系

B.有事与学校、教师联系，没事也没有必要联系

C.学校、教师有事找我再联系也不晚　　D.从不与学校、教师联系

21.您给孩子辅导功课的情况是：

A.有能力辅导，也基本给孩子辅导功课　　B.有能力辅导，但没有时间

C.没有能力辅导，也没时间　　D.请家教给孩子辅导

22.您给孩子报兴趣班的情况是：

A.是的,已经给孩子报了兴趣班　　B.不会,没有过多资金给孩子报兴趣班

C.有打算,会征求孩子的意见再决定

23.您与孩子的沟通情况是:

A.经常,除了学业,谈话的其他内容涉及面也广泛　　B.偶尔,主要是学业

C.很少跟孩子沟通,他也很少告诉我关于自己的心事

D.基本不沟通,原因是＿＿＿＿＿＿＿＿＿＿＿＿＿＿＿＿

24.您赞成您家的孩子去上网吗?

A.赞成　B.不赞成　C.不赞成,但没空管　D.无所谓

25.您认为已经为孩子提供了充分的学习条件了吗?

A.已经很充分了　B.一般　C.不是很好　D.从没想过

26.您会定期对自己给孩子的家庭教育进行反省吗?

A.经常　B.有时　C.很少　D.从来没有过

27.周围是否有流动儿童被公安机关带走?

A.很多　B.有一些　C.很少　D.没有

28.您希望政府在关爱流动儿童工作中出台哪方面的政策?

A.入学　B.户口　C.就业　D.卫生保健　E.生活保障

F.其他＿＿＿＿＿＿＿＿＿＿＿＿＿＿＿＿

29.为了您的孩子的健康成长,您对学校、政府或其他行政部门有什么好的建议?

30.请在下面相应的方框里面打上"✓"。

项目	同意	说不清楚	不同意
1.教育孩子也是要讲科学的			
2.家长在教育孩子过程也是要自己不断学习的			
3.树大自然直,孩子任其自然发展,无须特别管教			
4.只要孩子学习成绩好,其他方面都是次要的			
5.为了教育孩子,花多少钱都是值得的			
6.三百六十行,行行出状元			
7.赚钱比教育孩子更重要			
8.别人孩子有的,我的孩子也应该有			
9.教育孩子不仅仅是为了家庭,也是为了国家			
10.教育孩子是学校的事			

附录四:流动儿童在校学习情况调查问卷(班主任卷)

流动儿童在校学习情况调查问卷
(班主任卷)

尊敬的老师:

您好！这是一份关于开封市流动儿童在校学习情况的调查问卷,调查的目的是了解流动儿童在开封市的受教育、生活、健康等各方面的情况。问卷以不记名的形式,答案也无对错,仅供做研究使用,您的回答我们也会做到绝对保密！因此,您不必有任何顾虑,请放心作答！谢谢您的合作！

答题说明:选择题在选定的选项上打"✓"号,填空题将结果填在题后的(　　)内。

1.您的性别是:

A.男　　B.女

2.您的年龄是:

A.30岁以下　B.30—39岁　C.40—49岁　D.50岁及以上

3.您的从教时间是:

A.10年以内　B.10—20年　C.20年以上

4.您的班里流动儿童的比例怎样?

A.占绝大多数　B.一半左右　C.占少部分　D.基本没有

5.您的班里流动儿童中超龄的比例怎样?

A.占绝大多数　B.一半左右　C.占少部分　D.基本没有

6.相比本地生,您喜欢流动儿童吗?

A.非常喜欢　B.与本地生一样　C.不喜欢

7.您认为流动儿童的教育基础怎么样?

A.不好,很难教　B.一般　C.好,容易教授　D.参差不齐

8.相比本地生,流动儿童学习成绩怎样?

A.较好一些　B.相差不大　C.较差一些

9.相比本地生,流动儿童的学习态度怎样?

A.较好一些　B.相差不大　C.较差一些

10.相比本地生,流动儿童的学习方法怎样?

A.比较灵活　B.相差不大　C.不太灵活

11.跟城市小孩相比,您眼中的流动儿童最突出的优点是:

A.果断坚韧、独立自主 B.积极乐观、乐于助人 C.勤奋好学、品学兼优

D.勤俭节约、体贴懂事 E.其他

12.跟城市小孩相比,您觉得流动儿童最突出的缺点是:

A.没有特长、不求上进 B.性格冷漠、品行偏差 C.缺乏自信、内向敏感

D.调皮捣蛋、任性自私 E.其他

13.您认为您的班里或学校里存在对流动儿童的歧视吗?

A.多数人对流动儿童都存在歧视 B.少数人对流动儿童存在歧视

C.不存在歧视

14.您觉得对流动儿童的歧视观念主要表现在:(多选)

A.因其父母受教育程度不高,流动儿童家教不好

B.因其普遍生活质量低,常把流动儿童当成"可怜孩子"

C.流动儿童学习情况堪忧,在学习方面两极分化较为严重

D.流动儿童生活习惯不好, 不讲卫生

E.流动儿童心理问题突出,易成为"问题孩子"

15.您觉得流动儿童在融入城市的过程中存在哪些障碍?(多选)

A.个别流动人群犯罪案例,使大众产生"晕轮效应",增强社会反感程度

B.流动儿童缺乏正规且良好的教育

C.由于自身经济条件,流动儿童缺乏直接接触城市的机会

D.归属感边缘化,流动儿童对城市生活缺乏基本信任,不愿主动融入城市生活

E.城市人天然的优越心理,对流动儿童普遍持有戒备、排斥或者歧视心理

16.您认为相比本地生流动儿童的心理上( )

A.存在较多问题,需要更多指导 B.与一般学生相同

C.存在较少问题,需要指导较少

17.您认为学校里流动人口子女对教学资源和各项教学条件的享有( )

A.和本地生相同 B.处于劣势,有些资源无法享有 C.优先享有

18.您认为学校关于流动人口子女教育方面的方针政策如何?

A.较好 B.基本正确 C.不好 D.没有这方面的方针政策

19.您认为流动人口子女对学风的影响是:

A.有较为积极的影响 B.没有明显的影响 C.有较为消极的影响

20.您认为流动儿童对学校活动参与度:

A.能积极参与　　B.参与程度一般　　C.参与很少

21.您认为班里流动儿童家长对子女教育重视程度：

A.很重视　　B.较重视　　C.一般　　D.不够重视

22.开家长会时,流动儿童家长参与程度：

A.经常来　　B.很少来　　C.基本不来　　D.从不来

23.相比本地生,您主动与流动儿童家长的联系次数：

A.要多一些　　B.一样　　C.较少

24.相比本地生家长,流动儿童家长主动与您联系的次数是：

A.经常联系　　B.很少联系　　C.从不联系

25.学校一般采取哪些方式与家长联系以提高家长重视程度促进学生学习?

A.家长会　　B.家长座谈会　　C.亲子活动　　D.针对个别同学单独联系

26.班里专门针对流动儿童的辅导：

A.经常开展　　B.很少开展　　C.从不开展

27.您认为在解决流动儿童入学时,学校存在哪些困难?

A.经费不足　　B.场地不足　　C.师资不足

28.您认为学校可以采取哪些措施给予流动儿童以帮助?

附录五:城市儿童调查问卷

城市儿童调查问卷

亲爱的同学：

你好！这是一份关于开封市城市儿童的调查问卷,调查的目的是了解你在开封市的教育、生活、健康等各方面的情况,以期你能在开封市得到更好的生活和教育。问卷不需记名,答案也无对错,仅做研究使用,对你的回答我们也绝对保密!谢谢你的合作!

性别(　　)年龄(　　)年级(　　)

1.你父亲的文化程度是：

A.小学　　B.初中　　C.高中　　D.大学　　E.研究生　　F.博士

2.你母亲的文化程度是：

A.小学　　B.初中　　C.高中　　D.大学　　E.研究生　　F.博士

3.你每周的零花钱大概是多少?

A.40 元以下　　B.40—60 元　　C.60—80 元　　D.80 元以上

4.你饮用牛奶的情况：

A.经常喝　　B.几乎没喝　　C.偶尔喝

5.你多长时间刷一次牙？

A.每天一次　　B.每周一次　　C.每月一次　　D.从不刷

6.你多长时间洗一次澡？

A.每天一次　　B.每周一次　　C.每月一次　　D.偶尔洗一次　　E.从不洗

7.你多长时间换一次衣服？

A.每天一次　　B.每周一次　　C.每月一次　　D.脏了就换

8.放学后，你是否有足够的时间写作业？

A.完全没时间，要帮爸妈做生意

B.在帮爸妈做生意的同时，抽时间写作业

C.有足够的时间写作业

9.在家学习时是否有台灯？

A.有　　B.没有

10.你希望你将来取得什么学历？

A.小学　　B.初中　　C.高中　　D.大学　　E.研究生　　F.博士

11.你现在最大的需求是：

A.能得到学校的关怀　　B.有很多朋友，可以分享快乐

C.希望吃得、穿得更好一点　　D.希望照顾自己的能力越来越强

E.其他________

12.如果考试没考好，大多数情况下，你认为最主要的原因是：

A.没人给我辅导功课　　B.老师教得不好　　C.自己不努力

13.在家有没有人给你辅导功课？

A.有　　B.没有

14.在家谁给你辅导功课？

A.爸爸妈妈　　B.爷爷奶奶　　C.家庭教师　　D.无人辅导　　E.其他

15.家长有没有给你报一些兴趣辅导班？

A.3 个以上　　B.1—2 个　　C.没有报过

16.你最信任谁？

A.父母　　B.老师　　C.同学或朋友　　D.其他

17.你有多少本课外书？

A.一本也没有　　B.10 本以下　　C.10—50 本

D.50—100 本　　E.100 本以上

18.你现在参加兴趣班的情况是：

A.三个及以上　　B.两个　　C.一个　　D.没有参加

19.你参加所在社区里组织的活动的情况是：

A.经常参加　　B.偶尔　　C.从来不参加

20.从上小学起，你进入学校图书馆的次数是________，你参观博物馆的次数是________，参观刘少奇纪念馆的次数是________，你游览开封地域内各种寺、塔（主要是指相国寺、禹王台、兴国寺塔、大云寺塔、东大寺、古观音寺、延庆观、宝珠寺）的次数是________。

21.在学校学习方面，你想对老师说什么？

22.在生活方面，你想对爸爸妈妈说什么？

附录六：城市儿童家长调查问卷

城市儿童家长调查问卷

尊敬的家长：

您好！这是一份关于开封市城市儿童家长的调查问卷，调查的目的是了解开封市城市儿童教育、生活、健康等各方面的情况，以期城市儿童能在开封市得到更好的生活和教育。问卷不需记名，答案也无对错，仅做研究使用，对您的回答我们也绝对保密！

1.您的性别：

A.男　　B.女

2.您的年龄：

A.60 岁以上　　B.40—59 岁　　C.30—39 岁　　D.30 岁以下

3.孩子的监护类别：

A.由母亲监护　　B.由父亲监护　　C.夫妻共同监护

4.孩子父亲的文化程度：

A.没上过学　　B.低于小学水平　　C.小学　　D.初中

E.高中、中专、师范　　F.大专以上　　G.不知道

5.孩子母亲的文化程度:

A.没上过学　B.低于小学水平　C.小学　D.初中

E.高中、中专、师范　F.大专以上　G.不知道

6.您平均每天工作多长时间?

A.8—10 小时　B.10—12 小时　C.12 小时以上　D.没有工作

7.您觉得每天工作下来,压力大吗?

A.没什么压力　B.稍微有点　C.比较有　D.很大

8.每月您家庭总收入大概是多少?

A.2000 元以下　B.2000—3000 元　C.3000—4000 元　D.4000 元以上

9.在过去一年中,你们家在子女教育上的支出占家庭消费总支出的比例大约是多少?

A.15%以上　B.10%—15%　C.5%—10%　D.5%以下

10.您的孩子转学情况是:

A.3 次以上　B.2 次　C.1 次　D.从未转过

11.您的孩子是否在正常年龄范围内入学?

A.超龄　B.正常年龄

12.孩子犯错误时您的教育方式是:

A.批评教育　B.打骂　C.不闻不问

13.您的家庭教育内容主要是什么?(可以多选)

A.身体健康　B.心理健康　C.知识教育

D.道德教育　E.各方面教育

14.您对孩子上学的看法?

A.必须要上,不上学就没前途　B.如果孩子成绩不好就没有必要上了

C.如果家庭经济状况不好不上也可以

15.您对孩子所获得的教育学历期望是:

A.上完小学　B.初中　C.高中　D.大学

E.大学以上,读得越高越好　F.视孩子的学习成绩而定

G.视家庭经济条件而定

16.您对孩子的学习成绩如何看待?

A.考分越高越好,最好都是优秀　B.班里排名前几就好,不用太高

C.孩子只要努力就好,不会给他很多压力　D.考不好就批评、责骂

17.您与学校、教师沟通情况是:

A.经常主动和学校、教师联系

B.有事与学校、教师联系，没事也没有必要联系

C.学校、教师有事找我再联系也不晚

D.从不与学校、教师联系

18.您给孩子辅导功课的情况是：

A.有能力辅导，也基本给孩子辅导功课　　B.有能力辅导，但没有时间

C.没有能力辅导，也没时间　　D.请家教给孩子辅导

19.您给孩子报兴趣班的情况是：

A.是的，已经给孩子报了兴趣班　　B.不会，没有过多资金给孩子报兴趣班

C.有打算，会征求孩子的意见再决定

20.您与孩子的沟通情况是：

A.经常，除了学业，谈话的其他内容涉及面也广泛

B.偶尔，主要是学业

C.很少跟孩子沟通，他也很少告诉我关于自己的心事

D.基本不沟通，原因是____________________

21.您赞成孩子去上网吗？

A.赞成　　B.不赞成　　C.不赞成，但没空管　　D.无所谓

22.您认为为孩子提供了充分的学习条件了吗？

A.已经很充分了　　B.一般　　C.不是很好　　D.从没想过

23.您会定期对自己给孩子的家庭教育进行反省吗？

A.经常　　B.有时　　C.很少　　D.从来没有过

24.周围是否有流动儿童被公安机关带走？

A.很多　　B.有一些　　C.很少　　D.没有

25.您希望政府在关爱儿童工作中出台哪方面的政策？

A.入学　　B.户口　　C.就业　　D.卫生保健　　E.生活保障

F.其他____________________

26.为了您的孩子的健康成长，您对学校、政府或其他行政部门有什么好的建议？

27.请在下面相应的方框里打上“✓”。

项目	同意	说不清楚	不同意
1.教育孩子也是要讲科学的			
2.家长在教育孩子过程中自己也要不断学习的			
3.树大自然直,孩子任其自然发展,无须特别管教			
4.只要孩子学习成绩好,其他方面都是次要的			
5.为了教育孩子,花多少钱都是值得的			
6.三百六十行,行行出状元			
7.赚钱比教育孩子更重要			
8.别人孩子有的,我的孩子也要有			
9.教育孩子不仅仅是为了家庭,也是为了国家			
10.教育孩子是学校的事			

附录七:班主任访谈提纲

班主任访谈提纲

访谈主题:流动儿童的教育现状及对策

访谈时间:________年______月______日

访谈地点:______________________________

访谈人员:姓名______ 性别______ 年龄______

访谈对象:姓名______ 性别______ 年龄______

访谈类型:封闭式的个人访谈

记录员:______________________________

访谈目的:这是一个关于开封市流动儿童的调查访谈,访谈旨在了解开封市流动儿童的教育方面的情况,以期我们做出研究、采取措施,使得流动儿童能在开封市得到更好的生活和教育。您的回答将为我们的研究提供宝贵的依据,请花费一点宝贵时间,认真回答我们的问题,答案也无对错,仅做研究使用,对您的回答我们也绝对保密!因而,您不需有任何顾虑,请放心作答!谢谢您的合作!

1.你们班流动儿童所占的比重大不大?流动儿童中途转入会给你们的教学和管理带来哪些不便?

2.有没有专门的针对中途转入流动儿童学习的辅导？

3.你们班内超龄就读的现象严重吗？您认为这会给流动儿童自身带来哪些影响？

4.据您观察，流动儿童能否很快地融入到正常的学习生活中？

5.由于生长环境和背景的不同，流动儿童在与同学的交往过程中会不会存在自卑或受歧视的问题？如果有，您是怎么处理的？

6.流动儿童参与课外活动的积极性强不强？

7.流动儿童具有哪些特性？与普通同学相比有哪些优缺点？

8.与普通同学相比，流动儿童接受处分的比率是高还是低？您认为出现更高或更低这种情况的原因是什么？

9.为了提高流动儿童受教育质量，您采取了哪些有效的措施？

10.您在与流动儿童家长的沟通中存在哪些问题？为了使流动儿童更好地接受教育，您希望家长做哪些方面的工作？

11.为了提高流动儿童受教育质量，您对学校有什么要求和建议？

附录八：关于流动儿童家长的访谈提纲

关于流动儿童家长的访谈提纲

访谈主题：流动儿童的教育、健康、生活现状及对策

访谈时间：________年______月______日

访谈地点：______________________________

访谈人员：姓名______ 性别______ 年龄______

访谈对象：姓名______ 性别______ 年龄______ 职业______

子女在______年级______班

访谈类型：封闭式的个人访谈

记录员：______________________________

访谈目的：这是一个关于开封市流动儿童家长的调查访谈，访谈旨在了解开封市流动儿童的教育、生活、健康等各方面的情况和关于流动儿童家长的一些基本情况，以期我们做出研究、采取措施，使得流动儿童能在开封市得到更好的生活和教育。您的回答将为我们的研究提供宝贵的依据，请花费一点宝贵时间，认真回答我们的问题，答案也无对错，仅做研究使用，对您的回答我们也绝对保密！因而，

您不需有任何顾虑,请放心作答!谢谢您的合作!

访谈问题:(1)了解家长的教育观念。

(2)了解家长对孩子的个人教育能力(是否有能力辅导或者给孩子指导学业)。

(3)了解家长关于孩子教育费用的预算。

(4)了解家长对培养孩子的看法以及对学校教育和社会教育的期望。

(5)了解家长给孩子选择当前学校的原因。

(6)了解家长对孩子目前就读学校的总体看法(包括满意的地方和不满意的地方)。

(7)了解家长对孩子所读学校不足之处的看法,对此家长有什么要求,以及是否向学校提过这些要求。

(8)了解孩子在接受了学校教育后的转变(包括学习能力、自理能力、个性品质等方面),以及了解家长对孩子这些转变的看法。

(9)通过家长了解学校是否开设了特长班和特色课程等现象,相关的课程和内容是怎样的。

(10)了解家长希望学校或老师如何管理自己的孩子(严格还是宽松),现在学校的情况是怎样的(教学质量等)。

(11)了解家长期望政府或学校对于在关爱流动儿童工作中出台哪方面的政策。

访谈记录:____

附录九:流动儿童访谈提纲

流动儿童访谈提纲

访谈目的:了解流动儿童教育现状及存在问题

访谈形式:面对面访谈

访谈对象:3—14 周岁随父母或其他监护人在流入城市暂时居住半年以上,有学习能力,且户籍不在城市的儿童(即幼儿园至初中阶段的学生)。

基本情况调查

姓名(　　　　)性别(　　　　)

年龄(　　　　)学校(　　　　)

年级(　　　　)家庭结构(　　　　)

家庭居住情况(　　　　)

问题部分

1.你来开封市多久了？你是否适应开封市的生活或你喜不喜欢开封市的生活？有哪些方面的不适应？是否会说普通话？

2.父母决定来城市时,你是什么态度？高兴还是不高兴？为什么？刚到城市时,你对父母、学习和生活有什么态度和要求？在城市生活一段时间后,你觉得你有哪些改变？

3.到城市后,父母对你的要求与关注有没有改变？有哪些方面的改变？到城市之后,你的家庭生活有没有改变？有哪些方面的改变？(生活环境、生活条件、家庭活动、家庭关系等方面)

4.你的父母关心不关心你的学习？辅导不辅导你的学习？为什么？你的家长关注不关注你的身体健康或营养状况？你的家长最关心你的什么？学习,身体,心理,道德,劳动,美育？只关心其中一方面还是？你认为你家长对其他方面的态度是什么？你在家有没有良好的学习环境和足够的学习时间？你父母的工作是否影响你的学习？为什么？在学习上,父母能否给予你需要的辅导？物质上,能否给你提供足够的学习条件？父母是否经常和你沟通、交流？你有心里话是否愿意给父母说？为什么？你认为你和父母的关系怎样？

5.城市的小朋友喜欢不喜欢和你一起玩？为什么？转校以后,你能不能适应新的学习环境？为什么？目前学校和以前学校有哪些方面的不同？学校环境、设施(多媒体、健身器材等)、老师(教师素质、态度、教学方式、语言等)、课程(课程设置、教材内容等)、活动(学校、班级所组织的活动)、同学(同学关系、同学兴趣爱好、同伴活动、语言等)等方面有哪些不同？你在现在的学校有哪些收获？最大的收获是什么？和以前相比,你的学习成绩提高还是下降了？你的成绩在班级中属上等、中等、下等？你希望家长、学校、教师、同学、政府给予你哪些方面的关怀和帮助？

访谈记录：____

第四节
开封市留守儿童义务教育存在问题及影响因素分析

改革开放以后,随着我国经济的快速发展,城市化进程明显加快,自 20 世纪 90 年代初沿海城市兴起之后,大量农村务工人员涌入城市,希望在大城市获得一份高收入的工作,这促使城市经济得到了飞速发展,但随之而来的问题是这些农民工的子女将如何接受教育,这一突出的社会问题也引起了政府、媒体、学校等各方的广泛关注。开封市政府高度重视农村务工人员子女接受义务教育的困难与问题,坚持“以流入地政府为主和以公办学校为主”的原则,保证农民工子女能够平等地享有接受义务教育的权利,并妥善安排农民工子女接受义务教育的各项工作,基本做到了农民工子女与城镇职工子女统一管理、统一编班、统一教学、统一安排学校活动等,平等对待,一视同仁,实现了“应入尽入”。

但是,能够将孩子带到自己务工城市上学的农民工毕竟还只是少数,绝大部分农民工迫于经济压力、时间限制和城乡二元体制的不同等很多原因,没有办法把孩子带到城市,自己亲自照顾孩子的生活和学习,他们把孩子留在农村,让其父母或者亲戚照料孩子,这样导致了父母和孩子分开的状况,留在农村的儿童就被称为“留守儿童”。我们可以肯定,每个城市在城市化进程不断加快和经济不断发展的同时,都会出现大量农村留守儿童这一特殊的现象,开封市也不例外,开封在推进城市化建设的过程中,农村人口大规模地进行流动,随着农村人口流动的不断加快,留守儿童所依赖的父母和家庭也发生了巨大的变动。尤其是对于处在义务教育阶段的留守儿童来说,他们普遍年龄偏小,正处于生理和心理发育的关键时期,需要父母或亲人的关怀和照顾,但由于他们的父母要外出务工,只能把他们留在家里,导致他们无法得到父母应有的关心与照料,产生了亲情缺失、学业失教、心理失衡、安全失保等多方面问题。

为深入了解开封市农村留守儿童义务教育的现状,更好地促进农村留守儿童的健康成长,保障农村留守儿童接受教育的权益,推动“普九”的巩固与提高,我们对开封市农村流动儿童在义务教育阶段出现的问题进行了专门研究。为了保证本次调研的针对性和有效性,我们将农村留守儿童的含义界定为:义务教育阶段学龄少年儿童中父亲或母亲任意一方外出打工,且时间在半年以上者。

此次调查在了解留守儿童义务教育阶段的现状时选取了生活、心理、学业、道德行为、安全五个方面,主要包括:家庭生活情况、情绪、自我概念、学业行为及成绩、性格、情感、社会道德行为以及儿童的社会支持系统。我们有针对性地选择了部分农村小学和初中,调查对象为开封市农村义务教育阶段一至九年级所有在校留守儿童。本调查共发放问卷6000份,回收有效问卷5580份,有效率为93.0%。为了更全面地了解农村留守儿童在义务教育阶段的学习、生活以及心理发展状况,我们还对相关的教育行政部门负责人、中小学校长、班主任、监护人以及典型留守儿童进行了个案访谈,访谈人数为120人,其中留守学生38人(初中22人,小学16人)、教育行政部门负责人9人、校长60人、班主任8人、监护人5人。

根据调研结果,我们发现农村留守儿童的分布呈现如下特点:从性别来看,男生3046人,占54.59%,女生2534人,占45.41%(见下图1);从年级分布来看,一至六年级(小学阶段)的留守儿童有3230人,占62.8%,七至九年级(初中阶段)的留守儿童有2350人,占37.2%(见下图2);从年龄分布来看,这些留守儿童的平均年龄为12岁,其中女生的平均年龄为12.5岁,男生的平均年龄为11.3岁。

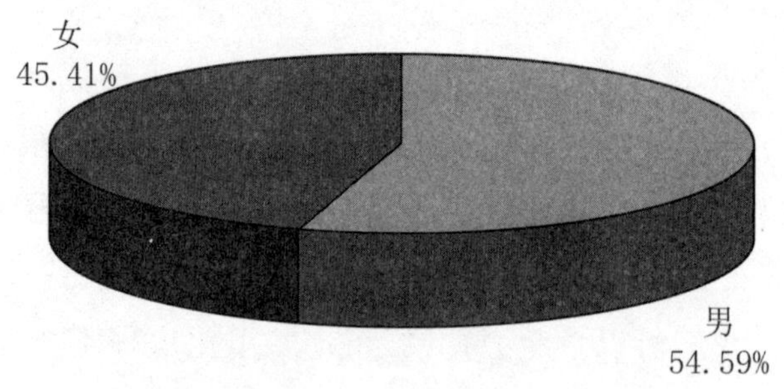

图1　农村留守儿童性别分布情况

造成农村留守儿童留守的原因有很多。从个体层面看,农村务工父母在城市中的职业特征和就业情况,导致了他们较低的经济收入、较长的工作时间和不稳定的工作居住状态,这三方面共同决定了其子女的留守状况。首先,通过个案研究,被访谈的约80%的农村务工人员的家庭月平均收入为1500—2500元,被访谈的农村务工人员家庭月收入在3000元以上的家庭占极少数,他们主要是一些家庭装修维修的包工头或个体经营者,较低的经济收入是他们把子女留在农村的根本原因。其次,调查表明,这些农村务工人员的工作时间要远远超过城市居民的工

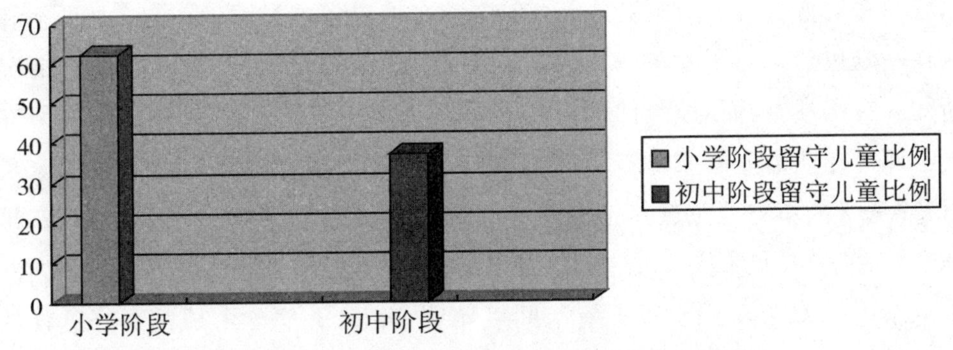

图 2 农村留守儿童小学阶段与初中阶段分布情况

作时间，大多数人每天平均工作时间都在 12 小时以上，他们没有多余的时间和精力照顾和教育其子女，较长的工作时间是他们把子女留在农村的重要原因。再次，通过访谈得知，绝大部分农村务工人员没有他们自己独立的居住地点，他们的工作很不稳定，流动性较大，所从事的职业主要是装修维修、家政服务和餐饮服务等。有的人在干半年或几个月就要另换工作，更有甚者在一个月内就要换数个工作，或者是几个月都没有找到任何工作。工作和居住的不稳定性是他们把子女留在农村的主要原因。从以上三方面的分析可以看出，农村留守儿童父母的职业特征和就业情况迫使他们不得不把子女留在农村。

从制度层面看，自 20 世纪 90 年代末以来，我国政府制定了保障留守儿童接受义务教育的相关政策，但是在政策执行过程中遭遇了很多阻力，这些障碍造成了相当一部分留守儿童继续留守，由此也引发了一系列的社会问题。

一、开封市留守儿童义务教育阶段存在的问题

（一）学业问题

根据数据分析情况来看，农村留守儿童的学业状况不容乐观。在学习成绩方面，将近一半的留守儿童学习成绩在全班为中等，占 43.23%，优秀的占 17.42%，良好的占 28.81%，较差的占 10.54%（见下图 3）。究其原因，主要有以下三方面：首先，外出打工父母对其子女的学习期望值不高，他们根本不关心孩子的学习成绩。在访谈中发现，很多农民工理所当然地认为，农村孩子学习差不多就行，没必要学习很好，况且农村孩子学业有成的也不多，他们普遍认为孩子只需要完成国家规定的九年义务教育即可，没必要再上高中和大学，这纯粹是浪费时间，在读完初中后直接外出打工就行了。其次，外出打工父母受教育时间短，教育水平不高，不懂

得家庭教育的方法，没办法给予孩子在学校之外更多的教育，在平时由于不和孩子待在一起也疏于对子女的管理，缺少与孩子的沟通交流，对孩子的学习情况一无所知。在问卷中，面对题目“课外作业是否需要由家长签字”，76.45%的留守儿童表示课外作业需要由家长签字（见下图4），在被问到给课外作业签字的家长是谁时，52.98%的留守儿童选择了课外作业是由祖父母签字的，47.02%的儿童是由其他亲属签字的（见下图5），这可以看出平时农村留守儿童的父母因为不常在家，所以也不可能关注孩子的学习情况，间接导致了留守儿童学习成绩不好这样的状况。最后，农村留守儿童每天的学习时间无法保证，使得他们不能把精力完全用在学习上，学习成绩自然也不容乐观。从数据统计情况来看，43.43%的留守儿童每天放学后需要下田干农活，18.86%的留守儿童需要养鸡，10.17%需要放羊和喂猪，只有27.54%的留守儿童不用干活（见下图6），在问题“每天的课外读书学习时间是多少”时，41.67%的留守儿童认为其每天课外学习时间为1小时，29.53%的儿童认为课外读书时间为2小时，每天读书时间为3小时及以上的仅占18.80%（见下图7），这两道题目说明大多数农村留守儿童的课外学习时间很少，他们不能把全部的课余时间都用在读书学习上。综上所述，这三方面的原因导致农村留守儿童学习成绩普遍不好。

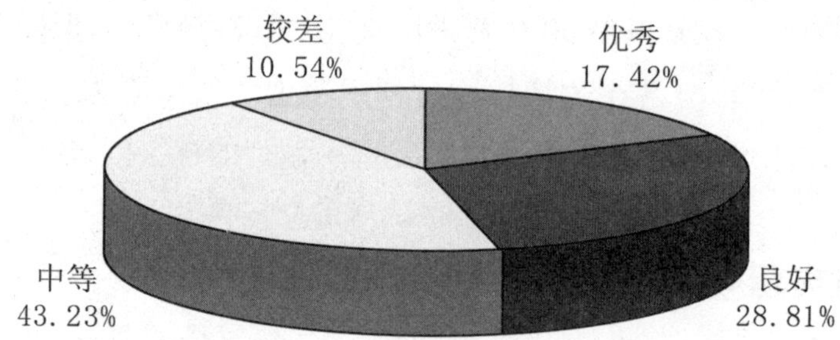

图3　学习成绩在班级中所处的水平

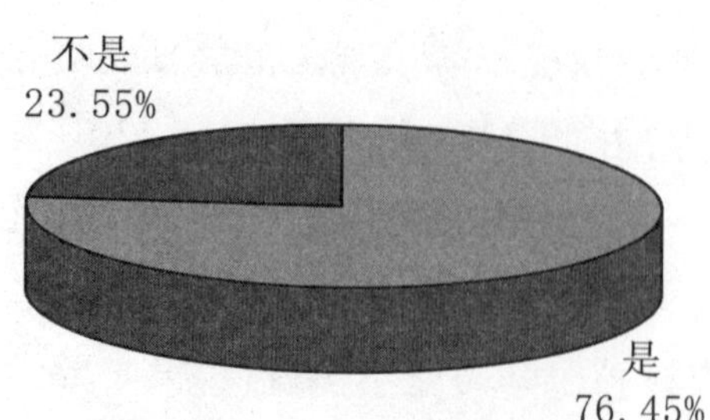

图4　课外作业是否要由家长签字

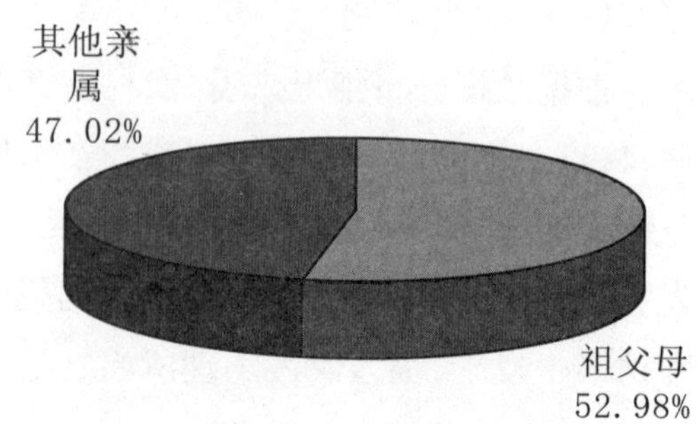

图5　给课外作业签字的家长

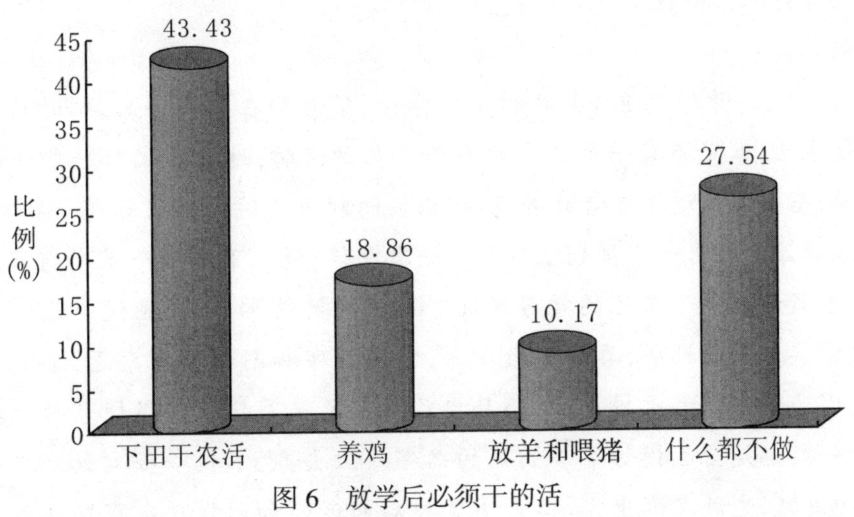

图6 放学后必须干的活

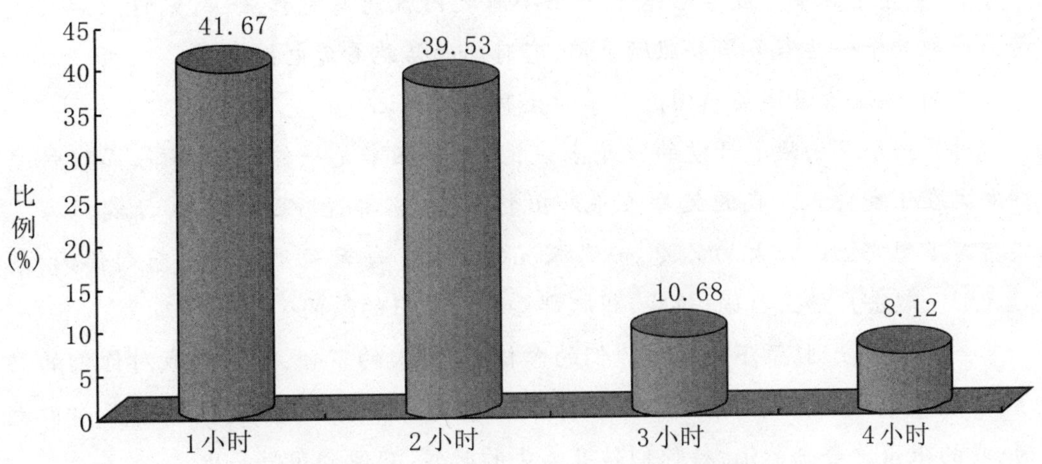

图7 每天的课外读书学习时间

案例一：

涛涛一家，在开封市尉氏县某村，家里共有五口人，包括四个孩子和他们的爷爷，爷爷今年65岁，孩子中男孩女孩各两个，其中最小的孩子是6岁，最大的是12岁。据孩子的爷爷介绍，孩子们的父母去江苏昆山打工，是和他们村很多人一起去的。对于孩子们的学习情况，爷爷说，“我是老一辈的人，没读过几天书，字也不认识几个，没办法教他们。况且我年纪也大了，身体也不是很好，只能管他们几个孩子吃饭穿衣，其他的事情我也帮不上忙”。涛涛家的经济条件也不是太好，家里只有两间小平房，屋内物品比较简陋且摆放杂乱。涛涛说，平时父母一般没事也不会打电话，基本上一个月打一次，对于孩子们的学习情况也不太关心，只是叮嘱一下在学校不要捣乱，不要惹事。而家里的孩子也不常给父母打电话，只有没钱时才向父母打电话要钱。

案例二：

丽丽，11岁，开封市通许县某村小学学生，父母均在广州务工，平时与爷爷奶奶在一起生活，家里还有一个5岁的弟弟。在访谈时，她表示父母一般一年回家来看一次，基本上是过年或者放暑假时，在被问到多长时间和父母通一次电话时，她说一般四五天或者一个星期跟父母通一次电话，说一下这一个星期内家里发生的事情，也顺便说一下自己的学习情况。在询问她的学习时，她说自己学习成绩不好，经常挨老师的批评，喜欢上数学课，觉得数字和图形很有意思，不太喜欢上语文课，因为语文老师比较严厉，而且自己汉字总是写错。在遇到老师让签字的情况时，一般都是自己模仿爷爷奶奶的名字签上去，也不找爷爷奶奶。在遇到不会做的题目时，先放在那里，第二天去学校后问老师和同学。在家里也不怎么看课外书，都是看课本。放学后基本一个小时之内就能写完作业，写完作业后就是帮爷爷奶奶干一些家务活和照顾弟弟，有时间的话就看看电视。

案例三：兰考县城关镇回民中学学生亮亮的日记

对于一个从小缺乏母爱的孩子来说，父母不在家是一件痛苦的事，而这件事却发生在了我身上。我的父母长年外出打工，大家都说"父爱如山，母爱似海"。我何曾不想要如山壮大的父爱，似海深沉的母爱。每天夜里我都会想起你们，想起我们一起去广场上打闹、嬉戏，想起那些曾经美好的瞬间……

一次次的分别，带不走我对你们的牵挂；一次次的不舍，带不走我对你们的思念；一次次的哭泣，带不走我对你们那永恒的爱。你们知道吗？每次，当你们走时，我的眼角总会含着泪，待你们转身离去的时候，它便会夺眶而出。

有一次，爸爸打工走后，在桌子我看到了一张纸条："乖女儿，你要好好学习，不用担心我们，记住，世上只有妈妈好。"爸爸呀！这世间好的不仅仅是母亲，父亲也同样伟大。爸爸妈妈，我爱你们，爸爸就是我的天，妈妈就是我的地，天地之间何曾没有一个这样的我。父亲你对我的爱比天高、比海深，就像一根劲竹经得起千击万磨。妈妈啊，一句话凝聚你对我的爱，也凝聚了我对你深深的思念。

我会努力让自己成为一名好学生的，总有一天你们会以我为荣。可是什么时候我们这个家会如天上的明月一般圆呢？

在梦里，我们一家人迎着美丽的晚霞，手牵手向我们的幸福走去……

（二）心理问题

本次调研对农村留守儿童的心理状况从性格和情感两个方面进行考察。根据调查情况,可以看出留守儿童的性格内向,容易产生自卑心理,内心孤单寂寞,渴望得到别人的关怀,逆反心理强,对父母不理解。从总体上说,农村留守儿童的心理状况不太积极,容易出现心理健康问题。

心理健康问题是农村留守儿童最容易出现的问题,因为他们的父母平时在外打工,不关心孩子的内心情感世界,而这个年龄阶段的儿童一般最需要父母的关心与呵护,他们有向父母倾诉心事和寻找安慰的心理,但迫于现状,他们只能把心事压在心里,久而久之便产生了一系列的心理问题。这些心理问题大多是长期的和隐性的,会持续很长时间,影响深远,不容易被人发觉,也是不容易治愈的。主要表现在以下五个方面:

1.性格偏内向,感情冷淡,一般不愿向人倾诉心里话。农村留守儿童普遍年龄偏小,父母在孩子很小的时候就离开家外出打工,把孩子交给老人或者其他亲戚照料,尽管孩子在衣食住行上也能够得到很好的照顾,但他们毕竟与自己的父母所给予的爱是不同的,任何人都无法取代父母,在孩子遇到一些问题或烦恼时会很想向大人倾诉,但很多大人忙于自己的事务,很少顾及到孩子的感受,一段时间后孩子会感到很无助很孤独,觉得周围没有人能理解自己,久而久之会变得不愿与其他人交流自己的感情,性格内向,情感冷淡。通过调查问卷,在问题"心里话最想倾诉的对象是谁"中,45.49%的留守儿童表示是自己的父母,22.06%的孩子认为是关系要好的同学,20.74%的孩子认为是祖父母,11.71%的孩子认为是老师,可见将近一半的孩子认为父母是心里话最想倾诉的对象。

2.心理自卑,自信心不足。我们知道孩子们都有攀比心理,总想和其他孩子比些什么。但农村留守儿童由于父母平时不在身边,没有了父母的保护,就认为自己没有了坚强的后盾和有力的靠山,甚至在学校里会有一些学生歧视他们。调查结果显示,13.51%的留守儿童有过因为父母外出而受到歧视的情况,42.48%的留守儿童偶尔受到歧视,有44.01%的孩子从未受到过歧视,表明一半以上的留守儿童曾经因父母外出而被别人歧视(见下图8)。与父母都在身边的儿童相比,留守儿童因为父母不在身边,缺少了父母的鼓励与支持,普遍缺乏自信心,缺少不断前进和相信自己的动力。

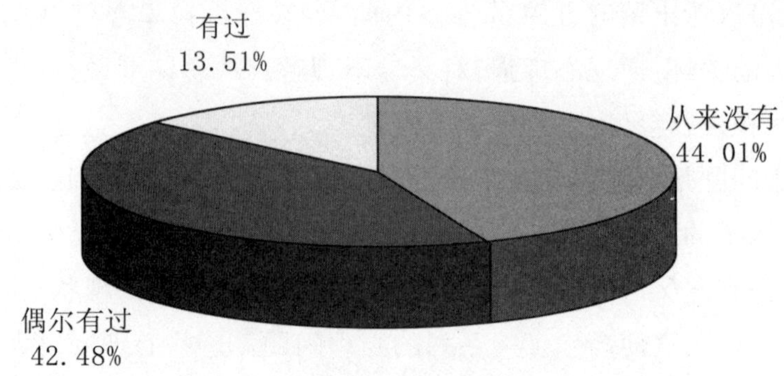

图8 是否有因父母外出而受到歧视的情况

3.孤单寂寞，内心压抑。留守儿童由于父母外出打工，只剩下自己和老人待在家中，而老人不能充分理解孩子的情感和内心世界，所以大多数孩子都感到孤单寂寞，不被人所理解，心里空虚，久而久之会出现心理抑郁的问题。在访谈开封县的一位中学校长时，他说一个初二女生在作文里写道："妈妈，你知不知道，自从你和爸爸外出打工后，我在家里有多么孤单，多么寂寞？我好想你和爸爸，你们快点回来看我。"由下图9可以看出，有78.26%的留守儿童想念外出打工的父母，8.91%的留守儿童不想念父母，12.83%的儿童认为无所谓。从农村留守儿童父母外出务工和回家频率进行分析，父母双方到县外但在本省打工的占到了29.15%，到省外务工的占70.85%，可以看出有超过七成的父母都是到外省去打工，离家较远。在问卷中，有将近三分之二的留守儿童知道父母外出打工的地点，但不知道其详细地址。在农村留守儿童中，父母双方或一方一年或一年以上没有回家的占30.13%，其中有一名孩子的父母连续三年都没有回家，他一直和爷爷奶奶生活在一起；父母一年回来一次的占35.68%，基本上都是在过年时回家，在家待的时间也不长，平均在20天左右；父母半年回来一次的占34.19%，一般在过年和农忙时期回家，在家时间也不是很长。从以上的数据分析情况看，外出务工的父母和农村留守儿童间亲子关系较为淡薄，他们之间在情感上的沟通和交流时间很少。由于农村留守儿童不能像父母就在身边的儿童一样得到父母充分的关心和疼爱，他们内心又希望得到关注和照顾，于是很多孩子就会采用故意捣乱或违反课堂教学纪律的方式来引起老师和同学的注意，更有甚者还通过打架斗殴的方式来得到更多人的关注，违反法律法规和学校的规定。

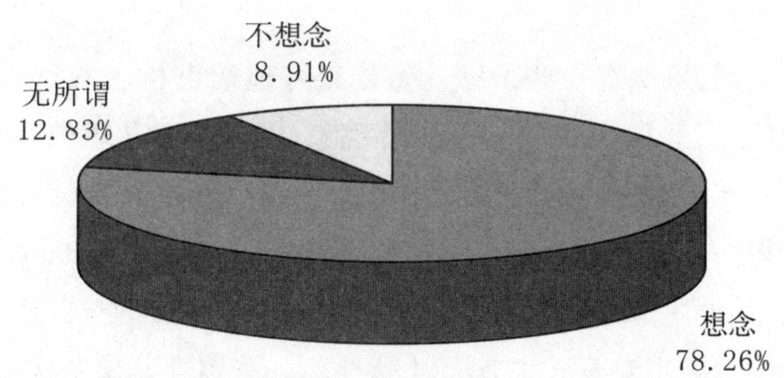

图 9 是否想念外出打工的父母

4.逆反心理强,对别人不太友好。在访谈中,我们了解到很多农村留守儿童总有一种别人都看不起他,都在与他为敌的心理。对于老师或家长的管教和批评采取一种无所谓的态度,产生很强的逆反心理。在与他人交往时也会不太友好,甚至是充满敌意。

5.不理解父母,与父母有隔阂。通过访谈看出一些留守儿童认为是因为父母没有本事,家里贫穷,才会外出打工挣钱以贴补家用,总是认为自己的父母不如别人的父母有能力,对父母外出打工很不理解,抱怨父母的无知和无能。还有的儿童在父母回家后也恶语相向,疏远父母,与父母产生了隔阂。

根据调查的情况,大约80%的农村留守儿童都存在一定的心理问题。很多农村学校的校长和老师都反映说农村留守儿童在心理上确实存在一定问题,他们的父母不在孩子身边,无法及时关注孩子的心理健康问题。从这些留守儿童的身上,我们很难看到他们自信阳光的笑脸和乐观积极的生活态度,他们没有那种同龄儿童应该有的朝气蓬勃和活泼开朗,他们有的是自卑压抑和被迫早熟。校长和老师们都希望这些留守儿童的家长能够多关心孩子的心理健康教育,多和孩子沟通交流,走进孩子的内心世界,让他们敞开心扉,放下包袱,健康成长。造成留守儿童心理健康问题的原因是多方面的,从大体上来看,是家庭亲情的缺失、家庭教育的缺失造成了农村留守儿童心理存在问题。

(三)道德行为问题

社会道德行为在少年儿童行为发展方面有很重要的作用,直接影响着他们的行为表现和为人处世。道德行为是与非道德行为相对的一种行为,是可作为善恶评价的行为。在一定的道德意识支配下有关他人或社会利益的行为,是道德行为。不涉及他人和社会的利益,没有道德意义的行为,或不是在道德意识支配下的行为是非道德行为①。

从调查中发现，虽然有一些留守儿童能很好地约束自己的行为，但大多数留守儿童会出现厌学、不友好、不尊重他人等现象，农村留守儿童的日常行为表现与其他儿童相比是有差距的。通过观察学生的日常操行评分，我们发现，留守儿童在操行评分中得“A”的比例低于其他儿童，而得“C”的比例又高于其他儿童。而且，留守儿童和其他儿童相比，更容易出现道德行为问题。通过进一步研究，我们发现较为突出的问题主要有三个方面：1.厌学。一些留守儿童对学习没有兴趣，上课不认真听讲，课后不主动完成作业，甚至有少数学生还会故意扰乱正常的教学秩序；2.容易发脾气。经过观察发现，一些留守儿童不能够合理控制自己的情绪，对很多小事很敏感，与同学相处得不是很融洽，会因为一些鸡毛蒜皮的小事与同学发生纠纷，出现打架斗殴的行为；3.不关心集体，对人冷淡。很多留守儿童在关心班集体和团结其他同学方面的行为表现不太好，他们普遍对同学比较冷淡，只关心自己，不关心他人，不乐于帮助有困难的同学，缺乏爱心和同情心。

（四）安全问题

最近几年，人们越来越关注农村留守儿童的安全问题。由于农村留守儿童父母长时间不在身边，不能及时告诉孩子一些必要的安全隐患，而且他们自己也缺乏自我防范和自我保护的意识，尤其是关于金钱方面的管理和安全问题。在访谈时，很多学校的校长和老师都提到家长要关注孩子的安全问题，在家庭教育上要告诉孩子一些注意事项，学校也会尽力做到保护好每个孩子，尽可能地不让孩子的生命健康受到威胁。

二、开封市留守儿童义务教育存在问题的影响因素分析

在分析影响开封市留守儿童义务教育存在问题的因素时，主要从家庭、学校和社会这三个方面来具体探讨。

（一）家庭方面

我们从对农村留守儿童进行关心和照顾的监护人的辈分来分类，把这些孩子生活的家庭环境分为隔代监护型、上代监护型和缺乏监护型三类：

---

① 《辞海》，上海辞书出版社，2009 年第七版，第 1419 页。

第一类是隔代监护型，是指父母均外出打工，由祖父母或外祖父母对留守儿童进行监护的家庭环境。通过调查统计，由隔代进行监护的孩子占到了75.39%，将近70%，可见绝大部分留守儿童是由爷爷奶奶或姥姥姥爷进行照顾的。这样的监护方式有三个很明显的特征：第一是老人一般年龄都比较大，在照顾儿童时往往不会那么全面，难免会有所遗漏，有心无力，经常是只给予物质和生活上的关心，而缺乏学习和心理上的管理和疏导；第二是祖辈们大多都受教育程度不高，文化水平低，没有或很少对留守儿童进行学习上的指导和帮助，他们也不会关心孩子的心理问题，如果这些祖辈们不只照顾一个孩子，而是同时照顾好几个孩子时，他们更是无力也无心，根本不可能做到很完善，不出一点差错；第三是祖辈们有时会过度疼爱孙子辈的孩子，出现溺爱孩子的行为，这样就养成了孩子任性跋扈的性格，对孩子的健康成长不利。

第二类是上代监护型，是指父母把留守儿童交给亲戚朋友进行看管，包括姑舅、叔婶或朋友等。这种方式的比例是7.86%，所占比例不超过10%。这种监护所具有的特征是：一方面，监护人会比较关心孩子的吃穿和安全问题，在物质上充分满足孩子的需求，不让其出现身体方面的疾病或生命安全问题，这是为了更好地向孩子的父母交代，但对于孩子的学习、心理和道德行为习惯的养成则甚少关注，他们通常怀有的心理是别人家的孩子饿不着冻不着就行了，管得太多自己好心受累还不落好，人家也不会领情，反而会造成麻烦；另一方面，一般亲戚朋友也会有自己的孩子，他们在对待自己的孩子和别人的孩子时，总会有一些区别，这些区别会让很多留守儿童感觉自己不是这个家的人，而是外来人，因此会与亲戚朋友或他们家的孩子发生摩擦。

第三类是缺乏监护型，是指没有监护人对留守儿童进行监管，而是由他们自己充当监护人，对自己和弟弟妹妹进行照顾，这种情况适用于年龄较大一些的孩子。这种方式所占的比例是16.75%，一般都是已经上初中的孩子。这一类型的监护方式特点是：留守儿童不能很好地管理自己，毕竟他们还是孩子，依旧处于身体和心理正在发育且不太成熟的阶段，不能够适当合理地管理自己和更小的孩子，而外出打工的父母在金钱上不会亏待孩子，这样通常会产生很多问题，诸如和别人攀比、沉迷于网吧等等。

无论是隔代监护型、上代监护型还是缺乏监护型，所反映出的根本问题是父母在留守儿童成长中没有发挥应有的作用，导致了家庭教育的缺失，我们认为这也是留守儿童义务教育阶段存在诸多问题的根本原因。父母在儿童成长过程中所扮演的角色是无人能够取代的，中国有句古话说：“父母是孩子的领路人，是孩子的第一任老师。"这句话说得没错，孩子的道德行为、生活态度等，都是潜移默化地受父母所影响的，从这个意义上来说，家庭教育比学校教育还要重要。但是迫于现实情况，留守儿童和其父母不得不分离，造成家庭教育尤其是父母教育的不足。而父母一般在春节期间回家看望孩子，此时正是放假期间，也是全家大团圆、共享亲情的最佳时刻，在这时父母基本顾不上关心孩子的学习和心理问题，纠正孩子的不良行为，只想着给孩子一些物质上的补偿，弥补这一年多来对孩子关心的不足，由此也导致了家庭教育的缺乏。

（二）学校方面

学校教育是除家庭教育以外促进儿童知识技能等各项能力发展的最重要的场所。但是通过了解农村中小学的现状，我们发现这些农村学校在对留守儿童进行学校教育时，很难和家庭教育相一致，由于这些留守儿童平时父母不在身边，学校也不可能及时联系到这些孩子的家长，不能把孩子的近况很快地反馈给家长，因而也就不能和家长一起共同对留守儿童进行教育，再加上这些孩子大多是跟随祖父母或其他亲戚一起生活的，这些亲人由于自身的受教育程度低，往往不重视孩子的学习和心理健康，使得学校教育难以与家庭教育步伐一致。还有，一些农村学校在办学条件、师资队伍、新的教学理念和教学方法等方面也有所缺乏，导致这些学校不可能像城市里的学校那样先进和完善。由下图10可以看出，在校内是否可以住宿的问题上，43.61%的留守儿童选择了可以在校住宿，56.39%的留守儿童选择了不能在校住宿，这说明一半以上的农村学校在办学条件上存在不足，不能对留守儿童进行统一的管理。另外，学生家到学校的距离较远也是影响学生身心健康发展的重要因素，由下图11可以看出，在农村留守儿童中，从家步行到学校的时间10分钟以内的占8.74%，10—20分钟的占35.61%，20—30分钟的占23.24%，30—60分钟的占17.06%，60分钟以上的占15.35%。

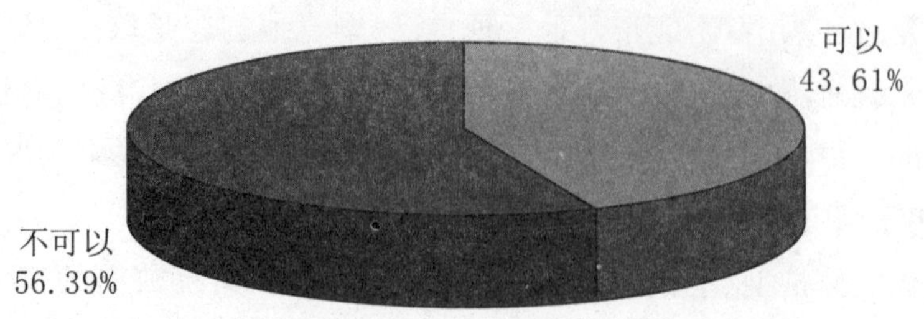

图10 校内是否可以住宿

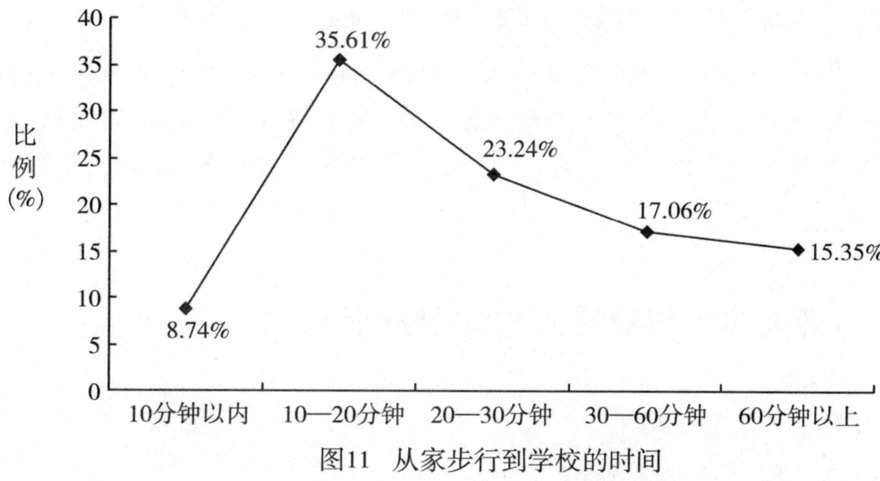

图11 从家步行到学校的时间

（三）社会方面

社会是一个大熔炉，有积极的促进儿童健康发展的环境，当然也包含消极的不利于儿童健康成长的内容。在进行研究的过程中，很多农村中小学的校长和老师都提到了农村留守儿童去网吧上网玩游戏的问题，老师们普遍认为这些孩子平时缺少父母亲人的管束，学校老师也不可能时时刻刻都盯着他们，再加上他们自制力不强，容易受外界环境的诱惑，去第一次时感觉到好玩后就会接二连三地去玩，久而久之就会迷恋于上网，因为这样可以转移他们的注意力，使很多孩子在游戏中忘却烦恼，体会到存在感和快乐。开封县的一位小学校长特别提到了一名六年级的留守儿童，这个孩子原来学习成绩在班里算是中等水平，但后来和同村的一个孩子一起去网吧上网后，便一发不可收拾，时常去网吧玩游戏，学习成绩开始下滑，在全班是倒数，还经常以生病不舒服为理由向班主任请假上网，最严重的一次是在网吧待了将近一个星期，直到老师和他的亲人着急寻找时，才在网吧里找到他，当时他还不愿意离开，是老师和他爷爷强制把他拉走的。经过访谈和问卷调查，我们看到基本上所有农村学校都存在留守儿童沉迷于网络的问题，而且呈现出年龄越大年级越高，沉迷于网络的学生越多的现象，这让老师和家长很着急也很为难。尽管我国政府明文规定在学校周围200米以内不得开设营业性质的舞厅和网吧等娱乐场所，并且严厉禁止低龄儿童长时间上网，但是我们不能保证离学校有一段距离的地方开设这些娱乐场所，要想从根本上解决这个问题，还是需要家长和学校的全力配合，共同管理，从思想上让这些留守儿童认识到“电子鸦片”对人心灵和身体的毒害，进而走出游戏，远离网吧，迈进学校，过一种健康、积极、快乐的生活。

实际上，农村留守儿童沉迷于网络反映出的是在学校和家庭之外，缺少适合于儿童放松休闲的娱乐场所，孩子在放学写完作业以后，没有什么可以干的事情，也不愿意陪着祖父母或其他亲戚待在家中，就会去寻找一些新奇的去处，而网吧和游戏厅等无疑就是最好的选择，尤其是在周末和学校放寒暑假时，留守儿童去网吧的情况特别严重。

附录一：开封市农村留守儿童访谈提纲

1.农村留守儿童现状

1)农村留守儿童人口规模；

2)农村留守儿童的结构：性别结构、年龄结构；

3)农村留守儿童的家庭生活状况：

①家庭人口总数、年收入

②兄弟姐妹几人、本人排行老几、兄弟姐妹中谁随父母进城上学了

③双亲家庭父母双双出外务工、单亲家庭父亲(母亲)出外务工、跟祖辈(爷爷奶奶、外公外婆)一起生活、跟18岁以下的哥哥姐姐一起生活、跟伯伯叔叔等近亲一起生活、跟邻居一起生活、自己独自生活、还需要照顾年幼的弟弟妹妹

④父母一年回家几次、希望父母多长时间回家看望自己

⑤是否知道父母务工的地方、去过没有、去过几次

⑥放学后是否必须下田干农活、放羊、喂猪、养鸡等

4)农村留守儿童的受教育状况：

①以市与县为调研区域，以年级段为基础单位，统计每校、每县、每市义务教育阶段农村留守儿童的数量及占相应年级段学生总数的比例

②农村留守儿童能否在学校住宿、住宿生比例有多大

③学校开不开家长会、谁去参加家长会

④是不是有的课外作业要由家长签字、谁来签字

⑤每天有多少课外时间读书学习、有课外书读吗、从哪儿来的课外书

⑥农村留守儿童课外学习中遇到不会的问题时怎么办

⑦最信任谁、心里话向谁说以及想向谁说

⑧有没有因为父母外出而受到歧视

⑨自己遇到困难或受了委屈时怎么办

2.留守儿童义务教育方面存在的困难与问题

3.各地在留守儿童义务教育方面的政策措施、成效与经验

4.地方和学校在留守儿童义务教育方面有哪些思考与建议

开封市农村留守儿童义务教育问题问卷

甄别问卷

【在正式了解您的意见以前,我们想先问您几个简单的问题】

S1.请问您所就读的学校名称:________

S2.请问您的性别:1)男　　2)女

S3.请问您的出生年月(公历):________(例如:2000.01.)

S4.请问您从家步行到学校的时间(单位:分钟):________________

S5.请问您的家庭成员(直系,在一起生活,例如:祖父母或外祖父母、父母、兄弟姐妹)有多少人:________

S6.请问您兄弟姐妹有几人:________

S7.请问您在家排行第几:________

主问卷

根据情况可以多选,在选项数字上画圈

1.你的兄弟姐妹中跟随父母进城上学的是

1)你的哥哥　　2)你的姐姐

3)你的弟弟　　4)你的妹妹

2.你对爸爸或妈妈在外打工的态度是

1)不希望　　2)希望

3)虽不希望,但没办法,父母要挣钱养家

3.在家里和你一起生活的是

1)爷爷奶奶、外公外婆　　2)哥哥姐姐

3)叔叔伯伯　　4)自己独自生活

5)还需要照顾年幼的弟弟妹妹

4.你希望父母多长时间可以回家看望自己

1)一年　　2)半年

3)两个月　　4)一个月

5.你的父母一年回家的次数是

1)一次　　2)两次
3)三次　　4)四次　　5)很多次
6.爸爸、妈妈多长时间和你联系一次?
1)半年　　2)两个月
3)一个月　　4)半个月　　5)一个星期
7.你父母务工的地方在
1)本省　　2)外省
8.你是否知道父母务工的地方
1)知道　　2)不知道
9.你是否去过父母务工的地方
1)没有去过　　2)去过一次
3)去过两次　　4)去过多次
10.你放学后必须做的学习以外的活是
1)下田干农活　　2)放羊
3)喂猪　　4)养鸡
5)什么都不做
11.你能否在学校住宿
1)可以　　2)不可以
12.学校开不开家长会
1)开过　　2)没有开过
13.去参加家长会的是
1)你的爷爷奶奶　　2)你的其他亲属
14.你是不是有的课外作业要由家长签字
1)是　　2)不是
15.给你课外作业签字的是
1)你的爷爷奶奶　　2)你的其他亲属
16.你每天有多少课外时间读书学习
1)1 小时　　2)2 小时
3)3 小时　　4)4 小时
17.你是否有课外书读
1)有　　2)没有
18.从哪儿来的课外书

1）父母给买的　　2）自己用零花钱买的

3）爷爷奶奶给买的　　4）借或他人捐给的

19.最信任的人是

1）父母　　2）爷爷奶奶

3）老师　　4）关系要好的同学

20.心里话向谁说以及想向谁说

1） 父母　　2）爷爷奶奶

3）老师　　4）关系要好的同学

21.你有没有因为父母出外而受到歧视

1）有过　　2）从来没有

3）偶尔有过

22.自己遇到困难或受了委屈时怎么办

1）给父母打电话　　2）让爷爷奶奶解决

3）请老师帮忙解决　　4）请关系要好的同学帮忙解决

23.你的学习成绩在班级中处于什么样的水平

1）优秀　　2）良好

3）中等　　4）较差

24.你在学习中遇到了不会的问题时解决的方式是

1）问老师　　2）问同伴

3）问监护人　　4）自己想法解决

25.和外出父母的联系方式是

1）电话　　2）书信

3）不联系

26.和外出父母联系时说的内容是

1）学习　　2）身体

3）让我听话

27.是否愿意和老师说心里话

1）愿意　　2）说一点

3）不愿意

28.是否想外出打工的父母

1）想　　2）无所谓

3）不想

说明:义务教育阶段学龄少年儿童中父亲或母亲任意一方出外打工,且时间在半年以上者。

第五章

国外推进义务教育均衡发展的经验

在发展义务教育方面,世界部分国家已经走过了几百年的历史,在促进义务教育均衡发展方面积累了许多行之有效的经验,可以为我国构建和谐社会、促进义务教育均衡发展提供有益的借鉴。

第一节
依法实施义务教育均衡发展

在现代国家里，通过立法实施义务教育成为普遍原则和基本途径。据联合国教科文组织统计，全世界有170多个国家宣布实施义务教育制度。由于各国情况不同，义务教育措施也不尽相同，但义务教育立法的共同之处是：明确规定义务教育的对象、目的、内容和年限，规定政府在学校设立和管理方面的责任、家长对子女接受义务教育的责任，规定学校与宗教分离，规定经费来源和分配以及其他措施。

“促进教育机会均等”一直是美国教育改革所遵循的基本原则和价值取向，它甚至作为一个响亮的口号被镶在美国教育部大楼正面的大理石墙上。自20世纪60年代“科尔曼报告”提出以来，美国就已经注意到学校的均衡发展问题。在1960—1980年之间，对教育平等的关注甚至成了其教育政策的重点。1965年颁布的《初等与中等教育法》规定：联邦政府必须为低收入的社区学校提供资助和支持，使贫困学生也提高知识和技能水平。此后，美国国会曾七次对此法案提出修改意见，以促进美国中小学教育的改革和均衡发展。20世纪90年代出台的《2000年目标》，对“弱势群体”表现出了特别的关注。1993年，克林顿政府在《初等与中等教育法》的基础上，提出了《中小学改进法》，更是集中表现了政府对由于各种原因造成的弱校差生的特殊关注。这一新法案提出：要保证有二分之一的资助致力于全国最贫困的地区。进入21世纪后，小布什政府刚一上台，就公布了名为《不让一个儿童落后》的教育蓝图，将“消除差距、促进平等”列为重要的政策目标，保障教育平等被视为政府的政治责任。虽然《不让一个儿童落后》法案仍需改进,其实施需要足够的时间、大量的工作和资金,但该法案已经在很多方面获得成功。美国通过教育立法保障义务教育均衡发展的努力和成绩有目共睹。

日本也通过教育立法成功解决了义务教育均衡发展的诸多问题,如针对落后地区和弱势人群的教育问题,1956 年日本制定了《关于国家援助就学困难儿童和学生的就学奖励的法律》,规定由国家在预算范围内援助因经济缘故而就学困难的儿童和学生;1954 年制定了《偏僻地方教育振兴法》(1985 年修订),并制定了《偏僻地方教育振兴法施行令》和《偏僻地方教育振兴法施行规则》保障该法律的实施。与此相对应,日本还专门制定了《孤岛振兴法》和《大雪地带对策特别措施法》等,对国家落后地区财政支持做出了规定。

韩国是一个非常重视教育的国家。在均衡发展义务教育方面,韩国采取的是更为激进的"削峰填谷"的做法,即将所有教育资源整合起来重新平等分配。韩国十分重视教育法规建设,建有完备的教育法律体系。最高层次的是国家宪法,第二层次是教育基本法,再往下则是义务教育法、高等教育法和终身教育法等。以人为本,依法治教,是今日韩国教育所强调的重点。

《俄罗斯联邦教育法》在第五款"国家对俄罗斯公民在教育方面的权利保障"中规定:为了保证需要社会救济的公民的教育权利,国家全部或部分地担负其在受教育期间的费用。《俄罗斯教育部 2000 年工作计划要点》规定,根据农村实际条件实施支持农村地区小型学校发展计划。在农村,对家庭与学校距离大于 1 公里的学生,村政府有责任提供校车;对住处离学校 15 公里以上或因恶劣天气无法每天到校的学生,学校应提供住宿。

第二节
保障义务教育师资均衡

一、保障义务教育教师工资

为保障义务教育教师工资,促进义务教育均衡发展,各国通过立法的形式将义务教育教师纳入国家公务员或地方公务员系列,其工资由中央或较高层次的地方财政承担,这是许多国家解决教师工资问题的基本经验。当前,各国义务教育教师工资承担主体大体可以分为四种:由中央政府独立承担;由高层次地方政府独立承担;由各级政府联合承担;由基层地方政府独立承担。大部分国家选择了前三种比较集中的办法,从而将保障教师工资的责任集中在中央政府或高层次地方政府。

法国、泰国、韩国、埃及等国均将义务教育教师工资全额纳入中央财政预算,由中央财政独立承担。韩国的教师政策规定十分明确,国家公务员身份确认(只有军队、警察和教师为国家直属的,政府公务员都是分属国家和地方的)、任职资格的认证、流动机制的规定、良好的待遇与教学自主权的保证等,这都有利于教师队伍的稳定与提高。教师必须通过考试,获得由省(道)颁发的教师资格证书才能应聘。按照规定,教师工作两年后就可以流动。日本义务教育阶段的教师工资由中央财政和都道府县财政各负担一半。德国和印度义务教育教师工资全额由州或邦政府负担。美国义务教育教师工资虽然由地方学区支付,但由于地方学区经费的近半数来自州政府的财政补助拨款,因此,实际上教师工资是由州和地方学区共同负担的。瑞士义务教育教师工资由州负担 3/7,市镇负担 4/7。

二、教师定期流动制度

为促进义务教育均衡发展，一些国家建立了教师定期流动制度。20世纪70年代初，韩国的中小学校出现过一流、二流、三流学校，学校教育的应试倾向明显，学生间学业成绩竞争十分激烈。韩国为此推出了“教育平准化”政策，其中一项重要措施是：实行教师每工作四年流动一次，确保学校师资水平的均衡。

在日本，学校的教师和校长由政府操控进行轮换调整，保证各校师资力量和管理水平的相对均衡。日本公办义务教育的教师属于地方公务员，由地方教育委员会聘任并实行“定期流动制”。日本教育法规规定：一个教师在同一所学校连续工作不得超过5年。日本重视校长的工作经历，一般到50岁左右，才有可能出任校长。校长任期2年，连任者需在校际间轮换。教师流动按流动地域可分为两种情况：一是在同一市、町、村（相当于我国的市、县、区）公立学校之间的流动；二是在一个县（相当于我国的省）范围内的同类公立学校之间的流动。“定期流动制”的实施，对于保持学校之间的师资水平均衡，特别是对偏僻地区薄弱学校状况的改善起到了很大的作用。

第三节
义务教育均衡发展的财政政策

基于义务教育均衡发展对国家整体发展的重要意义，各国政府均十分重视义务教育的财政投入。世界上义务教育发达的国家中，美国和日本保障义务教育均衡发展的财政政策是相当见成效的。

一、美国义务教育均衡发展的财政政策

在美国这样的联邦制国家，由于各州之间“各自为政”，形成了经济、科技、文

化等方面州际间的不均衡发展。与此相应,各地的义务教育发展也呈现不均衡状态。甚至一个州内的各学区之间,由于贫民窟、贫困圈的存在,也出现了富裕区和贫穷区义务教育发展的不均衡。尽管美国对“农村”的概念界定有所不同,但在其国内也同样存在着义务教育发展的城乡差异。对此,美国政府制定了一系列的财政政策来努力消除不均衡,并已初见成效。

第一,保障地区间义务教育均衡发展的义务教育财政转移支付制度。政府间财政转移支付是指上下级政府间和同级政府间的无偿资金转移。一个国家的财政转移制度主要涉及两个问题:一是转移支付的模式。政府间财政转移支付可以采取单一的自上而下的纵向转移支付模式,也可以采取以纵向为主、纵横交错的转移支付模式。前者仅依靠上下级政府间的纵向转移支付;后者以上下级政府间的纵向转移支付为主,辅之以同级政府间的横向转移支付。二是转移支付的形式。从使用的目的和方式来看,政府间财政转移支付可分为一般性转移支付和专项转移支付。前者通过公式法拨款,不规定资金的使用方向,也不附加条件,主要用于平衡地方政府之间的财力,缩小不同地区间的收入差别;后者通过项目运作的方式拨款,规定了资金的特定用途,接受方无权变动,而且通常还要接受一些附加条件(如必要的配套资金),一般用于提供特定的公共产品。

义务教育财政转移支付制度是解决义务教育经费总量不足和地区发展不平衡问题的主要措施。为了公平有效地向美国各州的儿童提供教育,美国联邦政府和州政府也实行了义务教育财政转移支付制度来供应义务教育经费。又由于美国实施的是相对集中模式的义务教育财政制度,决定了义务教育财政转移支付制度的主要实施者是州政府。这也就形成了美国联邦政府转移支付规模较小,转移支付的项目一般与国家某项特殊利益结合在一起,具有随意性和不连续性,而州政府转移支付的规模较大,作用显著。

第二,确立联邦和州政府在义务教育财政中的主导地位。美国的义务教育,城市和农村实行一体化的财政管理体制。农村义务教育经费由联邦、州和学区三级政府共同分担。美国曾一度将义务教育列为地方的责任,联邦政府对此很少过问。但在二战结束后,随着对义务教育重要性认识的不断加强,联邦政府逐渐加大了重视程度,联邦政府对义务教育的投入占全国义务教育经费的比例,由 20 世纪 50 年代初的 1%,90 年代初的 3%,提高到 21 世纪初的 7%。各州政府在义务教育财政分担中的比重也逐渐提高,20 世纪 40 年代占 30%,现在提高到占 49%。地方政府对义务教育的投入资金总额虽然在增加,但是由于联邦(特别是州)加大了对义务教育的投入力度,地方分担的比例反而下降,从 20 世纪中叶的 69%,降至目前的44%。州政府逐渐成为义务教育的第一投资主体。

二、日本保障义务教育均衡发展的财政政策

日本的教育财政始终把“保障义务教育均衡发展”放在首要位置，因此，经过多年的历史沿革，现在日本的义务教育发展比较均衡。日本保障义务教育均衡发展的财政制度主要有以下几种。

一是保障地域间义务教育均衡发展的义务教育财政转移支付制度。严格来讲，日本并没有独立的义务教育财政转移支付制度，它的义务教育财政转移支付是在政府间财政转移支付中的。第一，均等化补助。地方交付税目的是弥补地方财政收入不足，平衡地方财政能力，使地方有能力达到中央规定的公共服务水平。地方交付税又分为两个部分：普通交付税（占94%）和特别交付税（占6%）。普通交付税分配给那些基本支出需求超过基本财政收入的地方，因此越是落后的地区得到中央人均交付税越多；特别交付税是作为普通交付税不足情况下的补充拨款。日本普通交付税的分配实行因素法，这些因素包括与支出有关的税基、税率、人口、规模、行政质量等。用于分配地方普通交付税的公式为：对某地的交付=标准财政支出-标准财政收入。标准财政支出是指地方政府达到中央政府规定的公共服务水平所必需的财政支出，包括教育在内的都道府县23个项目和市町村22个项目支出需求的总和。每一项支出需求由一个公式计算，其标准形式为：标准财政支出=衡量单位×标准单位成本×修正系数（修正系数是考虑到各地地理、社会、经济和体制情况所确定的成本差异系数）。地方支付税并不是中央政府对地方义务教育财政补助的主要方式。1992年，地方交付税大约占都道府县和市町村两级政府义务教育财政总支出的15%。第二，专项补助。由于单纯的均等化补助并不能有效地保障对义务教育的充足投入，所以，日本中央政府对地方义务教育财政补助绝大部分是通过国库支出金来实现的。国库支出金是以实施中央政府经济社会政策为目的的财政转移支付，地方政府要得到这类补助必须接受中央政府附加的各种规定，否则中央会要求他们退还全部拨款。国库支出金分为三种类型，即国库负担金、国库委托金和国库补助金。其中，与义务教育有关的专项补助是国库负担金。与地方交付税一样，来自国库负担金的义务教育专项补助直接对都道府县和市町村两级政府分配，但它不像地方交付税那样由专门的法律规定其分配额，有关该类分配的许多规定均体现在其支出项目相关的法律中。分配方式上，除少数按公式分配外，绝大多数按项目分配，而且多为配套补助（配套的比例

一部分为法定比例,一部分由地方申请中央审批)。1992年,中央政府用于义务教育的专款占国库负担金的25%,占都道府县和市町村两级政府义务教育财政总支出的17%。

二是振兴偏僻地区教育的国家财政补助制度。除了上述的义务教育财政转移支付制度,日本政府在二战后又针对偏僻地区教育极其落后的状况,制定了一系列的国家财政补助制度。主要有:第一,偏僻地区津贴和多学年班级担当补助。各都道府县必须以特殊勤务津贴的方式为处于偏僻地区的公立小学、初中的教师及职员发放偏僻地区津贴。偏僻地区津贴每月实际支付额度由工资和扶养津贴的月额之和乘偏僻地区的偏僻级别率得出。多学年班级担当补助是政府为偏僻地区担任复式班级教学和管理工作的教师提供的一种补助。第二,偏僻地区小学、初中教职员工住宅建筑费补助。第三,偏僻地区多功能馆设施费补助。偏僻地区的多功能馆是中小学用于体育、音乐授课和开展社会教育活动的场所。日本政府从1954年开始实施此项补助,补助金额为多功能馆建筑费的一半。此外,还有偏僻地区学校发电设备购置费补助、学生用汽车(船舶)购置费补助、中小学电视机等设备费补助、学校保健管理费补助、学校给食振兴费补助、就学奖励补助金、理科设备费补助、教材费补助等多种补助项目。

三是中央、都道府县、町村三级政府共同分担,以作为高层次地方政府的都道府县为责任主体的义务教育财政制度。和美国相似,日本的义务教育财政管理体制也是城市和农村一体化。农村义务教育财税体制的形成经历了几乎全部由町村负担,到逐步转由中央、都道府县、町村三级政府共同分担的演变过程。根据日本《教育基本法》《义务教育费国库负担法》和《义务教育诸学校设施费国库负担法》等相关法律的规定,所有公立中小学编内教职人员的人头费(包括工资和相关福利保障费用),以及学生人头补助费和特殊补助费的50%由国库直接负担(国立学校则100%由国库负担));义务教育各学校计划内新增建筑、新增基本设施费用的1/2和危险建筑翻建改建费用的1/3也由国家财政直接负担。其余部分则由各公立学校的设置机构——都道府县及市町村级财政分担。而日本教育经费中的地方分担费用,实际上出自地方税收的返还——转移支付金(地方交付金)。所以,日本的义务教育经费实际上是由国库直接和间接负担的。

不仅在美国、日本、俄罗斯等发达国家,而且在印度、韩国、埃及、肯尼亚等发展中国家,来自政府的公共经费一般占义务教育投资总额的85%—90%。这种做法充分体现了义务教育政府办、教育经费由政府公共经费承担的原则。政府公共经费负担义务教育的重要意义在于能够通过政府公共资源的再分配,排除各种因素对义务教育的制约和干扰,切实保证一国范围内义务教育的实际需要和均衡发展。

国际经验表明,保障义务教育的经费投入,一要保持一定的政府财政规模,这是维持充足的公共教育经费的基本前提;二要建立一套合理的各级政府分担公共教育经费的机制;三要将义务教育财政管理权上移。

第四节
提倡义务教育发展的积极差别政策

教育发展到一定阶段或水平时,如果教育机会供给的结构和规模不能满足社会需求,或者地域之间出现了比较严重的不均衡,就必须通过制定和执行有差别的地方政策来调节区域教育的发展。这种政策支持一部分地区加快发展教育,但不限制另一部分地区教育的发展速度,因而是"扶弱不抑强"的积极差别政策。

许多国家都通过实施义务教育发展的积极差别政策来促进义务教育的均衡发展。如实施免费义务教育首先从边远贫困地区开始,对社会贫弱阶层进行重点帮扶;建立有效的政府分级分担机制和财政转移支付制度,促进地区之间义务教育的均衡发展。日本制定了对处境不利地区(如海岛及边远地区)进行特别教育扶助的法律。韩国的免费义务教育采取从低年级向高年级实施,从海岛、渔村、农村等边远贫困地区向城市实施,从中小城市向大城市实施的方式。

一、英国的"教育优先区"政策

英国自 1944 年教育法案施行以来,虽然明确提出了教育机会均等的目标,但是一直到 20 世纪 60 年代,教育机会的不均等仍然是一个十分严重的社会问题。处境优越和处境不利地区的学校在教育成就方面的差距还在不断扩大,已成为一个严重的社会问题。

英国中央教育咨询委员会 1967 年发表了《普劳顿报告书》,报告的主要内容除建议家长关心和参与子女的教育、减少班级人数、改进师资培养及待遇等方面以外，最引人注目的是提出了一个全国性的教育补偿计划即“教育优先区”的设想。通过国家干预，打破因社会经济障碍而陷于贫困的儿童无法摆脱困境的恶性循环，对于那些处于教育优先区的贫困儿童和处境不利的儿童给予额外的教育资源。该报告还提出了进入教育优先区的具体指标，包括父母的职业、接受政府经济补贴的情况、居住的拥挤状况、住宅中欠缺生活基本设施的情况、学生逃学缺课的情况、学习障碍学生所占比率、教师流动率、学生辍学率等。运用这些指标界定处于不利环境的学校或地区为教育优先区，使其成为政府补助的对象。符合这些指标的学校被指定为教育优先区学校，政府加大对这些学校的投入，使其在校舍、教学设施、图书资料、师资水平等方面尽快达到全国的平均水平。

自《普劳顿报告》使用“积极差别待遇”的概念之后，在英国社会，教育机会均等的内涵已由入学机会及接受共同教育经验机会均等，扩展为使处在社会经济不利地位的学生有得到补偿文化经验和教育资源不足的机会。英国的教育优先区规划是基于福利国家的理想，根据“积极差别待遇”的理念，为处境不利地区的学生提供积极性的补助使其能充分发展潜能，与其他地区的学生公平竞争，以求教育机会的均等，实现社会正义的理想。这一计划试图超越教育机会均等的形式公平，以进一步补偿的方式实现“积极差别待遇”的实质公平。就其实施的实际效果而言，教育优先区政策是政府实现教育机会均等目标的积极实践，为儿童在受教育过程中接受高质量的教育打下了基础。

此外，英国政府自1990年以来开展了范围广泛的少数民族教育运动，采取了有效性学校的新方案，改善成绩低下和面临倒闭的学校，期望通过对城区学校的改革，使其转变为成功学校，改善学生受教育状况。主要措施有：提高问题学校的办学自主权；改变教育拨款方式，以学生数作为下拨教育经费的依据；逐步减少地方学区在学校经费支出中的比例；父母享有更大的教育选择权；为社会和学生家庭提供更多的信息。

二、美国的积极差别政策

美国政府对少数民族、弱势群体、薄弱学校等问题一直很关注，在美国的相关教育法案中曾多次提及，体现了国家为实现教育公平所作出的努力。

第一，针对少数民族教育问题的措施。《美国2000年教育目标法》明确规定到2000年要达到的八大目标，其中就有“消灭美国少数民族学生和非少数民族学生在中学毕业率上的差距”。

第二,扶助薄弱中小学校。各州的措施主要体现在资金扶助和技术扶助两个方面,其中资金扶助主要有联邦和州两个层次;技术扶助主要体现在州、学区和学校三个方面。各州在具体实践中,都对薄弱学校的鉴别和扶助制定了严格的标准和程序,确保扶助工作顺利开展;各级机构相互合作,注重过程的广泛参与,学区在学校改进中扮演了重要角色;针对薄弱学校的改进情况建立相应的评价、监督和奖惩机制;各种扶助小组和地区服务中心发挥着重要作用,充当着州与学区、学校间的联结纽带。而在实践层面,“全体成功”模式的实施也卓有成效。

第三,改善农村义务教育。20 世纪 90 年代以来,美国联邦政府与社区、学校和相关礼仪团体一起开始改善农村社区和学区的发展条件。联邦政府采取了一系列的战略举措,如:设立“农村教育成就项目”(REAP 项目),增加农村教育专项经费投入;立足农村社区的发展需求,全面建设农村社区和学校;提供优惠政策和专项资金,招聘和挽留合格农村教师。

第四,对弱势群体教育的关注。主要体现为关注女童教育,建立单一性别学校,并实施“打破玻璃天花板”的女子教育战略,从而逐渐改变女童在教育中的不利地位,实现真正意义上的男女平等,促进女子在生活和学习领域的成功。

第六章

义务教育均衡发展在国内的实践探索

所谓区域内义务教育均衡发展，指的是在某一行政区划内，依据当地实际实事求是地调整义务教育发展规划，在县区间、城乡间、校际间，在办学条件、师资力量和教学质量上实现义务教育的相对均衡，确保适龄儿童在受教育权利、条件等方面达到相对平等。率先在区域内推进义务教育均衡发展是我国教育管理体制和义务教育发展实际的要求，从政策理论和实践操作上看均具有可行性。率先在区域内实施义务教育均衡发展，不仅有助于降低实践风险，还有助于提高成功机率，为能在更大范围内推进义务教育均衡发展积累经验。

义务教育本该为适龄儿童提供机会均等、质量相当的环境条件，这是由义务教育的固有特征决定的。然而，由于社会经济、制度法规等问题的存在，导致我国义务教育在不同区域之间，或在同一区域中的城乡间、学校间缺乏均衡性，而且差距有越来越大的趋势，择校、乱收费等现象屡禁不止、愈演愈烈。义务教育的不均衡发展在很大程度上制约着义务教育质量的提高。近几年来，国家通过政策推进义务教育均衡化发展，在这一背景下，为了探索适合本地区的义务教育均衡发展模式，各地因地制宜，尝试了一些实现县域内义务教育均衡发展的模式，这些模式既有共通性又有差异性，值得研究和借鉴。

第一节
名校集团化均衡发展模式

一、名校集团化均衡发展模式的内涵

在国内,一些地区在推进义务教育均衡化发展中,积极探索集约利用优质教育资源的途径和方式。名校集团化均衡发展模式最具代表性的是上海市浦东区、浙江省杭州市。名校集团化模式立足于名校本部构建教育联合体,具体讲是以产权关系为纽带,经由合资、合作或股权投资等方式,把三个及以上的学校联系在一起,以提高区域内教育发展整体水平。上海浦东、浙江余杭等地区的实践结果表明,名校集团化办学模式有三个较为明显的特点:一是集团内部的学校共享教育资源,资源在校际间的流动可以弥补薄弱学校软硬件资源不足的问题,降低办学成本;二是实现学校间优势互补,取长补短,在学校的运作效率和管理效能上得到一定程度的提升;三是集团化的运作凝聚了师资,使学校的创新能力和整体教育教学质量得到了提升。名校集团化均衡发展模式的探索结果及经验证明集团化均衡发展模式是推进义务教育阶段资源优化配置的一种重要方式。

二、名校集团化均衡发展模式的国内实践

名校集团化模式能否实现城乡间、区域间、校际间资源优化配置,使集团化内

部在实施义务教育时实现协作互动,关键在于解决管理体制创新方面的若干问题:首先是确定发展目标主体,该目标主体有动力并自觉实施义务教育均衡发展;其次是集团内部确立的发展目标主体有能力实施均衡发展目标,具体来讲,该目标主体有能力实施集团内部教育资源的整合、配置、调度;最后是建立评估和考核机制,以对集团内部学校间均衡发展的目标实现程度进行考核。如果能够在管理体制方面进行以上三点创新,名校集团化模式的运作方式就是可行的。

构建名校集团化模式实施义务教育均衡发展的典型代表是上海市浦东区和浙江省杭州市。以上海市浦东区为例,从 20 世纪 90 年代起就以"建平教育集团"为范例,采用集团化模式整合教育资源,以优质学校为发展目标主体,在集团内部的资源动态配置过程中,使薄弱学校的教育教学效能得以提升。"建平教育集团"主要通过"兼并、创设、联盟"三种方式构建名校集团。具体来讲,"兼并"主要是利用义务教育学校区域布局调整和薄弱学校改造的机会,把办学业绩不好或办学规模较小的相对薄弱的学校并入过去的重点学校、优质学校或示范学校,以重点、优质及示范学校为龙头,组建名校教育集团;"创设"主要是借助于集团的名义或优质资源兴办具有民办性质的学校,这些新建学校能够在一定程度上满足部分家长择校的需求,另外,运用学校办学的虚拟资源兴办虚拟网校,使义务教育形式多元化;"联盟"主要把办学水平较好的学校联合在一起,形成跨层次、跨区域的学校联合体,学校联合体能够在整体上实现区域义务教育均衡在更高的水平上实现跨越式发展。

2004 年开始,浙江省杭州市为了实现义务教育均衡发展,在充分调研的基础上,根据本地区学校发展的实际,对义务教育阶段的学校进行了层次划分,在层次划分的基础上开始实践名校集团化模式。集团化构建的模式采用"名校+新校""名校+弱校""名校+农校"等多种形式,把名牌学校的品牌效应、办学理念、管理方式、文化内涵及师资力量输出到薄弱学校,以效益最大化地利用名校资源。创新名校集团教育投资体系,实现义务教育投资多元化,投资多元化快速扩充优质基础教育资源,打破优质教育资源个别化、集中化。浙江省杭州市在构建教育集团化中的创新做法,在一定程度上解决了"上好学校难"的问题,也在一定程度上缓解了择校压力。从名校集团化的组建和具体运作上看,在行政指令的引领下,通过将一所名校联接多所其它类学校,以名校为发展主题,在管理方面实现教育理念、学校日常事务管理、教育科研及信息技术等统一化,构建集团内部各学校发展的共同愿景。名校集团化的管理以名校校长为牵头校长组建校长决策小组,校长决策小组负责制定学校共同体的整体规划,在整体规划的基础上形成制度和制度体系执行系统、监督反馈系统。名校和其他类型学校既实行统一管理,又保持各自享有一定程度的独立性,实现优势互补,共同发展。

三、对名校集团化均衡发展模式的评价

(一)义务教育均衡发展实施名校集团化模式的优势

整合名校集团化的各种模式,不难看出,名校集团化的共同点是以名校发展为主体,通过各种方式把弱校、新校等并入集团,从而组建具有多层次的教育集团。近三分之二的教育集团实施的是“单法人,多校区”的教育集团组建模式。通常情况下,名校集团的运作模式实施人、财、物、事由名校校长统筹调配、统一管理。集团建立类似于企业的理事会作为核心领导机构,理事会负责执行、考核评价、督导。理事会的设定一方面强化了功能管理,使管理统一化;另一方面减少了集团内原有各校的机构设置,弱化了原有各校的行政管理效力。集团制定统一的质量标准和考核方式,确保成员校的教育质量和师资水平能达到大致相同的水准,从人事、教育教学、后勤、学生管理等方面对集团与各成员校的责、权、利进行规约。

综合来看,义务教育阶段名校集团化模式的优势有以下几方面:

一是实现了名校扩张,名校的扩张过程,实现了优质教育资源向薄弱学校的输出,使名校的教育资源优势最大限度地得以发挥。基于常识,名校通常拥有较为先进的管理理念,具有较为优质的教育资源,名校本身具有强烈的扩张欲望。组建名校教育集团后,名校成为发展目标的责任主体,集团管理层更多的是名校管理层的拓展,这样,名校的管理理念、教育理念及教育教学资源逐渐深入到集团内的其他学校。因而,名校集团化的过程实际上是名校的扩张过程,是最大限度地发挥优质教育资源作用的过程。

二是打破学校间管理壁垒,实现校际间硬件资源调配统一化。某区域内的学校,不管是名校还是薄弱学校一般都具有独立法人资格,有不同的管理模式和考核机制,学校间的管理壁垒造成优质资源不能有效流动,薄弱学校也不能得到管理和教育教学方面的提高,组建以名校为中心的教育集团后,集团内的学校,不管是名校还是薄弱学校构成了一个利益共同体,打破了学校间的固有壁垒。名校集团化对人、财、物的统一管理和统一调配实现优化配置,名校集团为集团内各校制定的统一发展愿景和统一制度管理为均衡发展提供了制度保障,解决了均衡发展

的能力问题。

三是动态调配师资资源,促使软资源均衡化。长期以来,学校间的相互独立使学校教师的管理拘于学校之内,校际间缺少流动,优质学校拥有更多的资源,更容易聚集优秀师资资源,而薄弱学校由于本身的吸引力不够,优质的师资队伍难以建立,结果造成两极分化,加剧学校间不均衡,也导致择校风越刮越烈。以名校为中心组建教育集团,不仅可以使各校区硬件资源实现均衡发展,更重要的是动态整合师资资源。名校集团内部的教师可以流动,可以通过诸如共同教研,优质课评比等形式相互学习和交流,从而发挥交叉影响作用,在盘活师资的同时,还可促进教师的专业化成长,在一定程度上实现师资资源均衡化发展。

四是可以吸纳民间资本,拓宽义务教育办学经费来源,改善义务教育办学条件。以杭州市名校集团化为例,在杭州市名校集团化过程中,民间资本发挥了重要作用。名校依靠当地政府和民间资本的力量,完成自己的集团化过程,民间资本的投入使学校的办学条件得到了改善,由于民间资本具有逐利性质,为了吸引更多生源以提高资本收益,各教育集团有着强烈的把学校办好的动机。这对提高学校的教育教学质量起到了积极作用。

(二)义务教育均衡发展实施名校集团化模式存在的问题

名校集团化模式对义务教育的均衡发展,扩大名校的办学规模,提高教育教学质量起到了很大的推动作用,但名校集团化模式在运行的过程中也面临着诸多问题:

首先,"集"而"不团"。建立教育集团的目的在于发挥名校的引领作用,是为了使教育资源能够在集团内各学校间流动或均衡配置,最终提高教育教学质量,但由于人事制度、管理制度等问题,组成教育集团后只是名义上的集团,名校不愿意承担薄弱学校负担,甚至在指导薄弱学校方面表现出消极态度,这种情况下,不利于发挥集团的优势作用。名校与薄弱学校结合成集团,若没有配套的制度建设和内部运行机制,不仅不利于薄弱学校改变,而且会因为名校扩张而削弱名校的地位,拖累名校的发展。

其次是学校间管理模式冲突,导致管理低效。组建教育集团后,集团以名校为中心,管理模式名校化,但名校和薄弱学校毕竟在办学条件和师资队伍上有显著差别,名校的学校管理理念在渗入薄弱学校过程中,不可避免地会造成两类学校管理模式的冲突,冲突中又必然削弱管理效能。另一方面,集团内学校较多,实行以名校为基础的统一管理理念,构建统一的管理文化会造成千校一面的状态。

学校会逐渐失去个性,失去特色,抹杀学校的自我创新能力。

再次是教育集团内部的学校,若名校较少而弱校较多,会导致名校不堪重负,从而导致优质教育资源稀释,进而降低名校的教育教学质量,这种均衡是一种低位均衡状态,是不可取的,与提高义务教育阶段教育教学质量的初衷是不一致的。

最后,民间资本投入教育领域虽然可以拓宽义务教育办学融资渠道,但资本的逐利性质会使学校集团产业化程度过高,有违义务教育免费的根本特性。

(三)义务教育均衡发展实施名校集团化模式应注意的问题

从总体上评价义务教育均衡发展名校集团化模式,名校集团化模式最大的成就就是实现了义务教育资源优化配置。具体来讲:第一,名校的扩张实现了优质资源的扩张,解决了择校问题,满足了不同层次的教育需求;第二,创新了办学与义务教育阶段学校管理体制,在盘活办学硬件资源的同时,促进了教师队伍的专业化发展,提升了名校集团内部的整体办学效益,最终实现了区域间、城乡间和学校间协调统一发展。

上海、杭州等地实施的义务教育均衡发展名校集团化模式在运行的过程中体现了它的优势,但因为各种原因,也出现了若干问题。基于问题和优势,在实施义务教育均衡发展名校集团化模式中要注意以下问题:

首先,名校集团化可以吸收民间资本进入义务教育领域,可以用其改变学校的办学条件,但义务教育毕竟是国家需要保证的适龄儿童都必须接受的教育,因此要防止资本的过分逐利性,要有配套政策予以约束,同时国家财政作为义务教育投入的主体,还要切实加大投入,以确保义务教育公平与普及的本性。

其次,教育集团应该适当控制规模,集团内部的成员学校的名校数量和薄弱学校数量应该适当平衡,不能一所名校承担多个薄弱学校,最终被薄弱学校拖垮或降低名校的教育教学水平,若组建教育集团未能有效避免这种情况发生,则均衡是低位的而非高位的。

最后,教育行政部门要创新教育集团组建机制,要协助教育集团建立集团内校际间资源配置和协调机制,还要建立集团教育教学质量监督机制。通过这些制度建设实现义务教育名校集团真正发挥作用,推动义务教育高位均衡发展。

第二节
学区化均衡发展模式

一、学区化均衡发展模式的内涵

广州越秀区，湖南醴陵市、凤凰县，河南息县等地，在推进义务教育均衡化发展过程中，结合本地实际探索了义务教育阶段学区化均衡发展模式。学区化均衡发展模式是指将地理位置相对集中、办学层次不同的若干所学校组合起来，构建划片学区。学区化模式打破行政区划限制，管理体系实行教育行政部门、学区、学校三级管理。学区化模式一方面保证学区内各学校的人事、财政的相对独立性，最大限度减少由于合校、兼并所带来的人事安排、财政核算所带来的压力，另一方面各个学校充分挖掘自身资源优势，探索学区资源优化组合的有效途径，在资源共享的基础上谋求共同发展、合作共赢。学区化模式在保证各校独立的基础上，结合本地实际，把学区化建设的重点放在教学资源、教师人力资源、合作发展平台的互利共享上。通过构建有重点的合作发展平台，实现校际间管理经验、校园文化及教育资源的相互流动，相互输出，实现教师校际群体间、教师个体间、学校具体教育教学行为间互动，通过互动实现学校办学特色与共同发展的双赢局面。

二、学区化均衡发展模式的特点

学区化均衡发展模式是推进义务教育均衡发展的一个有效模式，综合各地学区化均衡发展模式的具体实践，可以看出学区化均衡发展模式主要有以下几个特点：

首先，学区是一个处于教育行政部门和学校之间的教育管理单元。学区作为教育管理单元介入学校管理，打破了原有的县、乡、校的三级管理模式，学区受县级教育行政部门的委托，负责制定学校的日常管理规划，实施日常教育教学管理指导，负责学区内各级各类学校间的资源调配，或者是由县（区）级教育行政部门到学校的两级管理模式向县（区）级教育行政部门到学区，再到学校的三级非行政管理新体制转变。管理体制打破各学校之间的界限，在一定限度内为资源的合理配置提供了机制基础。

其次，学区扮演教育资源配置和流动的协调角色。在宏观上学区执行教育行政部门制定的义务教育发展规划和各项教育方针政策。在微观上学区负责学区内学校的日常管理工作，比如部门经费预算；负责师资队伍的配备与流动、校际间学科教研，教师的教育教学水平提升，推行教育教学改革等；负责日常的教育教学管理、教学效果评价等具体事务，统筹学区内教育资源配置，实现学区内各学校之间的均衡发展。

再次，学区是一个教研活动综合体。在学区未建立之前，学校的教研工作通常是以校为单位，偶尔开展校际间教研，建立学区后，学科教研工作就不单单是一校之事，而涉及整个学区，以学区为单位的教研成为常态，学区通过构建网络教研平台，以学区为单位的教研让学区内的教师有更多的学习机会。

最后，学区具有双重角色，既是教育质量评价主体又是被评价的客体。学区的评价主体角色意味着学区负责制定本区质量管理考核评价办法，是教育教学质量的负责单元，负责学区内各学校教育教学质量考评，在评价中纳入校际间均衡发展指标。学区是评价客体则要求县（区）级教育行政部门对区域内义务教育教学质量及均衡发展状况的评价是以学区为单位进行监控，以学区为单位来比较义务教育在各学区间发展的均衡性。

三、学区化均衡发展模式的实践

学区化均衡发展模式的基本思路是在学区间建立教育资源的优化配置，以学区为单位协作共赢，整体推动义务教育由低位向高位均衡发展，要实现这一目标，首要的问题就是要依据本地实际有效划分学区。由于各地的社会经济、行政区划、具体地域特点以及文化差异，学区划分的具体依据也有差别，实践中，不同地区尝试的学区划分方式主要有以下几种：

（一）跨乡镇的校际联合形式

县域范围内，若乡镇的行政区划面积比较广，学校在乡镇中的分布比较分散，为了规划学区,可以打破原有的乡镇行政区划,以学校所处的实际地理位置、办学层次为基本条件划分学区。实践中,学区的划分,可能出现一个乡镇的学校为一个学区,也可能出现一个乡镇为多个学区,也可能出现几个相邻的乡镇为一个学区,甚至会出现一个乡镇的学校被划分到其他乡镇的学区中接受学区管理。比如,2006—2008 年,河南省息县在探索义务教育阶段学区化办学过程中,考虑到本县下辖的 5 个乡镇地处平原、常住人口稠密、生源密度大的特点,把 5 个乡镇的学校化为 11 个教育学区。把小茴店镇、关店乡等人口较多,学校也较多的乡镇,以初中学校为中心校划出 2—3 个农村义务教育学区。农村义务教育学区绕开乡镇管理,直接归属县教育行政部门领导,在学区范围内实行教育资源统一优化配置,建立教师合理流动机制、生源入学适度引导机制,实践结果证明学区化模式的地方适用性,有效促进了学区内校际资源的优化配置和整体水平提升。再如湖南省凤凰县针对地处山区、人口密度小、学校及办学点比较分散的特点,把全县 24 个乡镇的学校划分为 5 个教育学区,一个学区容纳了多个乡镇的学校,学区组建后,打破了原有乡镇中心校管理薄弱学校的模式,学区内所有学校,不管是办学水平如何,均交由学区统一管理,统一规划,湖南省凤凰县的学区化均衡发展模式探索可以说为农村义务教育学区协作、校际资源均衡化配置提供了经验。

(二)片区化学区划分模式

片区化学区划分模式是按照行政区划,基于功能配套的模式来实现学校间相互联结,在片区内统一学校规划布局,优化教育资源组合,实现学校均衡发展。片区化学区划分模式以株洲醴陵市为典型代表。在学区化均衡发展探索中,醴陵市抓住行政区划调整的契机,基于城乡一体化义务教育建设思路,按地理位置将全市 30 个乡镇(街道)分成东、西、南、北、中五个片区。五个片区的划分原则是就近原则,片区内有高中、初中、小学,山区有寄宿制教学点且方便学生就近入学。根据片区组建原则实施科学规划和学校建设,实施片区内资源配置和教师流动。具体做法是:

首先,分片规划学校建设,针对不同片区的原有水平和面临的问题实施有针对性的建设。具体讲,对东、南、西、北四个农村片区,由于原有办学硬件及软件条件相对比较弱,把建设重点放在薄弱学校改造、资源配置优化、办学条件改善上;对中部城市片区,学校原有办学条件较好,师资力量相对较强,面临的问题是班额较大、质量需再提升,因此,把建设的重点放在扩容提质、解决“大班额”与进城务工人员随迁子女就学问题上。针对不同学区特点确定发展方向、建设重点,既保证了优质学校教育教学质量不断提高,又能集中资金、精力建设薄弱学校,促进学校间、学区间义务教育均衡发展。

其次,实施师资流动和教师队伍建设,促进片区师资均衡。为了实现师资队伍的均衡化,醴陵市制定了相关措施,比如,教师的补充向片区的农村学校倾斜,此举保证片区内农村学校教师整体队伍提升,实现片区内教师队伍均衡;再比如,实施校长、教师交流机制。校长、教师的交流机制规划三种模式:其一是在保证片区内学科教师配备齐全的情况下,依据就近原则,推动片区内校长和教师的交流,以缓解片区内教师资源不均衡的问题;其二是实现片区间优秀或骨干教师流动,通过这一模式,推动片区间优质教育资源的均衡化发展;其三是实施全市教师流动统筹,每年有一定数量的教师在全市各片区间流动,促进师资均衡。

最后,教育管理以片区为单元,实施片区化管理,以片区为单位开展教研、教改和绩效考核,以此提高各个片区的教育发展水平。

除了以上两种模式外,广州市越秀区和河北省承德市等地也都因地制宜开展了学区化均衡发展探索,不同地区在学区划分和资源配置上有许多共同点,也有各自特色。

四、学区化均衡发展模式评价

(一)学区化均衡发展模式的优势

从各地的实践来看,学区化均衡发展模式构建了教育行政部门、学区及学校三级管理模式,学区既有宏观上的规划制定责任,又有具体的教育教学管理责任。具体讲,学区化均衡发展模式基于学区单位,由学区对本学区的发展制定规划,发挥学区在资源配置、管理效能及有效促进义务教育均衡发展的优势作用。学区化均衡发展模式在规划上立足于区域教育实际和教育教学发展规律,并在一定程度上打破了行政区划的樊篱,其独特的优越性值得肯定。

首先,学区的建立有助于制定义务教育发展规划。未建立学区之前,义务教育发展规划主要由教育行政部门制定,对整个县区具有同等的要求,发展规划制定统一、刻板而缺少区别、灵活。学区建立后,基于区内的学校在地理位置、教育水平等方面表现出的同质性,实施统一规划,实施标准化管理。学区在遵循义务教育统一规划的基础上,可以按照本学区的特征制定具有学区特点的义务教育发展规划细则。在统一细则的指导下,学区、学校的教育统一规划和推进特色教育活动并驾齐驱，一方面能改变一刀切带来的特色不足问题，另一方面能有效地减少教育决策与实施过程中因学校差异性带来的负效应。

其次，学区化均衡发展模式可以深度整合教育资源。义务教育均衡发展的一个根本点就是促进教育资源深度整合，学区化均衡发展模式可以实现这一目标。学区划分打破了原有的行政区划，打破了学校管理和资源配置校际间各自为政的局面，通过制定共同的发展目标和资源流动机制，可以建立软硬资源共享平台，既有助于资源集约，又有助于解决薄弱学校资源不足的问题。比如，构建学区内图书资料共享机制，薄弱学校的教师可以到基础较好的学校查阅资料，这样有助于教师的专业发展。再比如，学区内的教师可以通过教研、帮扶等机制实现薄弱办学效益提高，学区内办学水平高的学校教师还可以定期到薄弱学校讲课，建立教师走教制度，使薄弱学校学生也能享受优质教师资源。

最后，以学区为评价单位，促进学区内学校均衡发展。学区的建立打破了原有的学校管理机制和评价机制，学区既是评价主体又是评价客体。对教育行政主管部门来说，评价的对象是学区，可以减少以往学校多，以学校为单位评价的复杂性，既有利于实施教育管理，又有利于在学区内、学区间构建科学合理的考核与评价体系，并通过学区间学生培养质量和社会认可度的对比，综合规划、协调、监测县域内义务教育质量实施情况，在更大范围内推进义务教育均衡发展，不断提高义务教育发展质量与水平。

（二）学区化均衡发展模式的局限

学区化均衡发展模式在推进义务教育均衡发展中有自己的优势，但无论是哪种方法都有一定的局限性，学区化均衡发展模式也不例外。综观已有实践，可以发现学区化均衡发展模式存在以下不足：

首先，学区划分不可避免地会面临行政区划阻力。在原有行政管理机制下，学校归属于某一乡镇，乡镇归属于特定县区，或者说学校是嵌套在乡镇区划内的，教师的工资、学校建设的经费及教师的人事档案等都归属于乡镇管理，不同的乡镇建立的各项教育管理制度也并不完全相同。学区建立需要打破原有学校的行政管理机制，需要改变各乡镇不统一的教育管理制度。学区化均衡发展模式强调以学区为单位，在学区内实施统一规划、管理和评价。但由于各乡镇的行政职能差异，学区的组建必然引发教育管理上的冲突，必然导致学区教育执行力不足，教育投入、经费安排、学校建设、教师编制、人员调配等面临诸多问题。可以想见，在现行行政管理体制对教育的原有管理模式不做调整的情况下，学区管理必然遇到各种阻力，学校的上级管理单位对学校发展的要求之间的矛盾也将显现，学区化均衡发展模式管理的执行力不足，只能使学区划分流于形式。

其次，学区内在动力不足，责任模糊。实施学区化均衡发展模式的地区按照学校的层次，打破行政区划，希望把优质学校和薄弱学校组建为一个学区，期待优质教育资源在学区内合理流动，但仔细分析不难发现，优质教育资源往往集中在优质学校中，薄弱学校的优质教育资源显然较少。所谓的流动，不过是优质学校的教育资源流向薄弱学校，并且学区内的优质学校在某种程度上承担了薄弱学校教师队伍建设任务。在学校间教育竞争比较激烈的情况下，且不说优质学校有无精力和能力承担这些任务，还面临着有无动力去承担这些任务的问题。因此，可以说学区资源流动或共享的动力在哪里似乎是一个值得探讨的话题。按照学区划分把不同学校组合在一起或许并非难事，但组合以后是否能真正发挥学区的管理及资源配置作用却不得而知。学区化均衡发展模式是学区内学校规划制定、管理制度制定的主体，其管理能力的发挥程度介于教育行政部门管理和学校具体管理之间，换句话讲，就是在教育行政部门的管理和学校校本管理之间增加了一个中间管理层，如此设计的初衷是为了实现资源优化配置，但实践操作中，如何实现这些设置功能却是一个值得深究的问题。各地的实践表明学区化均衡发展模式的组织设计，难以避免会存在责权模糊，资源配置与协调能力有限等问题。比如，"河北承德实行由学区管理代替乡镇中心校的管理模式，管理主体的转移，打破了资源过于集中于中心乡镇中心校的模式。但问题在于学区层面上的工作均带有"兼职"的成分，责任主体的构建虽有各个学校参与，但各个学校的领导层更关心本校的发展，优秀的学校把薄弱学校看做累赘，主动采取措施促进教师流动及推动均衡发展的内在动力缺乏。再比如，在广州越秀区，学区组建时，成立了由各校校长组成的工作小组，由工作小组负责研究制订学区建设总体规划、学区资源配置计划，组织落实各项工作。最初的设计力图做到责任明确、协同合作、共谋发展，然而实际操作中却出现人人有责、人人不负责的状况。

（三）实施学区化均衡发展模式应注意的问题

学区化均衡发展模式在推动义务教育均衡发展时确有其价值，然而问题和局限性也是客观存在的，要真正实现学区化均衡发展模式设计的初衷，在实施学区化均衡发展中还需要扬长避短。我们认为，在学区化模式推行过程中要注意以下几个问题。

首先，学区的建立及其作用的发挥不能削弱教育行政部门的职能。学区化模式的设计目的是为了推动义务教育学校间的协作互动、实现资源优化配置，在看到其作用的同时，也要关注其局限性，比如执行力不足的问题，因此说，要实施学区化均衡发展模式，并不意味着要削弱教育行政主管部门的责任，反而对教育行政部门的上位管理和设计提出更高的要求，要求教育行政部门在宏观层面为学区提出具体要求和考评机制，比如要求学区按要求构建教育资源共享平台、骨干及优秀教师共享平台、开放优质课堂供其他学校观摩、在学校间实施教师流动等。从一定程度上讲，教育行政主管要和学区一道成为义务教育均衡发展效果的责任主体，学区的组建只不过是工作开展和实施的制度安排。

其次，采取措施解决学区内各学校责任不明、动力不足的问题。学区的管理模式可以是学区校长联合负责制，也可以采用某一优质学校负责制。若是联合负责制，各自的责任是什么要明确；若是某一优质学校负责制，要保证优质学校有权利调配资源，比如经费支配、教师录用等，负责单位（或人）有了权利才能有效调配资源，也才能有足够动力推动学校均衡发展。另外，权利和义务是对等的，教育行政部门也要监督负责单位（或人）的具体行为，奖励和惩罚应该建立在对负责单位（或人）科学、严谨的考核基础上，看他们是否切实推动了本学区内义务教育均衡发展，是否提升了以学区为单位的教育教学质量。

再次，要对学区化均衡发展模式建立及执行过程中的行政区划阻力进行充分估计。行政区划在教育管理上存在的壁垒在一定程度上削弱了学区管理权限，削弱了教育资源学区内调配能力，当这些问题出现后，该如何解决需要研究。从根本上说，学区没有协调能力，还需要教育行政部门和政府协调。比如，要建立学区，应该制定政策把教师的工资发放、人事管理权收归县区级，当学区需要学区内配置流动时能够减少阻力。

最后，建立学区为单位的义务教育质量及均衡发展评估机制，评估应该包含学区间、学区内各学校的均衡发展状况。学区间的比较是把学区看作一个整体对待，学区间的均衡性可以在县区内评估，考察整个县区的均衡发展状况，这是一个整体把握的过程。学区间的均衡往往容易掩盖学区内各学校的均衡状况，在评估时要建立机制、制度评估学校间均衡程度，只有这样才能真正实现均衡，也才能实现义务教育公平。

学区化均衡发展模式的优势是明显的，局限性也是存在的，在有效制定相关策略的情况下，学区化均衡发展模式值得深入探索，解决学区划分与行政区划的关系，解决学区内在运作动力及教师流动的积极性还需要许多配套政策措施。这也将是未来学区化均衡发展模式探讨的重点领域。

第三节
捆绑式均衡发展模式

一、捆绑式均衡发展模式的内涵

捆绑式发展模式是由县区级教育行政管理部门根据本辖区内学校所处的地理位置、办学软硬条件及学校教育教学的实际发展水平几方面的情况，把不同办学层次的几所学校联合在一起，组建发展共同体，在共同体内部构建资源共享平台，实施优势互补，通过教育共同体的组建深度整合教育资源，以使共同体内的各个学校共建共享、共进共荣。捆绑后的学校作为一个联合体，形成相应的管理制度，不定期开展各学校层面的交流互动，在一个固定的教学年度内实施统一考核，统一标准评价学校的教学质量，在办学软硬件方面实现实质性共享，最终实现共同发展。

二、捆绑式均衡发展模式的特点

捆绑式均衡发展模式是促进义务教育均衡发展的又一重要模式。在这方面，河北省石家庄市、邯郸市，湖南省岳阳县、汨罗市，广州荔湾区，成都武侯区等地的实践比较有代表性。从目前各地的运行来看，捆绑式均衡发展模式与其他模式相比，主要有以下几个特点：一是资源捆绑。长期以来，由于各种各样的原因，校际间的教育资源拥有量及其发展的实际水平差异过大，有失教育公平。捆绑式均衡发展模式的设计目的在于通过学校捆绑深度整合教育资源，把优质学校和薄弱学校的学校设施、师资量、课程资源及校园文化资源捆绑在一起，盘活资源，使各种教育资源在捆绑学校间动态流动，最大限度地用足用好优质教育资源。捆绑模式可以加快在资金投入有限的情况下，加快薄弱学校改造，整体提升薄弱学校的办学效益。二是理念捆绑。很多情况下，薄弱学校的薄弱表现可能并不仅仅表现在投入不足，硬件条件与优质学校有差距上，也表现在办学理念和管理理念上。在很多学校的实践表明，符合时代发展的先进教育理念，可以引领一个学校由薄弱变为优质，因此，捆绑后学校既然是一个发展共同体，优质学校可以通过互动交流的过程把本校较为先进的教育、管理等理念渗透到较为薄弱的学校，通过更新薄弱学校的理念，促进软件均衡化，在新理念的指引下提高办学效益。三是制度捆绑。捆绑后的学校共同体，可以相互学习，相互借鉴，促进管理制度的相互渗透，逐步形成统一的、规范化的学校管理模式。四是教师培训捆绑。优质学校的教师有更多的参与培训机会，形成了较高的教育教学能力，然而，薄弱学校的教师由于各种原因，长期以来的培训不足，教育教学能力与优质学校有不小的差距，优质学校与薄弱学校实施捆绑以后，捆绑后的学校共同体可以通过共同教研、远程培训、经验交流等形式支持薄弱学校教师的专业化成长。五是考核捆绑。捆绑的目的在于先进带后进，优质带薄弱，最终实现捆绑共同体的均衡发展。实际操作中，优质学校是否扮演了促进者的角色需要共同体运行一段时间后实施考核，因此，建立统一的考核机制，考核的对象不应该是单个学校，而应该是捆绑共同体。

三、捆绑式均衡发展模式的国内实践

（一）两校联合，一对一捆绑

两校联合，一对一模式的内涵是县区教育行政部门把本县区内的学校分成两类，一类是办学水平较高的优质学校，另外一类是办学水平低的薄弱学校，根据教育行政部门的统一规划，选择一所优质学校和一所薄弱学校，把二者捆绑在一起，实施帮带活动，促进县区内义务教育均衡发展。两校联合，一对一捆绑模式以成都武侯区和湖南汨罗市实施义务教育均衡发展为代表。

1.成都武侯区实施的两校联合，一对一捆绑

成都武侯区在实施两校联合、一对一捆绑时，先把原属乡镇管理的学校划归区教育局直接管理，破除行政管辖的壁垒，组建一所城区小学和一所郊区小学捆绑在一起的教育共同体。在捆绑共同体内部一方面保留两个法人单位的核算与核编独立，另一方面，在管理上和外联上实施捆绑学校实施一个法定代表人，一套领导班子。具体做法是：(1)在发展方式上实行“捆绑—松绑—脱绑”的线性发展模式，在发展路径上实施“管理一条线、活动交互线、品牌并行线”的发展思路。在

一套领导班子的统一管理下,针对不同学校的特殊性,实施不同的管理办法,在互惠平行发展的基础上实现捆绑学校的共同提升。捆绑发展的学校实施平行发展只是第一个阶段,当被捆绑学校发展到具备自主发展能力时,放松捆绑,随着捆绑学校的再次不断发展,办学效益不断提高,让捆绑学校走上独立发展道路,或去捆绑其他薄弱学校,实现其他薄弱学校的捆绑发展。成都市武侯区在实施捆绑模式后,有相当一部分学校走上了自主发展道路,成为区内具有特色的现代化学校。例如,较薄弱的永兴小学与红专路小学形成的捆绑共同体沿用了这一发展思路,当下的永兴小学已经脱绑后更名为武顺街小学,现该校已是武侯区的知名学校。(2)捆绑后的学校共同体实施管理上的行政互派、师资上的教师跨校互动、学生跨校互访,即所谓的"三互"模式。具体讲,首先,为了促进捆绑学校的共同发展,实施学校管理的统一化和相互取长补短,开展诸如短期项目研修、长期岗位互动及校际管理岗位干部跨校交流等方式实现人员的流动,提升薄弱学校的管理水平;其次,捆绑学校教师,根据共同体的统一安排,推动教师较大规模的流动,流动的方式不仅限于跨校任教,还通过培训互动、教研活动等方式实现互动交流,在更大程度上促进教师队伍的优化和均衡化;再次,通过学生混合编班、结对互助、结对互住等方式实现学生间的交流,构建相对一致的环境氛围。这些方式的实施使城郊的薄弱学校逐渐向城区的优质学校靠近,在办学水平上逐渐一致化,实现均衡发展。比如,城郊的天平小学捆绑后,在其办学水平上逐渐赶上城区小学。(3)构建捆绑学校教育共同体。捆绑学校从最初的行政驱动式被动捆绑逐渐发展为教育共同体,在教育共同体内的两校间逐渐实现情感交流、文化浸润和管理统一化,优质学校向薄弱学校输出品牌,两校整合资源,实现共同发展。比如,2007年,川大附小捆绑龙爪小学,把龙爪小学更名为川大附小清水河分校,以川大附小的品牌效应打造龙爪小学,目前的龙爪小学也逐渐发展起来。(4)初中学校强弱捆绑。该模式是按初中学校的实有办学水平划分为强弱学校,在区域内把强弱两所学校"紧凑捆绑",结合两校实际,制定办学整体规划,在办学思路、学校管理、特色发展、师资队伍建设与发展等方面实施交流,本着兼容并蓄的思想实施个性发展与共同发展相结合的发展模式。(5)公办民办学校捆绑发展。这种捆绑发展模式的特点是松散式捆绑,着力优化区域教育结构。公办与民办学校在办学上各有优势,通过捆绑实现资源共享、交流合作、优势互补,在让公办学校借鉴民办学校优势的同时,也输出公办学校的办学资源和理念,实现共同发展,均衡发展。

2.湖南汨罗市的强弱一对一捆绑模式

湖南省汨罗市在实施一对一捆绑模式时,强调强弱捆绑模式,即县域范围内优质学校必须同一所薄弱学校捆绑起来,在捆绑以后,打破原有学校的界限,实行办学理念、教学成果、科研成果、教育教学资源等共享,在行政管理上和师资配置上实现双向交流。被捆绑的两所学校管理统一化、教科研统一化、教学进度统一化、教研活动统一化,把两所捆绑学校作为一个整体,实施共同发展,实现互利共赢。上级管理部门对两所捆绑学校实施年终发展考评,考评虽是分开进行,但结果以两所捆绑学校的平均分为依据,和其他捆绑共同体进行比较、奖惩。结对捆绑的实践收到了良好效果,薄弱学校的发展速度加快,优质资源的共享深受学生与家长欢迎。

(二)多校联合,一对多捆绑模式

多校联合,一对多捆绑模式实践的典型代表是石家庄,石家庄实施的均衡发展模式是“一拖二”模式。具体来讲,“一拖二”模式是将一所义务教育阶段优质学校与一所城郊校、一所城区薄弱校捆绑起来,形成相对固定、紧密联系的办学共同体,该共同体被称为联合校,联合校实施协调管理新机制。具体做法是:(1)成立联合校管理委员会,管理委员会负责制定联合校和各校的发展规划,负责教师交流、管理交流及教科研活动交流的具体计划和要求,对联合校的重大事项进行决策;(2)联合校在工作计划、管理制度、活动安排、质量要求、年终考核等方面尽量统一化;(3)根据联合校的发展需要,定期召开联合校行政联席会议,讨论发展规划、存在的问题与对策;(4)相互交流教师和中层以上干部,共享联合校内各类教育资源,通过共享和交流尽快提升薄弱学校的办学条件,使师资队伍和管理水平得到显著提高,实现均衡化发展。

(三)其他捆绑模式的实践

1.跨越学段捆绑模式的实践

跨越学段捆绑模式以广州荔湾区为代表,该区在实施均衡发展捆绑模式时,把知名高中和初中捆绑起来,并介入初中学校的日常管理工作,初中对对口小学进行指导,通过跨学段的捆绑把优质学校和薄弱学校结合起来。优质学校通过输出的方式结对帮扶,指派骨干教师任教结对学校,这种跨学段的资源整合、特色发展及教学互补,从创新的角度推动区内整体教育水平的均衡、共同发展。

2.跨地域捆绑模式的实践

跨区域捆绑模式的典型代表是湖南省岳阳县和河北省邯郸市。两地区在践行捆绑模式时,打破学校的行政区划,把不同区域内的优质学校和薄弱学校捆绑在一起,实施通过考核、资源共享、相互帮助、共进共荣的发展思路。比如,邯郸市先后将市直7所优质学校与9所相对薄弱学校结成7所"盟校",市内3区也分别组建覆盖全部薄弱学校的"盟校"。几年间,邯郸市共组建"盟校"113所,强力拉动薄弱学校快速发展。再如,以地理位置相近为原则,湖南省岳阳县把两所小学和中学捆绑起来,形成大的"片完初联校"。捆绑后的学校实施统一管理、教师互动交流的策略,具体做法是以一所完全小学或中心学校为本部,以"学校统管、教师走教为主要形式,采取"三统四合"措施(人事统一调配、教学统一协调、财务统一管理,整体上合家、思想上合心、工作上合力、管理上合拍),把办学与管理责任落到实处,切实推进区域内义务教育均衡发展。

四、捆绑式均衡发展模式的评价

(一)优势

一是捆绑实现教育共同体的构建,为资源共享和资源流动提供了组织上的保障,另外,通过共同体内各学校之间制度统一化建设、管理统一化实施及资源交流的常态化存在,学校间的文化、理念相互输出,实现了共同发展。

二是长期以来,由于教育经费投入的不同、学校发展的历史基础不同,各学校间差异较大,捆绑后打破了学校间的行政和组织壁垒,使优质教育资源得到了强力扩张,改变了优质教育资源过于集中于名校的状况,扩大了优质师资的流动,从而促进了义务教育均衡发展。

三是实现以强带弱。通过捆绑引导优质学校教育资源向薄弱学校流动和倾斜,着力扭转学校发展的不利局面,通过捆绑学校间的教师交流、教学和科研方面的合作来开阔薄弱学校教师的视野,丰富教学经验,进而提高薄弱学校的整体教学质量。

四是实现评价对象一体化。被捆绑学校为利益发展共同体,在捆绑学校的评价中,上级教育主管部门和社会对共同体的评价是一致的,有着统一的标准,一荣俱荣,一损俱损,强调评价的牵制性和综合性。这种模式能够最大限度地调动优质学校帮扶薄弱学校的积极性、紧迫性,本着共同发展的目的,强化优质学校在捆绑学校共同发展中的责任性,使弱变强,使强更强。

五是实现互动输出式输出。优质学校教学资源向薄弱学校的输出,这种输出包括教育技术装备、资料等教育资源。同时,在关注优质学校向薄弱学校输出资源的同时打破教育资源单向流动的模式,也强调学校间的互动输出,总结薄弱学校的优势所在,薄弱学校的办学特色也可以流向优质学校。

(二)捆绑式均衡发展存在的问题

捆绑式均衡发展的具体模式不同,在推动义务教育均衡发展中均发挥了积极作用,但在关注其积极作用的同时,也应该看到其局限性,结合各地实践结果,可以发现捆绑式均衡发展存在的亟待解决的问题。

首先,捆绑式发展从整体上看,倾向于优质学校与薄弱学校捆绑,然而以我国各地的义务教育发展实际来看,在某一区域内真正称得上名校的毕竟太少。名校少而薄弱学校比较多的现实状况无疑会影响捆绑式均衡发展模式的实际效能发挥。可以假设,如果各地在培育名校上不能有所创新,不能有更多的投入,名校的数量不达到一定的数量,而仅仅简单地把优质学校和薄弱学校绑定在一起,强调优质学校教育资源向薄弱学校流动,势必会影响名校自身的发展,薄弱学校也难得到根本改变,最终必然影响到区域内义务教育均衡发展过程中整体水平的提高。

其次,被捆绑的学校,由于其原有的发展基础不同,在学校联合体中所处的地位不同,自然导致其学校管理中的话语权不同。教育行政部门站在区域义务教育均衡发展的角度设计捆绑模式,希望通过捆绑实现校际之间的互动互帮、资源共享。但大多数情况下,捆绑后的学校共同体的运作,往往是以优质学校为主导的,从共同体的发展方案制定、工作安排及各项规章制度的具体实施,在很大程度上体现优质学校的意志。优质学校的主体地位,造就了它在共同体中具有较多的话语权和主导地位,薄弱学校自然就处于话语权的劣势地位,其只能被动接受,由于话语权、决策权被一定程度弱化,薄弱学校的管理层会出现抵触情绪。比如,从各地实践来看,捆绑学校一般会建立领导小组,领导小组的组长往往是优质学校校长,其成员的构成比例也大多是优质学校的中层干部。这样的设计虽有利于决策,统筹规划,但也会出现薄弱学校的管理层不予配合的现象,造成规划难以执行。

再次,捆绑模式会降低被捆绑学校,尤其是薄弱学校的办学自主权,会模糊共同体中各学校的独立法人地位。模式设计者认为,既然要捆绑,那就应该具有实质性捆绑的性质,比如各学校法人单位虽不同,应该有一个共同的法人,应该建立一套管理团队。这样以来,各学校的义务和权利如何划分,缺乏标准和界限,实践中,捆绑均衡发展模式有助于资源的共享和工作的开展,但若遇到学生安全事故处理、学校财产纠纷等特殊情况时谁来承担责任却不易清晰界定。

最后,捆绑模式需要经费与制度保障。当教育经费投入不足时,优质学校的教育资源流向薄弱学校,会给优质学校造成经济负担。比如,以跨地域的捆绑模式为例,优质学校派遣教师到薄弱学校支教是促进区域内义务教育均衡发展的措施之一,那么,被派遣教师的交通、食宿费用该如何解决,前往薄弱学校任教,势必会降低教师对家庭的照顾,教师对家庭的责任又该怎样解决,这些都需要人性化的制度设计和经费保障。从具体做法上看,各地把教师前往薄弱学校任教一年作为教师晋升职务、晋升职称的条件,为了评聘职称,教师迫于无奈前往支教,在不情愿的情况下,教学质量和教学效果又怎样得到保障?另外,若教师经费的支出有所在优质学校负担,学校有没有多余的经费支出,学校愿不愿意支出这批费用都值得考量,若没有制度化的经费保障和稳定的激励机制,帮扶难以为继。

(三)实施捆绑式均衡发展模式应注意的问题

总体上来看,捆绑式均衡发展模式,有其优点,同时也有局限,怎样打破局限,以最大可能地发挥其积极作用,可以从以下几个方面做出努力。

1.捆绑式均衡发展呼唤政府责任到位

义务教育是全民共享的教育,为了实现受教育机会、受教育水平的均等化,国家有责任推动义务教育均衡发展。从各地实践来看,义务教育均衡发展的设计主体应该是区域内的政府,具体操作者应该是区域内各级教育行政部门。就捆绑模式而言,采用怎样的捆绑模式,如何实施捆绑后的学校共同体管理,如何对共同体的发展做出评价,相配套的政策措施一般是由教育行政部门受政府委托针对本地情况而制定的。政府的责任意识是否到位,工作广度与深度是否到位都将影响着捆绑式均衡发展模式的运用。具体讲政府的责任有以下几个方面:(1)政府应做好顶层设计,扮演好引导者、保障者和激励者的角色;(2)政府负有协调责任,要协调各个职能部门,改变不利于捆绑的政策措施,完善利于捆绑的规章制度;(3)保障经费可持续增长,切实减轻捆绑学校的负担。另外,在人员编制和经费分配上应根据需要向优质学校倾斜,以保证其能有足够的人力和财力投入援助;(4)对于薄弱学校也要加强投入,改善软硬条件的同时,要破除薄弱学校的依赖性,引导薄弱学校在优质学校的帮助下迎头赶上。

2.优质资源的移植需解决办学条件差异过大问题

某一区域内,优质学校的形成往往有许多因素,比如,优质学校一般在办学经验、学校文化建设方面具有一定的历史积淀,学校的硬件建设也是长期投入、不断积累的结果,优质学校一般有较好的区位优势和师资队伍。因此有较高的办学效益。优质学校与薄弱学校捆绑后,捆绑模式的设计者期待优势资源流向薄弱学校,办学经验及文化建设能够移植或渗透到薄弱学校,以提高薄弱学校的教育教学水平,进而实现捆绑共同体的整体发展。初衷是好的,可实践中不难发现,由于捆绑学校间的办学历史、办学理念、软硬件条件、生源质量及区位优势的差异导致优质学校的优质资源难以移植到薄弱学校,薄弱学校的软硬件条件、教师的教学理念接受能力、学校管理的方式等难以改变。优质学校的经验在薄弱学校出现水土不服不可避免。结合理论与实践,要解决资源流动的障碍需要两个方面的努力:一是加大资金投入,改善薄弱学校办学条件。比如,加大薄弱学校校舍的标准化建设力度、加大设备仪器的配备力度、加强薄弱学校的教师培训等,在硬件上逐渐缩小薄弱学校和优质学校之间的差异,为优质学校教学经验的渗透提供基础,同时也为教师的流动和留住优秀教师提供土壤。二是深入挖掘优质学校的软件资源,这里的软件资源主要包括办学理念、管理理念、办学精神、文化资源等。这些软件资源是超物质的,也是学校办学的灵魂所在,因此深入挖掘这些资源,使这些资源渗透于薄弱学校,才能促进薄弱学校的转变。正如陶行知所说,任何一所学校,无论是城市还是农村的学校,只要能以这样积极向上的精神办学,并且在师生之间培育出这样的精神,都可以成为一所优质学校。

3.捆绑式均衡发展模式需解决办学共同性和自主性问题

捆绑式均衡发展模式的实践说明,优质学校在捆绑共同体中处于主导地位,拥有足够的话语权,常把薄弱学校看做是被改造的对象,处于被援助的地位。这种设定虽有其积极的价值,但也不能全盘否定薄弱学校的一切。薄弱学校之所以薄弱是因为长期的投入不足,或地域问题导致师资不足所造成的,以山区的中小学或教学点为例,师资缺乏,学校建设落后,在如此条件下,教师们因地制宜,在长期的艰苦条件下形成了富有特点的教学方式,照样为祖国培养了人才。他们对教学的热爱与忍受艰苦的能力是城市优质学校教师所不具备的,同样值得肯定。薄弱学校的教师在艰苦条件下做出的巨大贡献,说明他们的教育同样闪烁着光芒,他们的精神同样需要传承和保护。在捆绑共同体中,强调优质学校资源输出的同时,还要总结思考薄弱学校的文化资源及其精神品质,并以此为基础提升薄弱学校的声誉,而不是一味强调接受,迷失自我特点和实际情况。对捆绑中的优质学校而言,要帮扶薄弱学校,不能是高高在上的姿态,应该对薄弱学校教师的创造和艰苦精神怀有足够的敬意。

第四节 学校托管均衡发展模式

一、学校托管均衡发展模式的内涵

所谓学校托管均衡发展模式就是由县(区)教育行政部门出资委托优质学校或教育中介机构管理相对薄弱的中小学校,委托管理期间,学校的隶属关系及办学自主权不变,受委托的优质学校或中介机构负责向被托管学校派驻管理及教师团队,以优质教育资源整体进入的方式把先进的教育理念和实践经验植入薄弱学校。从而促使被托管学校管理和教育教学水平迅速提高,帮助薄弱学校用最短的时间走上快速发展之路。

二、学校托管均衡发展模式的特点

学校托管均衡发展模式经过几年的探索和实践,因各地具体条件不同,形成了多样化的发展特点。然而,综合分析起来,不难发现学校托管均衡发展模式大体呈现以下几个特征:首先,隶属关系不变,保持适当的办学自主权。学校托管均衡发展模式的出资方一般为地方政府,由地方教育行政部门出面签订委托协议,被托管的学校往往是城镇薄弱学校和农村中小学校,通常情况下,这些学校隶属于县(区)教育行政部门的属性不变,人员编制属性不变,公立学校属性不变,优质学校或中介机构对受托管学校有管理权,无所有权。其次,托管主体多样化。托管学校主体的选择,因各地条件不同,形成的托管主体主要有区域内优质公立学校、优质民办学校和优质中介机构。在选择托管主体时,通常依据这些主体是否具备先进教育理念、优质教师队伍和科学管理体系来进行。再次,托管内容多样化。依据托管范围的大小,可以把托管内容分成两部分:一是学校管理的全面托管。在所有权不变的情况下，优质学校或中介机构全面接管学校的管理，包括办学方向制定、办学规章制度制定、人事安排及实施教育教学管理等各项事务。二是具体事务托管。比如学校的教育教学理念、办学规划由受委托学校协助制定，或师资队伍建设以及课程改革等委托优质学校或中介机构管理等。最后，托管形式多样化。总结起来，主要的托管形式有兼并重组式托管、契约联盟式托管和对口支援式托管。

三、学校托管均衡发展模式在实践中的运行方式

在促进义务教育均衡发展过程中，积极尝试学校托管均衡发展模式的地区有上海市、重庆市开县等。在具体实践过程中，各地基于地方实际，逐渐形成的学校托管形式有以下几种。

（一）通过成立托管机构指导引领薄弱学校发展

这种托管形式在优质学校和中介机构的职能定位上强调引领作用，受委托学校或中介需要与被托管学校协商建立沟通机制，在办学理念、师资培养和教育教学等方面给被委托学校以指导，具体理念或方法的实施还是以被托管学校为主。具体做法是：(1)成立托管领导小组，设立托管领导办公室。通常情况下托管工作领导小组由两校校级领导组成，实行托管工作领导小组管理下的校长负责制，被托管学校在托管学校的指导下制定学校发展规划和实践新教育教学理念。(2)组建业务托管工作指导团队。其中，行政领导组负责发展规划制定，业务指导组负责日常教学指导和教师业务水平提高培训。一般情况下，业务托管工作指导团队由受托管学校抽调本校各年级段的骨干力量组成。业务指导团队要按一定时间间隔到被托管学校开展业务指导，评估被托管学校教师业务能力提高状况。

（二）通过互派管理干部和教师实现优质软资源渗透

优质学校或教学机构在长期的教育教学实践中所形成的先进教育理念及教学方式并不能通过简单的指导来实现，需要被托管学校的管理者和教师通过不断学习和实践才能领会。要实现优质软教育资源向被托管学校渗透，互派教师和管理人员是可行的方法。具体做法是：(1)互派校级或中层干部。被托管学校通过接受派驻干部指导和派出干部学习，将优质学校和教学机构的办学理念、管理制度、考核办法、改革措施等学习过来，改进完善自身的教育教学管理，提升教师队

伍整体素质。(2)互派教师。受托管和被托管学校根据需要,每学期或每学年互派若干名教师开展在职学习或支教活动,在指导与学习中熟悉并向被托管学校渗透新课改理念,优化课堂教学方式,促进教师专业成长。

(三)通过分层对接实现经验渗透

优质学校和薄弱学校在功能和部门设置上通常有许多共同性,尤其是同为公立学校时,薄弱学校之所以薄弱虽然最终表现在教学质量上,但深入分析会发现薄弱表现在方方面面,体现在学校各个层面的差异上。学校托管运行中,要实现薄弱学校的快速发展,需要各个层面共同参与,需要优质学校把各个部门、各个方面经验渗入薄弱学校,因此,分层对接是值得尝试的途径。已有实践的具体做法是:(1)构建分层对接体系。包括领导层面对接、处室层面对接、教研组层面对接、年级组层面对接、学生层面对接、后勤服务层面对接及资源平台方面的对接等。(2)在各层面对接的基础上,定期按层面派出骨干人员开展指导、示范或评估,委托管理学校实施每两周派 5 个学科组人员(每个学科 2 名教师)到被委托管理学校上示范课和进行听评课活动 1 天,每周派 1~2 名学校领导到被委托管理学校开展相关层面的对接活动 1 天,双周一轮回。(3)每月相关人员到被委托管理学校办一次讲座。每期派 20 名学生与被委托管理学校学生对接开展共同活动或共同学习。(4)建立网络交流平台,相应的人员建立起信息互通、资源共享的定期交流制度。

(四)自主与托管相结合,实现托管高效运行

托管和被托管学校在建立托管关系之前具有独立的法人资格,在办学上具有自主权,虽然托管后的一般情形是优质学校的理念与方法向薄弱学校渗透,但并不能否定薄弱学校在办学过程中形成的独特经验和优势,实践表明,全部托管往往会脱离实际并因各种各样的原因受到薄弱学校抵制。因此,托管应该具有灵活性,实施自主与托管相结合不失为一种有效方式。具体讲:(1)注重管理委托,被委托管理学校的重大决策、发展方向和规划、文化建设、考核评聘等重大事项由托管工作领导小组进行统一决定和布置。(2)被委托管理学校的经费管理、学校常规教育教学管理、人事管理、物资调配管理等具体事务由被委托学校自主执行。托管最终的目的是促进薄弱学校发展,激发薄弱学校的自主发展意识和原动力,最终实现脱管,走上高效办学、均衡发展之路。

四、学校托管均衡发展模式的评价

（一）学校托管均衡发展模式的优势

薄弱学校接受托管，优质学校或教育机构实施托管，可以把优质的教育资源渗入薄弱学校，从各地实践的效果来看，学校托管均衡发展模式具有灵活性，对薄弱学校改造和义务教育均衡发展具有积极意义。综观已有研究和实践，我们认为，学校托管均衡发展模式主要有以下几方面的优势。

1.通过托管，拓展了优质学校和教育机构的先进理念。被委托学校之所以薄弱，原因之一就是教育教学理念跟不上时代和新课程教育教学改革的要求。通过托管，优质学校和教育机构的办学理念、教育理念、人才理念、管理制度、文化氛围等方面的优势逐渐深入薄弱学校，薄弱学校在接受指导和学习中加以消化、吸收，结合本地本校实际把相关理念融入具体工作中去。在更新中，把握正确的办学方向，迎合时代要求。

2.通过托管，实现资源共享，优势互补。一方面，在托管中，强调优质学校或者教育中介机构有责任对薄弱学校进行帮助和带动。在帮扶和带动薄弱学校过程中，要求优质学校开放自己的优质教育资源，优质学校可以调动自己的优质资源，参与被托管学校的教学和管理，以此加快被托管学校软件资源的发展。薄弱学校能够学习和利用优质学校资源，以达到丰富自身的目的，弥补自身资源不足的缺陷。另一方面，薄弱学校尤其是农村学校，教师的教育教学能力虽然有限，但教师普遍具有吃苦耐劳精神，有着高尚的奉献精神，这些也可以供优质学校和教育机构学习。总之，在互动过程中共同分享资源、办学经验、研究成果，实现优势互补、共同提高。

3.通过托管，推动薄弱学校教师队伍建设。学校托管均衡发展模式强调优质学校管理和教学经验的整体性植入和长期化渗透，最常采用的措施是教师互派、领导派驻。这种模式可以弥补薄弱学校师资不足、水平不高的问题。

4.发挥对接和指导团队作用。学校托管均衡发展模式的实施，注重团体战的作用，使被托管学校在文化建设、管理模式及教科研方面均得到提高，实施学校托管均衡发展模式使薄弱学校的内驱力和原动力激发起来，带动薄弱学校从走到跑。另外，薄弱学校保持管理自主权，在一段时间的共同发展后，原来的薄弱学校会激发创造力，实现独立发展。

(二)学校托管均衡发展模式的局限

在当前义务教育发展条件下,学校托管是义务教育学校加快发展和优质资源向薄弱学校配置的一条有效途径。但从各地的实践来看,大多数的托管仅涉及学校管理的某些方面,一般情况下,学校本身的属性不变,这导致托管模式在运行过程中出现一些问题,主要表现在以下几个方面。

首先,托管的短期性导致薄弱学校改变不明显。学校托管均衡发展模式的最根本特点是保持学校的原有归属关系不变,把薄弱学校的某些事务委托给优质学校或教育中介机构来管理。按照托管模式的设计目的,托管不是目的,托管是为了脱管,托管模式的设计目的在于用一到两年的时间,通过托管达到更新薄弱学校办学理念和提高学校办学质量的目的。众所周知,教育教学行为的改变和教育教学质量的提高,乃至教育教学理念的更新都需要一个长期的过程,较短的托管时间很可能会影响到优质学校的帮扶投入,会影响到优质学校或教育中介机构投入托管的积极性。这样会导致资金投入不能收到应有效果,或者说看不到应有效果出现。因此,如何解决短期效应,实现可持续性发展,是学校托管均衡发展模式需要解决的问题。

其次,从各地实践来看,为了保持学校办学的自主权,被托管学校一般采用部分托管形式,接受优质学校或教育中介机构某些事务的托管,其余部分的事务还由被托管学校执行。这种方式看似科学合理,但仔细分析不难发现,由于学校各项事务的运作是一个整体,部分事务托管以后,被托管事务和未托管事务如何融合是一个难以解决的问题。当管理涉及权责时,由于权责设计不明,托管与未托管事务相互冲突、干扰,往往会造成托管单位和被托管单位间产生矛盾。矛盾的存在导致托管效率低下,托管设计效果无法实现。

最后,学校托管均衡发展模式一般强调从托管到脱管,一所薄弱学校被托管后,其发展状况是由本校和委托学校或教育中介机构共同承担的,在托管周期结束以后,如何评估托管效果,在这一过程中被托管学校和委托学校该如何划分责任和承担后果需要进一步研究。

(三)学校托管均衡发展模式实施应注意的问题

针对学校托管模式的优点和存在的问题,我们认为,学校托管均衡发展模式在实施过程中应该注意以下几个问题。

首先,学校托管均衡发展模式仅仅是现行教育体制下和现阶段义务教育发展状况下为促进校际或城乡均衡发展而实施的临时性措施。从长远来看，学校托管并不是义务教育发展和学校管理的根本模式和必然选择，义务教育均衡发展最主要的推进措施还是国家及地方政府加大投入，依靠教育行政部门指导下的学校自主管理来实现。因此，学校托管均衡发展模式的实施要考虑不同地区的文化、经济及社会发展差异，还要考虑各地区义务教育发展实际，即使采用托管模式也要充分考虑条件的制约性，要对托管后的评估和结果做充分预测。

其次，薄弱学校实施托管，政府不能放松管理和评估。政府要加快转变职能，切实履行教育管理和监督责任，做好各项服务工作。政府要在现有基础上加大教育投入，在学校建设、保障监督等方面发挥应有职能。要明确义务教育阶段，学校建设的标准化、现代化及资源重新配置是政府的责任，只有这样，才能保证学校的公益性属性和维护教育公平，只有政府的充分参与和支持，义务教育均衡发展才能最终实现。

最后，学校要坚持包容性发展理念。学校的托管不是简单合并，也不是把事务交给委托学校来完全处理，而要以包容性发展理念为指导，把学校托管看作是资源重组、引进和融合新教育教学理念的过程。在这一过程中，既要看到被托管学校和委托学校的共性特征，又要看到被托管学校和委托学校的差异性。薄弱学校应在承认差异的基础上积极吸收先进的理念、教学方式及管理模式，把优秀的资源融入教学管理中，能够在托管期过后实现自主发展和可持续发展。

第五节
兼并重组均衡发展模式

一、兼并重组均衡发展模式的内涵及特点

兼并重组均衡发展模式是指某一区域内的两所或多所学校以兼并重组的模式组建成办学条件更优、教育质量更高的新学校的发展方式。

兼并重组发展模式有以下几个特点：首先，兼并重组不同于学校联盟，不同于对口扶持，而是由优质学校对薄弱学校进行兼并，实现薄弱学校的彻底改造。优质学校兼并薄弱学校以后，将统一领导班子、统一师资队伍，统一教学管理、统一办学质量考核，通过实质性合并打破原有的办学格局。兼并重组有利于优质学校潜力更好发挥，薄弱学校可以利用优质学校的品牌效应来弥补自己的不足，实现取长补短，整体发展。

二、兼并重组均衡发展模式的实践

兼并重组模式是促进义务教育均衡发展的一条重要途径，多地在结合本地实际的基础上开展了探索工作，其中湖南省长沙市芙蓉区、湖南省常德市武陵区、河北省唐山市等进行的探索最为典型。

河北省唐山市为了实现均衡发展，采用了“兼并校模式”，兼并校模式着力整合及扩张优质教育资源，强调区域内优质学校的品牌辐射作用，在具体管理中，实施“同一法人、统一管理、师资统一调配”，强调把先进的教育理念与管理模式运用到新建学校，借助名校的影响力实现均衡发展。实施名校兼并模式以后，唐山市城区三年间有95所相对薄弱的中小学校实施了兼并重组。

长沙市芙蓉区的兼并重组模式实行“两家单位、一个法人代表、一套班子”，推行管理“五统一”，即统一办学理念、统一管理模式、统一资源配置、统一教学管理、统一考核评估；实行原有教师、教育局分配教师及学校招聘教师的平均分配原则。成功创办了大同二小、火星二小、燕山二小、育英二小和育才二小等兼并重组后的新学校。

常德市武陵区实行“强弱合并”模式，比如，2003年把薄弱学校北站小学整体并入附近的育英小学，实行教师重新分配，既解决了育英小学班额过大的问题，又盘活了原北站小学校区闲置的教育资源。2007年成功合并东升小学和桥头小学，走出了一条均衡发展之路。

三、兼并重组均衡发展模式的优点

首先，兼并重组均衡发展模式之所以被运用，特别是在城市备受青睐，是因为名校的品牌效应和优质资源扩张，短时间内极大地提高了薄弱学校的声誉、社会认可度和教育竞争力。原有的薄弱学校不再顶着薄弱的帽子，家长对学校的认可使原有的薄弱学校不再面临生源不足压力，在一定程度上解决了择校之风。

其次，合并后的几所学校都迅速实现了办学规模的扩大，办学设施进一步改善，师资队伍进一步优化。从合并的初期效果看，“强带弱”的组合模式可以说还是非常成功的，因为薄弱学校过去不仅规模小，教师和学生人数以及办学质量都处于绝对的劣势。与另一所实力很强的学校合并后，工作环境得到优化，而且收入水平大幅度提高，加上新领导班子特别重视教师的思想工作，把强校对弱校的歧视心理降低到最低水平，让弱校老师有一种归属感，因而迸发出极大的工作热情和积极性。

最后，兼并重组使薄弱学校学生享受了优质教育资源。在较长一段历史时期内，薄弱中小学在教师队伍、办学条件等各个方面都落后于优质中小学。通过实施义务教育学校兼并重组，实现了教师队伍优化，办学条件提升。在农村义务教育学校兼并重组以前，很多农村学校办学规模较小，由于缺少体音美等学科的教师，这些学校只能开设语文、数学两门课程，致使学生的全面发展难以实现，整体教学质量难以保证。兼并重组后，通过教师队伍的优化组合，农村义务教育学校的教师得到了多渠道的补充，这无疑有利于教育教学质量的提高。

四、兼并重组均衡发展模式的局限性

兼并重组均衡发展模式在促进义务教育均衡发展方面有着明显的积极意义，但是，兼并重组的问题也在实施中不断地暴露出来。

（一）兼并重组后学校制度融合难

学校的运作需要一套完整的管理制度，在几所学校合并重组之前，每所学校都依据本校的办学实际和历史沿革形成了一套适合本校的管理制度。在学校合并以后，学校管理制度的制定往往是原有几所学校制度的合成，合成后的各项管理制度需要被兼并重组后学校师生接受才能发挥作用。一般来说，师生对学校管理制度的认可具有惯性，每所学校的师生容易接纳原有的制度条款，对来自他校的制度条款持抵触态度，由于制度不能够被合并后的全体师生接纳，结果导致制度的某些条款在不同的师生群体中执行难。比如破坏公物赔偿制度，合并前有的学校无赔偿数额规定，而有的学校则规定赔偿数额是被破坏公物价值的若干倍，无此规定的学校在合并后师生有破坏公物现象时，若处以赔偿处罚，就会产生不满情绪，出现抵制行为。

（二）兼并重组后师生心理融合难

由于过去两所学校分属于不同的系统，教师和学生习惯了原有的人际氛围、校园文化氛围，虽然兼并重组设计者认为合并后可以合并资源，可以统一资源调配，使师生对学校未来的发展充满希望，但表面的合并，并不能掩盖师生在心理层面上的隔阂。就教师层面看，若参与合并的学校水平相当还可，若是优质学校合并薄弱学校，优质学校的教师在心理上不能接纳薄弱学校教师，其在心理上有种优越感，在行为上不自觉地会流露出对薄弱学校教师看不起的态度，这些表现在一定程度上会伤害薄弱学校教师的感情。另外，在推优评先等各项活动中薄弱学校教师难免处于劣势。因此，薄弱学校教师常常会表现出不满情绪，甚至会以一些行为表现出来，这样不仅不能建立团结的教师队伍，而且由于双方的冲突，会在社会上造成不良影响。从学生方面讲，合并后原有各校间的学生也会存在冲突。两所学校的学生来到新的集体后，不能很好地融合到一起。其中一所学校的学生由于继续在自己的校园就读，自认为有地理位置上的优势，常常不把合并过来的学生放在眼里；而另一所学校的学生在一种寄人篱下的感觉驱使下，团结得比以往任何时候都要紧密，形成了另一个强大的群体。双方密切关注对方的一言一行，随时剑拔弩张，一点鸡毛蒜皮的小事都可能引发严重的群体性冲突事件。在这样的情绪感染下，还出现了另一种令人尴尬的局面，双方的学生只认可自己学校的教师管理，而对另一所学校教师的管理置若罔闻。

（三）兼并重组后学校负担加重

兼并重组后的学校规模迅速扩大，学校的管理负担自然加重，主要表现在以下几个方面：一是财务负担加重。优质学校兼并薄弱学校后，为了建设薄弱学校，提升薄弱学校教育教学质量，使其尽快跟上优质学校，需要挤出一部分资金投向薄弱学校，在不降低优质学校教师福利待遇及办学条件的情况下，需要学校多方筹集资金，这无疑会加重学校资金压力。二是管理负担加重。学校合并后，由于师生对原有学校管理制度的惯性心理，对新合并后学校的制度规定认同度不高，合并的各个学校之间容易滋生各种矛盾，校长陷于繁杂的矛盾调解之中难以解脱出来，无疑增加了管理上的负担。

（四）兼并重组后资源流动难，办学特色难以保持

一方面，兼并重组后，薄弱学校常常被社会、家长称为“名校的分校”，“分校”

的原有师资及办学水平在短期内难以发生质的改变，这主要是因为各校在校园环境、地域位置、教学设备、硬件设施以及文化历史等方面的差距明显，教师在各校之间的流动，也会因为这样那样的原因难以真正意义上均衡配置，自由流动。一段时间后，合并后的学校间差距不能有实质性缩小，导致家长的认同度降低。另一方面，兼并重组后学校大多采取的是名校校长负总责，"分校"设执行副校长，这在一定程度上影响了"分校"的教育规划与决策，"分校"发展的自主性缺失，办学基本效仿中心校，跟着中心校走，学校会出现同质化办学，"分校"难以办出特色。

另外，兼并重组后，学校面临的困难与问题还有教师队伍是否稳定、领导集体是否团结以及教学管理如何协调等各方面，因此真正合并还需要顶层设计科学、周全。

五、兼并重组均衡发展模式实施应注意的问题

（一）合理组建领导班子

学校领导班子是学校发展的引领者，尤其是校长，校长是否具备专业的学校管理能力，是否有符合学校特色的较为先进的办学理念，决定着校长能否总揽全局，能否凝聚人心，能否稳定教师队伍。同时校长管理素养的高低也决定着能否组建一个高效的、富有合作精神的领导班子。好的校长及其构建的管理团队将引领学校未来。正因为如此，实施兼并重组的义务教育均衡发展模式要求组建学校领导班子时必须慎重。兼并重组构建的学校发展共同体，尽管大家不愿意承认，合并后的学校，来自不同学校的校长自然成为原有学校教师的靠山，也是学校教师求得心理平衡的依靠，因此，在新的领导团队中，不同学校的领导应该大致均衡，一方面便于开展工作，另外一方面可以避免因领导班子组建不合理而引起的教师队伍动荡。构建的领导班子在平衡各校领导人数比例时，要在选人用人上关注个人的工作能力、品行及团队合作精神。

（二）广泛听取民意，制定师生可以接受的制度体系

兼并重组对每一所当事学校来说都是件大事，教育行政部门在做出合并决策之前，事关学校的关键问题，要形成一定的民主集中制度，比如，借助教师代表大会、座谈会及各种活动让各校教师参与讨论，在广泛争取意见的基础上，实现民主决策。通过广泛调研，既把民众的需求和想法搞清楚，同时又充分发挥大家的聪

明才智,为合并献计献策,把调研的过程变成一个宣传政策的过程。这样出台的方案才会科学合理,才会为大家所接受。在调研中,内容不仅包括各个学校的师资队伍的结构状况、软硬件设施的优劣势、学校办学质量好坏、教师收入水平高低,更重要的是要了解一线教师对教育区划调整的人心向背,以及赞成和反对的主要原因,这些信息对于之后合并对象的选择、合并时机的把握都是至关重要的依据。

(三)切实减轻并校后新校的负担

减轻学校负担可以从两个方面来进行:一个是加大新校投入力度。几所学校合并后,为了工资统一,薄弱学校的工资福利待遇、办学条件改善及基础建设费用应该由财政投入解决,不能由优质学校自行解决。另一个是为减轻新学校办学的负担,合并前应尽可能将所有历史遗留问题彻底处理。这些问题主要包括原学校对外的债务、债权问题、财物(包括房屋、场地)租赁、外借人员的费用结算、内部教师所有计划内常规费用的发放、临时及返聘人员各种费用的清算及去留问题,等等。基本原则应该是,正式合并时,任何学校对外既无借入也无借出,对内既不欠教师应有的份额,也不突击发钱。两校并账时,各自应当理清各种费用且最好略有盈余,以保证新学校能够在不贷款的情况下正常运转起来。

第七章

实现区域内义务教育均衡发展对策

义务教育不是选拔基础上的精英教育,是以立法形式予以保障,国家、社会和家庭必须向适龄儿童、青少年提供的,是适龄儿童、青少年必须接受的,具有普及性、公共性和强制性特征的教育阶段和教育类型。义务教育的特性呼唤均衡发展,不同的行政区域或经济区域,不同的学校应当给儿童、青少年提供相同或相近的教育资源,应当提供均衡化的教育内容。然而,长期以来,由于我国社会经济发展的区域间不均衡,教育政策制度选择的偏差,也由于人们教育教学观念的偏差,义务教育发展不均衡始终是客观存在的。当前,义务教育发展不均衡主要表现在以下几个方面:首先是受经济发展制约导致的区域发展不均衡,比如我国东、中、西部义务教育发展的不均衡;其次是同一地区,由于教育资源配置的不合理导致的城乡间发展的不均衡,城市的孩子比农村的孩子能够享受更好的教育资源,能够接受较高质量的义务教育;再次是单独的城市或乡村内,教育政策的选择偏差把学校划分为重点与非重点,导致校际间教育资源配置差异。义务教育非均衡发展不仅制约着我国义务教育向更高层次迈进,而且也有失公平,不利于建立公平竞争的社会环境,不利于培养人们的公平意识。因此,近些年来,随着国家财力的不断增强,投向义务教育的经费占GDP的比例不断提高,在普及九年义务教育的前提下,义务教育发展高位均等化、教育资源合理配置、教育质量及机会均等化的呼声越来越高。

义务教育作为政府向公民提供的一种公共服务,实现义务教育均衡发展是新时期义务教育发展的基本方向。义务教育发展不均衡的表现是多方面的,形成的原因是复杂和多层面的。在深入探讨表现和原因的基础上,我们认为,结合本地实际制定合理的应对策略是必要的。结合国内外的研究成果和本研究实际调研结果,我们认为,促进区域义务教育均衡发展的对策制定应该包含以下几个方面:一是构建区域内义务教育发展评估指标体系,合理评估区域内城乡间、校际间义务教育发展不均衡现状和问题所在;二是合理制定和选择区域内义务教育发展制度和政策体系,通过政策和制度选择促进义务教育均衡发展;三是制定对策促进区域内城乡间、校际间硬件设施均衡化,在以硬件为基础的教育资源配置上实施标准化建设;四是在师资、管理、质量等软件配置上实现城乡间、校际间均衡化。

第一节
构建区域内均衡化发展评估指标体系

《国家中长期教育改革和发展规划纲要(2010—2020年)》指出:“教育公平的基本要求是保障公民依法享有受教育的权利,关键是机会公平,重点是促进义务教育均衡发展和扶持困难群体,根本措施是合理配置教育资源,向农村地区、边远贫困地区和民族地区倾斜,加快缩小教育差距。”推进区域义务教育均衡发展已成为新时期我国基础教育改革与发展的一项基本政策。判断义务教育发展均衡状况及其程度,需要一把科学合理、易于测度的“尺子”。这把“尺子”的建立就是要构建一套用于评估和比较的区域内均衡化发展评估指标体系。

一、区域内义务教育均衡发展评估指标体系的内涵

《教育评价字典》中给评价指标体系的界定是指按照评价对象本身的逻辑结构排列组合的有机整体或集合。这一概念说明,评价指标体系具有整体性、系统性和层次性。评价指标体系的整体性要求评价指标应该指向共同的评价目标,应该尽可能全面地涵盖评价对象的主要方面;评价指标的系统性要求评价指标体系应该有一个明晰的结构,结构的各个部分间应该是相互协调、相互制约的。评价指标体系的层次性要求评价指标应该分为不同层级,应该在一个大指标中嵌套若干小指标,有学者认为评价的指标体系应该分为一级、二级、三级指标。

教育评价是对评价对象的价值或合理性判断,评价可以是定性的评价,也可

以是定量的评价，无论是定性评价还是定量评价，评价本身的合理性和准确性取决于评价主体制定的评价指标体系。基于教育评价的相关研究，教育评价指标体系是由指标系统、权重系统、标准计量系统（包括标准和计量方法）三部分组成。区域内义务教育均衡发展评估是教育评价的一个特殊领域，评估的目标是对区域内义务教育均衡发展现状和发展程度进行价值判断。判断的依据是区域内义务教育均衡发展的指标体系，借鉴教育评价指标体系的概念，结合相关研究，我们把区域内义务教育均衡发展的评估指标体系界定为在特定经济或行政区划范围内，中小学均衡发展评估各项指标所构成的有机总体。指标体系中各指标之间既有联系，同时又具有独立性。从其构成要素上来看，区域内义务教育均衡发展评估指标体系包括各层级指标内容、各层级指标的权重系数和评估计分方法。

二、区域内义务教育均衡发展指标体系构建的基本原则

义务教育是《宪法》《教育法》《义务教育法》赋予每个公民应该享有的基本权利，让每个适龄儿童和青少年接受均等的义务教育是国家的郑重承诺。因此，在制定义务教育均衡发展评估指标体系时，根本的原则应该是“平等”原则和“以人为本”原则。在总原则的指导下，基于历史和现实的条件，制定义务教育发展评估指标体系还应该考虑以下几个具体原则。

（一）指标体系制定有助于引导区域内义务教育高位均衡发展

有调查和研究表明，在国家提倡义务教育均衡化发展的大背景下，某些区域为了完成均衡化发展的目标要求，采取削优补差的方法。具体做法是在政策上、资金上及人力资源配置上限制本来优质的学校，通过削弱优质学校的资源配置来达到均衡化。比如，为完成国家对学校图书和教学设备的均衡化，要求优质学校把已有的图书和设备借给或干脆划拨给薄弱学校。这样的均衡是一种平均主义的均衡，是一种低位水平上的均衡，这种均衡不仅违背了国家关于义务教育均衡化发展要求的初衷，而且在一定程度上阻碍了义务教育的整体发展。因此，在制定义务教育均衡化发展指标体系时，要能够对这种低位均衡的状态进行评估甄别，在制定评估指标体系时要制定最低标准线，要能够通过评估引导区域财政投入，促使区域内义务教育均衡化发展达到高位均衡状态。

（二）评估指标体系的制定应该考虑差异化相对均衡原则

国家提出区域内义务教育均衡化发展，其目的是为了实现受教育机会及教育质量均等化。这种均等化并非要求区域内城乡间、学校间的各方面资源配置平均化，而是想引导地方政府增加薄弱学校的投入，逐步提高薄弱学校的办学水平、办学效益。在现阶段，某一区域内经济发展的不均衡，教育资源总量有限，实现城乡间和校际间绝对的平衡既不现实也不必要。因此，在制定评估指标体系时，应该避免绝对均衡，而是应该逐步缩小城乡间、校际间义务教育的差距，在重视缩小条件差异的同时，鼓励优质学校发展，并为薄弱学校提供办学经验和人力资源支持。

（三）评估指标体系的制定应有助于区域内义务教育动态均衡

区域内义务教育均衡发展不是一种静态的过程，也是一种动态的过程。受地区经济条件、自然环境和历史文化的制约，区域内义务教育发展的不均衡是客观存在的，但区域内义务教育的均衡发展并不必然要遏止部分经济发达地区义务教育的发展速度，而是合理控制教育差距，使其不至于危及到教育平等的基本理念。城乡间、校际间的差距控制在合理的范围内，优质学校快速发展对薄弱学校并不是一件坏事，优质学校或城市学校可以为薄弱学校和农村学校提供更多的人力和经验支持，对区域内义务教育来说，重视公平是首要的，但兼顾效率也是必须的。校际间和城乡间的你追我赶，使义务教育在动态中不断均衡，在差距合理控制范围内又不断打破均衡，再不断实现均衡，动态均衡引导义务教育不断向前发展，均衡的水平越来越高。因此，义务教育均衡发展指标体系的制定应该能够反映这种动态发展趋势，评估应该有助于生成动态均衡动力。

（四）弱势倾斜原则

新修订的《义务教育法》中第六条规定："国家组织和鼓励经济发达地区支援经济欠发达地区实施义务教育。"德沃金认为，弱势补偿本身就是一种平等观。基于他的观点，那些由于天赋、家庭背景和社会地位不利的个体和群体应该得到更多的优惠和尊重。相对而言，经济欠发达的县区、乡镇投入教育的资金有限，能够配置的优质教育资源也有限，为了缩小薄弱学校和地区与优质学校和地区的差异，需要区域内统筹安排，对薄弱学校或欠发达地区给予更多的经济和政策支持。因此，义务教育均衡化发展指标体系的制定应该能够涉及弱势地区和学校的补偿机制。

(五)硬件与软件指标体系有机统一原则

义务教育指标体系的制定需要关注城乡间、校际间在硬件设施上的差异及均衡性,比如校舍面积、图书资料的数量等。这些指标便于测度,在教育经费不断增加的前提下,这些指标的均衡化比较容易实现,但仅有这些指标不足以评估城乡间或学校间的均衡性,学校的硬件设施标准化、均衡化不等同于教学质量的均衡化。义务教育体系承担着提高全民族素质的崇高历史使命,质量是反映义务教育实质的根本标准,制定的义务教育评估指标体系还需要考虑师资水平、学校管理水平、教育理念及学生综合素质的发展状况,在制定指标时把硬件与软件评价有机结合,才能综合反映义务教育均衡发展的整体水平。

(六)义务教育均衡发展指标体系的可操作性

义务教育均衡发展指标体系的制定目的是为了评估某一区域内城乡间或学校间均衡发展现状,在客观评估的基础上引领缩小区域内城乡间或学校间办学条件的差距,并引领区域内义务教育高位均衡发展。评估是建立在资料真实可靠、完备有效和可公开基础上的。这就要求指标体系的构建、权重的确定及计量必须考虑每一指标的数据资料可以方便获得,可以在城乡或不同学校间进行比较,还要保证资料可公开。因此,在设计指标体系时,最好采用国家统计局、教育部发展规划司和地方人民政府公布的数据,这些数据往往处于公开状态,在各地教育主管部门的相应科室可以查阅。相比较而言,有些指标虽对分析义务教育的均衡发展有意义,但在计算该指标的数据难以获得、难以比较的情况下,最好不采纳。例如,家长的观念或家长所处的社会阶层、社会环境等都会给孩子接受义务教育带来影响,但这类数据在获得时比较困难,即使获得也是局部的、小范围的,并且在城乡间或学校间进行比较时,由于标准难以统一,会导致比较的困难。这类数据可以作为参考,但最好不列入指标体系中。

三、区域内义务教育均衡发展评估指标体系的构成

自国家提出义务教育均衡发展的要求以来,对义务教育均衡发展评估指标体系的研究就没有中断过。目前,由于各地实际差异或基于的理论框架不同,学界对义务教育均衡发展评估指标体系的建构并不完全统一。比如,楼世洲基于公平理论建构的义务教育均衡发展指标体系包括起点公平、过程公平和结果公平三个

领域。这三个领域共包含政策规划、适龄儿童入学机会、教育经费保障、软硬件设施、师资队伍流动、普及效果、学业成功共7个一级指标，7个一级指标又细分为入学率、政策规划制定、规划实施举措、生均预算内教育经费等20个二级指标。于发友的研究认为，义务教育均衡发展的指标体系可以从城乡义务教育均衡发展、义务教育发展环境和义务教育结果三方面来编制。其中义务教育发展环境包含教育基建费、预算内财政性教育经费、教育事业费的情况、义务教育其他资金投入等11个指标；城乡义务教育均衡发展包含城乡中小学生入学率、按时毕业率等10个指标；义务教育结果方面包括小学生合格毕业率和初中生合格毕业率2个指标。陈世伟、徐自强认为，可以从区域内义务教育均衡发展的整体目标、资源配置、预期结果和教育管理等方面来确定衡量与规范区域义务教育均衡发展的一级指标，在一级指标内再来构建二级评估指标。

已有研究从不同角度构建了义务教育均衡发展评估指标体系的内容，为本研究提供了借鉴。基于相关研究，根据义务教育相关法律法规政策的要求，结合本地发展实际，我们认为，区域内义务教育均衡发展评估指标体系应该是一个具有系统性、层次性和完备性的指标集合。其内容应该涵盖以下方面：

（一）区域内均衡发展评估指标体系构建的评估对象选择

义务教育均衡发展评估指标体系的建构，首先必须确定指标所针对的评估对象，只有确定了评估对象才能提炼指标，才具有针对性，才能明确指标的数据来源，进而为资料的分析解释提供范围。具体到某一区域，比如以开封市为例，评估的对象可以分为县区与县区之间的均衡性、城乡间的均衡性、城市内或乡村内学校与学校之间的均衡性及学生与学生之间的均衡性四个层次。首先，县区与县区之间的均衡性。若评估对象为这一层次，指标制定就应该具有一定的综合性，比较的对象是各县区之间的差别，数据的收集和解释也应该综合评价。但需要注意的是，县区之间的差异性可能会掩盖城乡和校际之间的差异性，这一层次的评估对象有其必要性，应该制定若干指标予以反映。其次，以城乡间的均衡性作为评估对象，制定的指标需要考虑城乡间的共有要素和个性化特点。再次，学校之间的均衡性作为评价对象。学校作为评价对象时要求评估指标更具有针对性和可操作性，学校应该是区域内评价对象主体，因此制定评估指标时要力求细化。最后是学生间均衡性的评价。虽然义务教育均衡化发展的目的最终要落实在学生的素质提高和均衡发展上，但直接评定学生的均衡发展是困难的，这是因为在身体机能、心理素质、天赋条件、智商水平和来自的家庭背景各方面都一样的学生几乎是不存在的。因此,指标体系的制定不能针对这一层级,应该通过学校间的均衡评估潜在推动学生间均衡发展评估。

基于评估对象的分析,义务教育均衡发展评估指标体系的制定要以学校间均衡发展评估为主体,兼顾城乡间、县区间的均衡综合评估。

(二)义务教育均衡发展评估指标体系的硬指标及其权重

通过座谈和问卷调查,结合相关研究结果,我们认为,义务教育均衡发展评估指标体系的硬指标可以从三个领域来制定。

1.教育机会均等指标及其权重确定

受教育机会均等是区域内义务教育均衡发展的内在要求,受教育机会自然应作为评估"均衡"状态的重要标准之一。自九年义务教育实施以来,适龄儿童和青少年的受教育机会基本得到保证,因此,我们认为,受教育机会在指标体系硬指标中所占的权重可以适当降低,根据调查和理论分析结果,其在硬指标体系中的权重设定为20%较为适合。根据本地实际,可以将教育机会均等化这一指标划分成3个二级指标:首先是入学率与辍学率(采用百分数来表征,在教育机会均等这一指标中的权重设定为30%)。入学率和辍学率是指在校生占适龄儿童或青少年的比例,该二级指标可以进一步细分为小学生入学率、初中生入学率、特殊学生入学率和各类学生辍学率四个指标。其次是义务教育学校布局和班级额度设定。学校布局指标可以细分为区域内义务教育学校数量、学生就近入学的比例两个指标。班级额度指标进一步设定为学校标准人数班级所占比例和超额度班级所占比例(采用百分数来表征,在教育机会均等这一指标中的权重设定为40%)。再次是教育机会均衡差异指标(采用百分数来表征,在教育机会均等这一指标中的权重设定为30%)。教育机会均等差异指标是考虑不同条件下的适龄儿童或青少年的入学状况,其可以进一步细分为城乡入学率差异、不同性别入学率差异、不同经济条件入学率差异三个指标。

2.教育经费投入均衡指标及其权重

教育经费是指中央和地方的财政预算中,用于教育的费用,教育经费一般包括教育事业费(各级各类学校的人员经费和公用经费)和教育基本建设投资(建筑校舍和购置大型教学设备的费用)。从区域义务教育发展的实际出发,义务教育经费保障往往在义务教育均衡发展中居于核心地位,同时教育经费的投入也从根本上制约着其他资源的配置。我们认为,义务教育均衡发展指标体系的硬指标中应该单列一块内容,即教育经费投入均衡化。教育经费投入在硬指标体系中的权重根据实际应该赋予40%。

在保证义务教育经费预算不断提高,各项教育资金到位率不断提高的前提下,实现区域内义务教育均衡化发展才能得到保障。在一定的教育经费总量下,可以把教育经费均衡化指标划分为生均公用经费差异、生均教育事业经费差异、生均专项经费差异、教师工资差异、其他专项经费差异5个二级指标。每项指标在教育经费均衡化中的权重可以确定为20%。

3.学校硬件设施均衡指标及其权重

学校硬件设施的差异是最能反映学校间差异、城乡间差异的外显指标,也是最容易测算的指标。在义务教育均衡发展评估指标体系中学校硬件设施指标的权重系数建议为40%。

学校的硬件设施均衡评估可以划分为如下几个指标:一是功能建筑配置均衡指标(建议该指标在学校硬件设施中占比30%)。功能建筑配置均衡指标包括:生均教学场地面积(40%)、生均体育运动场馆面积(30%)、生均辅助教学设施面积(内含宿舍、食堂等面积)(30%)。二是教学图书、仪器设备均衡指标(建议该指标在学校硬件设施中占比40%)。该指标可以细分为:生均图书册数及新书比例;音乐、美术、体育器材的生均指标;物理、化学等学科的实验仪器及材料生均指标。三是现代教育技术手段辅助教育指标(建议该指标在学校硬件设施中占比40%)。该指标可以细分为多媒体教室装备比例、语音教室等装备比例、计算机生均数量、校园互联网建设及电子资源获取便捷性指标。

(三)义务教育均衡发展评估指标体系的软指标及其权重

1.教育管理水平的均衡化指标及其权重

从义务教育发展的实践来看,影响义务教育均衡发展的重要因素之一是教育管理的规范化与制度化水平。为了控制教育管理的随意性、主观化等问题。有必要将教育管理的均衡化作为一项一级指标,以促进各地义务教育管理过程中的法制化和规范化,进而促进区域义务教育发展的均衡化、教育管理水平的均衡化。结合实际,我们认为,教育管理水平在整个软指标体系中的权重可以确定为30%。

在调查研究和理论分析的基础上,我们认为,该项指标的制定可以从宏观政策角度和微观学校管理角度来制定。所谓的宏观政策角度是某一区域内义务教育政策的制定及实施情况(这一指标可以占教育管理水平均衡化权重的40%)。在具体评估指标制定时可以细分为县区级政府的宏观政策保障、教育机会均衡中的政策保障、资源配置均衡中的政策保障和教育结果均衡中的政策保障。学校教育管理角度方面,其权重可以占60%。学校教学管理可以划分为校长的领导艺术与规划、学校的规章制度建设及学校日常教学管理三方面。

2.教师队伍的均衡化指标及其权重

拥有一支优良的教师队伍是学校教育教学质量得以保证的基石,是义务教育均衡发展的根本依托。在衡量区域内义务教育均衡发展现状时,必须全面深入考虑教师队伍建设指标,建议该指标在软指标体系中的权重确定为50%。基于理论和实际调研,我们认为,教师队伍均衡化的指标体系构建可以从以下三个方面努力。

首先是教师配置均衡指标(60%)。教师配置均衡指标可细分为几个三级指标:一是在编教师占核定编制人数比例;二是师生比;三是教师结构比例。教师结构比例可以进一步细分为各级职称教师比例、各级学历教师比例、教师的年龄构成比例、教师的性别构成比例几个方面。教师的数量和结构比例反映了学校教师队伍的基本状况,可以表征学校教师的专业水平和教学水平。

其次是教师培训或继续学习指标(40%)。通常,对教师队伍的评价往往局限于师资数量和结构比例上,这些指标均是静态指标,然而,为了更好地评价教师资源状况,在关注师资配置的静态指标外,还应该考虑师资资源的动态指标。教师的再学习、再培训是科技进步、社会发展的需要。因此,培训与继续教育应该作为区域内义务教育均衡发展评价的内容之一,这类指标包括师资培训机会、培训计划安排和师资交流几个指标。

3.教学质量、教学成就的均衡化指标及其权重

义务教育均衡发展最终应体现在教学质量、教学成就上的均衡性。义务教育均衡发展的成就最终应体现在受教育者在接受教育之后个人智力素质和非智力素质的发展程度上。因此,从理论上说,义务教育结果的均衡程度应把教学质量和教学成就作为评价指标之一,也是最重要的指标。我们建议可适当降低指标权重,建议确定为20%。

教学质量、教学成就的均衡化指标制定可从学校和学生两个方面来考虑。从学校层面来说,可把该指标细分为校领导班子建设、教科研情况、素质教育的推进实施、远程教育的实施和学生成绩及课业负担五项指标。从学生层面看,可以把该类指标细分为毕业合格率、毕业升学率和学生成绩差异几个指标。

4.社会满意度方面的均衡化指标及其权重

长期以来,由于教育经费投入不足,也由于义务教育政策选择偏差及义务教育阶段教育教学改革滞后于社会发展需要,人们对义务教育的整体水平和均衡性

多有不满。近年来，国家提倡义务教育均衡发展得到了社会的大力支持，也是社会大众的夙愿。义务教育阶段区域内均衡发展的状况评估需要社会大众的参与，因此，在评估指标制定时应考虑单列社会满意度指标，并赋予一定的权重。在调查中我们发现，普通的社会大众由于对义务教育没有一个全面把握，其评价虽然重要，但应该适当降低其在指标计分中的权重比例。建议该部分权重确定为10%。

具体评估时，可以把社会公众满意度指标划分成以下几个方面：儿童就近入学满意度、办学条件差距满意度、教师队伍差距满意度、控制择校现象满意度、政府推进义务教育满意度、学生作业负担满意度等。

四、区域内义务教育均衡发展数据的获得和均衡性测度

发展指标体系的构建，为获取均衡发展的数据资料提供了结构化工具，在指标体系完备制定的基础上，采用合理的方法，依据指标体系获取数据和测度均衡性是进一步要做的工作。

（一）计量资料来源

对某一区域内的义务教育发展均衡状况进行评估，需要准确、及时获取数据资料并且保证收集的数据资料准确有效。可想而知，若获取的数据资料不准确，在此基础上的评估必然导致错误的结论，若收集的资料不及时，得出的结论也将失去其实效性，不及时及不正确的结论会给后续的决策带来失误。要保证数据资料采集得准确、及时、完整，就要选择合适的数据资料收集方法。基于教育科学研究方法和实际操作需要，资料的收集方法可以分为以下两种。

1.文献法

义务教育均衡发展的相关资料有很多都有明确的档案或文献记录，比如适龄儿童入学率、学校的建筑面积、教师的数量及结构、学生的成绩等都是记录在各级档案中。这些档案保存在统计局、教育行政部门或学校的档案室中，要想获取这些资料，评估者可以深入相关单位查阅这些资料，为评估提供数据支持。

文献法是评估者通过查阅有关评价对象的档案或其他文献资料而获得评估数据。在教育评价中这种方法使用得最为普遍，也最有效。这是因为这种方法获得的资料具有客观性、系统性，并且方便在不同区域间进行比较。另外，这种方法的优点还表现在查阅方便、花费不大等方面。不过文献法的缺点也是显而易见

的,教育行政部门或统计局获取数据和记录数据形成档案需要一定的时间,记录的资料不一定及时反映学校各方面新的变化,加之文献资料往往是由各学校上报的资料,属于二手资料的范畴,出于各种主观的原因或失误容易导致资料的失真,因此,在使用文献法获取资料时,应该有所甄别。

2.调查法

在义务教育均衡发展水平的评估中,调查法也是采集评估数据的常用方法。调查法主要包括访谈调查和问卷调查两种。访谈调查在义务教育均衡发展评估中的应用主要是指依据指标体系编制结构式访谈提纲,依据访谈提纲,与评价对象面对面地谈话,直接收集资料的一种方法。访谈法的优点在于采集资料为第一手资料,在访谈中还可以深入设问,可以把握问题的某些细节和资料间的联系。缺点是收集资料比较费时、费力,不易大面积访谈。另外,其缺点还表现在访谈资料具有主观性,不同的访谈者访谈记录的资料不便于统一。因此,在利用访谈法采集数据资料时要尽可能地细化访谈提纲,要注意甄别被访谈者提供信息的真实性。另外,为了使访谈获得的数据在不同学校或不同区域间能够比较,最好能够给访谈资料定量赋值。

调查法的第二种常用方式是问卷法。问卷法是评价者根据评价指标的要求,提出一些问题,拟好题目和表格,以问卷的形式进行调查,通过调查对象答题来收集评价资料的方法。问卷法的优点是简单易行,针对性强,效率高,适用于对某些问题进行大面积调查。比如收集社会满意度数据,可以采用问卷法。其缺点是调查项目的拟定需要评价者具有一定的专业水平,对评价者有关教育测量知识的要求较高。另外,被调查者只针对问卷项目进行回答,调查比较表面化,深入程度不够,调查者不能深入了解被评价者的真实资料。因此,在使用问卷调查时要全面分析评估指标体系,编制覆盖全面并具有一定深度的问卷至关重要。问卷法的调查结果可以作为参考,与其他资料收集方法一起使用。

(二)各级指标的计分方法

由义务教育均衡发展指标体系的构建可以看出,指标可以划分为硬指标体系和软指标体系,对于硬指标和软件指标体系中的某些指标,其数据往往记录在各级档案文献中,以计数数据存在。比如,一县区适龄儿童入学的人数、辍学的人数。再比如,一所学校拥有计算机的台数、各类职称学历的教师人数等。在义务教育均衡发展评估中,采集这些数据通常记录的是百分比,比如某县区入学率或辍学率,某学校每百人拥有的计算机数,各级职称学历教师占教师总数的比率等。

此类以百分数存在的数据资料在指标计分时，可以先计算三级指标。三级指标的计算方法是拿三级指标的百分率乘其指标权重，然后把三级指标的数据相加合成二级指标得分，再用二级指标得分乘其二级指标的权重得二级指标得分，最后依据二级指标得分乘其权重后相加合成一级指标得分。

除了以百分比记录的指标外，在硬指标和软指标体系中的某些指标本身不是计数数据，而是连续数据，比如各项教育经费划拨情况、学校建筑面积等；也有的是评价者依据指标内容在比较各县区或各学校的基础上的主观赋予的分数。比如，给学校领导管理水平的打分、教师教学水平的打分、学生素质能力的打分、社会满意度的打分等。此类数据一般不采用百分来描述，计分时可以直接采用原始打分或记录数据来进行。比如三级计分中，可以用三级指标得分乘权重相加得二级得分，由二级得分乘二级权重后得分相加合成一级得分。

（三）均衡度的测算方法

通过调查或文献档案资料查阅，可以获得某一区域内义务教育均衡发展现状方面的资料，通过对资料的审核确定其完整、有效且真实后，可以按照评估指标体系中各项指标所确定的权重给每个指标赋值，赋值以后的数据资料集合作为义务教育均衡发展定量评估的基础性资料。在这些数据资料的基础上，借助统计学中的差异度衡量方法对区域内的义务教育均衡状况作出评价。一般来说，统计学中用于衡量数据间差异的程度的测度指标可以划分为两类：第一类是绝对差异测度指标，第二类是相对差异测度指标。

1.绝对差异测度指标

绝对差异测度指标主要有极差、百分位差、四分差、平均差、方差和标准差六种，其中最为常用的指标是极差、方差和标准差。

（1）极差。极差是指一组数据中最大值与最小值的差异。极差越大则数据间的变异越大。比如在义务教育均衡发展评估中，若评估对象是县区之间的均衡性，假如评估10个县区的小学教育经费均衡性，可以以各县区小学总的教育经费投入为数据点，找到10个县区中的最高值和最低值，计算其差异，差异越大说明县区间教育经费投入越不均衡。极差计算比较简单，但极差评估绝对均衡性容易受两极端值的影响，上面的例子中若一个县的教育经费投入远高于其他县很容易导致差异拉大。

（2）方差和标准差。方差指的是一组数据中每个数据与该组数据平均数之差的平方的平均数，其公式为：方差=(每个值-平均数)^2/数据个数。标准差为方差的平方根。方差或标准差越大则数据离散度越高，均衡性越差。比如10所小学间的教学管理水平均衡性分析，可以先获得各校教学管理水平评估得分，求出10所学校的平均分，代入公式计算方差或标准差，方差或标准差越大则10所学校间的教学管理水平越不均衡。

2.相对差异测度指标

上述方差和标准差都是对数据分散程度绝对值的一种反映。数值的大小一方面由变量的平均值的大小所决定；另一方面，对变量值进行计量所使用的计量单位不同，则所测量出来的离散程度也就不同。为了消除由于变量值水平高低和计量单位的不同而对离散程度测度值产生的影响，我们就需要计算相对差异测度指标。统计中常用的相对差异测度指标有差异系数和基尼系数。

差异系数也称离散系数，该系数的计算是采用一组数据的标准差除以其平均数而得到的值。比如评价县域间小学教育经费投入差异，可以以县区为单位计算县区内所有小学教育经费投入的平均数和标准差，由于各县区的平均数差异较大，直接比较标准差没有意义，需要用各县区的标准差除以其平均数计算差异系数，差异系数大者，其县区内小学教育经费投入差异程度高，不均衡性也就大。

基尼系数就是指对一组比较重要的教育指标进行动态分析，构建数学模型，依据构建的数学模型得出教育发展水平的一个基准值。比如，把义务教育经费当做能反映教育水平和质量的货币化教育资源，以不同人群或学校占有教育经费的不同比重建立洛伦兹曲线，然后，通过洛伦兹曲线计算基尼系数。在不同学校间，可以比较各自的基尼系数来反映义务教育发展的偏离程度。

（四）义务教育均衡发展测度数据的应用建议

1.制定县域义务教育均衡发展的底线标准

义务教育阶段，各学校间在软硬件配置上绝对均衡是不可能的，也未必是合理的，因此，相对均衡是义务教育均衡发展的目标。所谓相对均衡就是把区域义务教育的差距限制在一定的区间内，逐渐缩小优质学校和薄弱学校之间的差距。为了缩小差距，无论从理论上还是从实践上说，建立义务教育均衡发展的底线标准是均衡发展的首要任务。

当前，义务教育发展的非均衡化趋势得不到有效遏制，其中有一个重要的原因是没有明确的均衡发展底线标准，没有底线标准就无法准确统计底线标准以下的人数和学校数量，没有精确的统计数据作为支撑，也就难以明确消除最低标准线以下学校的责任，也就难以制定满足最低办学标准的目标和步骤，难以设计消除最低标准线以下学校的支持政策，最终难以有效遏止义务教育差距不断拉大的趋势。因此，建立义务教育均衡发展的底线标准是促进区域义务教育均衡发展的基本政策，对保证所有义务教育阶段学校都能满足最基本的办学条件有重大意义。区域义务教育均衡发展的底线标准的制定可以将义务教育均衡化发展的方针具体化，可以采取有力措施对非均衡化发展趋势进行调控，切实促进区域义务教育均衡发展。

2.建立预警机制及时预警区域义务教育差距

当我们论及义务教育均衡发展，得出义务教育阶段各学校发展非均衡化的结论往往是建立在感性、片面与模糊基础上的，现阶段，义务教育非均衡发展究竟达到了多大程度，又如何衡量和预测非均衡的发展状态，是需要一个既简单又有效的参照系数建立的，也就是要建立一个便于理解和报告的指标体系作为义务教育非均衡发展的预警机制。预警机制的建立应该依据调查和现有的统计数据建立，并及时发布预警指标，让社会和相关研究者能够较为完整、可靠、清晰地判断义务教育非均衡发展的程度，切实保证对义务教育失衡的有效监控和调节，这无疑可以将均衡化的政策落实得更加有力。

第二节
构建均衡发展的政策选择机制

《中华词语大全》中对“政策”的解释是，国家、政党为完成特定的任务而规定的行动准则，是路线、方针的具体化。在日常观念中，政策是指各级政府部门用以规范、引导和调控有关团体和个人行动的准则或指南。政策本身就是一个复杂的系统，仔细分析会发现政策具有不同的形态：首先，它是政府意志的体现。它是政府想干什么，怎么干，不想干什么，为什么不想干的表征；其次，政策还是一种过程概念，这种过程性表现在政策是政府为达到某一既定目标而采取的一系列可操作性的活动，因而它是动态的，并与历史的过去和未来有关；再次，政策还可视为是一种权威性的社会价值分配方案，对某一具体政策而言，这种价值分配将在与政策相关的目标群体范围内进行;最后,政策又是有关集体成员之间的一种默契,它要求所有成员在给定的环境下能把握其他成员的行为准则。

关于教育政策的定义,美国学者伊根·古巴总结了8种主要的界定。鉴于教育政策是公共政策的一个重要构成部分,参照公共政策的界定,教育政策是指公共权力机关特别是教育行政部门经由政治过程所选择和制定的为解决有关教育领域中的公共问题,达成公共目标,以实现公共利益的方案和措施等。政府部门(主要指教育行政部门)所制定的教育政策左右着教育发展的方向,左右着教育发展的效率和公平。多年以来,我国教育政策选择的客观不得已性或主观上的偏差状态导致义务教育均衡发展出现诸多问题,义务教育的失衡状态严重,加剧了教育不公,给我国的人才培养与选拔带来了消极影响。经济社会发展到今天,义务教育公平化、义务教育均衡化的呼声越来越高。要改变这种不均衡的状态,其对策之一就是在政策制定和选择上合理化,与义务教育均衡化发展相协调。

一、依法保障义务教育均衡

根据联合国教科文组织的统计,在全世界范围内,将近有170多个国家和地区宣布实施义务教育制度。各国为了保障义务教育制度能够顺利实施,普遍选择制定义务教育法律法规来予以保障。在各国制定的义务教育法律法规中,明确规定义务教育的目的、年限、对象及内容,普遍规定了政府在学校设立和管理方面的责任,家长对子女接受义务教育的责任,经费来源和分配以及其他措施等。美、日、韩等发达国家在保障义务教育的同时,还通过单独立法或在义务教育法中制定相关章节以促进教育公平。在我国,2006年新《义务教育法》的颁布实施,在总结了之前《义务教育法》实施以来20年的经验教训的基础上,凸显了教育均衡发展的思想和素质教育的理念。新《义务教育法》明确了义务教育均衡发展这个根本的方向,将均衡发展纳入了法制轨道。从过去的各自发展走上今天的均衡发展道路是新法最具里程碑意义的突破。

新《义务教育法》在法律上为义务教育均衡发展提供了依据,将义务教育定性为国家必须予以保障的教育类型。义务教育法要求各级政府、学校和社会民众都有义务保证义务教育均衡化。具体来讲,依法实施义务教育均衡发展必须做到以下几个方面:首先,增强责任感与法律意识,认识到依法实施义务教育是不容推辞的历史责任,不然就违背了法律的精神,要受到法律的制裁;其次,各级行政部门特别是教育行政部门,要依据新《义务教育法》制定、推行相关政策、方针和具体实施方案，要加快清理有违义务教育均衡发展的制度和政策，实施依法治教、依法治校，将人为造成的义务教育差距缩小到最小程度，将义务教育工作落实到实现均衡发展上来；再次，清醒地认识因先前制度给义务教育均衡发展带来的阻碍及困难，对均衡发展、素质教育、保障机制等，各级政府要担起责任，制定具体规划；最后，各级教育行政部门和各级各类学校要认真研究新《义务教育法》，认真制定符合本地、本校实际的义务教育均衡发展政策、规定和措施。在实施过程中，动态监控依法制定的均衡政策实施效果，避免上有政策下有对策的现象出现。总之，义务教育均衡发展需要依法进行，法律的制定和依法基础上的政策选择对义务教育发展的均衡化具有不可忽视的作用，在实施义务教育法律法规、政策方针时，既要看到任务的艰巨性和复杂性，同时也要树立信心，在新的历史阶段上、新的时代背景下，推进义务教育的均衡发展。

二、改革完善教育经费投入制度

义务教育的均衡发展不仅关系到国家整体人才培养质量，而且还关系到社会公平正义，关系到社会的和谐发展。从各国义务教育发展的基本规律来看，义务教育的本质特性是其强制性和免费性，义务教育的强制性和免费性决定了义务教育需要国家财政投入，需要建立完善财政投入机制。长期以来，受各种各样原因的影响，我国在义务教育均衡发展中教育经费的投入还存在着不少问题，比如城市教育经费投入较多、农村偏少等。针对存在的问题，借鉴国内外研究的具体成果和实践经验，我们认为，改革完善教育经费投入制度应该从以下几个方面做出努力。

（一）明确教育经费投入主体，建立多元的义务教育经费投入机制

我国义务教育经费投入的主体是县级财政，由于县级财政总量有限，也由于各地县级财政发展不均衡，县区财政投入义务教育的经费总量不足及不均衡导致义务教育失衡。近年来，理论及实践研究者普遍认为，应该改变以县区为主体的教育经费投入机制，把义务教育投入的主体确立为省级或中央统筹，在明确主体的情况下建立多元投入机制，明确各级政府的义务和责任，并吸引社会资本投入。

1.建立三级教育经费投入机制，明确各级政府投入比例

所谓三级教育经费投入机制是指义务教育的投资应由中央、省政府和县级政府共同承担机制。在这一机制中，要保证义务教育均衡发展，中央政府或省政府

在整个义务教育投资中应承担较大的义务与责任。比如,中央财政和省级财政应该保障各地区实施义务教育学校的基本教育经费,应该保证教师的工资等。

建立三级教育经费投入机制的好处可以概括为优势互补、各方参与、充分保障。具体来讲,首先,以中央和省级为主体,可以使各地基本教育经费得到保障。其次,筹集、分配义务教育经费的权限集中到中央或较高级别的政府手中,可以最大限度地发挥中央政府和较高级别政府的协调保障作用。最后,县级财政投入和社会资本的参与可以避免管理权过度集中对教育管得过多、过死,可以充分调动地方政府和社会办学积极性,也可以避免高度分散管理体制难以有效保障各地区义务教育均衡发展的固有缺陷,从而实现义务教育的均衡、稳定发展。

2.完善义务教育财政转移支付制度,促进义务教育均衡发展

国内外义务教育均衡发展实践表明,要使义务教育相对均衡发展,需要建立义务教育财政转移支付制度。在我国,义务教育转移支付制度是以教育费附加确定的基数为参考依据的,并未充分考虑教育的发展需要。为了建立合理的教育财政转移支付制度,要明确转移支付的程序、数量、用途、兑现时间等是否符合义务教育发展的需要,还要明确责任和保障措施,制定严格的转移支付奖惩制度。比如,对在义务教育上,县级财政无力支付,又不积极申请专业支付,致使义务教育发展经费得不到保障的要追究责任。另外,对接到申请报告,而不及时转移支付的同样要追究责任。此外,要在详细调研的基础上,依据义务教育城乡、校际及区域发展的不均衡性程度,确定财政转移支付的具体标准和额度,再进一步对资金在教育与其他各部门之间的分配进行合理划分。转移支付的目标是为了保证教育公平,促进教育均衡在基础标准上得到满足。因此,全过程监督和评估转移支付资金的使用,在监督过程中一旦发现有挪用截留现象,要立即采取应对措施,并对责任人和责任单位做出严格问责。

3.构建教育经费投入向薄弱区域倾斜的政策

区域经济发展不均衡一直以来是我国的基本国情。以前,以县区财政为投入主体的义务教育经费保障机制难以保证各县区间教育经费投入的均衡化,导致的结果是县区义务教育发展极不均衡,同一县区内的学校,由于县内经济发展水平有限,投入有限,往往会把有限的经费投入到城镇学校,对农村学校的投入较少,因此义务教育发展城乡差距较大、学校间差异较大的现象客观存在。现阶段,在国家财力相对雄厚的情况下,应借鉴美、日、英、法等发达国家的成功经验,对我国相对落后地区实施义务教育财政倾斜政策。这是因为这些地区的经济发展相对落后,地方财政能力极其有限,若没有国家财政投入的倾斜,缩小义务教育阶段区

域间、城乡间及学校间差异不仅不可能，而且会进一步拉大义务教育发展差距。因此，在发达地区或城市，财政状况较好，可以由地方财政承担大部分义务教育经费；在经济欠发达地区或农村，应有中央政府和省级政府投入，以确保教育经费投入上适当倾斜，由省级或中央财政承担投入主体。

三、完善和改革人事管理制度

导致义务教育发展不均衡的原因是多方面的，但重要原因之一是人事管理的某些不合理性和改革的滞后性。因此，推动义务教育均衡发展需要在人事制度上做出创新和改革，建立适合现代义务教育均衡发展的人事管理制度。

首先，在义务教育领域构建教育管理者和教师的选拔和准入制度。国家教育政策的实施，教育目标的实现，儿童身心健康发展的实现与教育人才队伍建设密不可分，因此，严格把关准入及合理选拔至关重要。要做到这一点，需要强化以下几方面：一是完善教师资格证制度。教师职业具有很强的专业化特性，需要经过长期的学习和训练才能实现其专业化。作为专业化很强的职业，应该对通过审核及考试的人员核发教师资格证，教师资格证的核发一方面证明了相关人员的能力水平，另一方面也是教师能够上岗的标志。现行的教师资格证制度不够完善，考核还不够严格，导致某些教师不具备教育教学能力却获取教师资格证，拥有教师岗位，好教师进不来，这是当前教育人事制度改革面临的一个大问题。二是要定编定岗、缺余互补。引入竞争机制，竞争上岗，切实实行聘任制。

其次，编制灵活政策。针对不同的学校和学校不同的时期，灵活运用编制制度，保证教师岗位满足教学需要。比如，由于农村薄弱学校和教学点学生少，按照师生比教师的数量编制就会少，但义务教育阶段规定的各门课程在这样的学校和教学点依然需要开足，这就会使教师负担的课程门类较多，教师的教学任务较重，这样既不利于教师的专业化发展，也不利于学生的发展，因而在制定编制时应该充分考虑这些因素，适当给这类学校增加编制。再比如，在现行政策和历史原因作用下，有的学校由于择校的原因，学生数量较多，学校不得不聘用大量的兼职教师，由于兼职教师缺乏稳定保证，无意中会懈怠自身的责任，给教育教学质量带来不利影响，在没有合理措施控制学生数量之前，可以适当增加这些学校的编制。

最后，增加教师收入，完善教师收入分配制度。在我国，义务教育经费保障体制实施“地方办学为主、分级管理”，义务教育的经费长期以来由地方政府承担，比如由县级政府承担，当县级财政不足时，又层层下推，最后导致大多数义务教育阶段教师的工资福利由乡镇政府承担。教师待遇主要依赖县或乡镇政府财政,由于地方经济不同,投入方向不同导致东部与西部、城市与农村之间差异相当大。地区间经济差异是客观存在的,短期内无法消除。但是教师待遇不由县乡负责,而由掌握主要税源的中央或省级政府负责。这样,教师待遇在全国大致均等,至少在省内是均等的。这是促进教师合理流动、均衡发展最根本、最有效的措施。

义务教育均衡发展的政策选择对义务教育均衡发展至关重要。在具体制定和选择义务教育政策时,首先要统筹考虑,各方面的政策并非是孤立的,它们之间相互联系、相互制约。其次要动态监控政策、制度实施效果,防止政策执行过程中的偏差,任何政策的制定和实施都有特定的历史条件、社会条件和经济发展条件,随着我国社会经济发展的不断加速和人们观念的不断改变,政策需要动态调整和灵活使用。

第三节
构建区域内校际间硬件资源均衡发展模式

在国家对义务教育的投入逐渐增加的情况下,要实现义务教育均衡发展,需要合理配置教育资源。从一般意义上说,教育资源包含硬件资源和软件资源两部分。在促进义务教育均衡发展的过程中,教育硬件资源的均衡是外显的,是基础成分,没有硬件资源的均衡,就不能为软件资源的均衡创造环境条件。比如,若一个学校没有好的、安全的校舍和运动场地,学生不愿意选择学校,教师也不愿意到校任教。因此,促进义务教育均衡发展,硬件设施的标准化、均衡化应先行。

一、义务教育均衡发展需要合理布局学校

(一)合理布局学校的必要性

学校的布局需要考虑适龄儿童和青少年所处的地理环境、家庭亲情、经济负

担、入学方便等感情因素，这样考虑在一定意义上是适当的，也应该是我国义务教育均衡发展应该坚持的，是保证义务教育学生入学机会均等的重要措施。当前，义务教育已全面普及，学生入学机会基本实现了公平。随着我国儿童出生率的降低，适龄儿童的数量呈下降趋势，再加之我国正在推进城镇化建设，可以预见，在不久的将来，大部分人口将生活在城镇，人们物质生活水平不断提高，精神文化需求日益增长，对优质教育资源的需求更加强烈，人民群众把更多的关注点投放到学校管理、班额、学生学业成就、教师来源优劣上来。但优质教育资源是有限的，若教学点过多，势必会分化有限的教育资源，使教育资源的利用率下降，教育教学质量难以提高，虽然保证了最低层次的入学机会公平，但均衡发展一定是运行在低位，这不是均衡发展的目标，这样的均衡发展也不能得到社会和家长的满意。作为有限资源下的现实选择，合理布局义务教育学校仍是义务教育均衡发展的前提条件。在布局学校时既要考虑学生入学的方便性，同时也应该考虑教育资源的优化，通过各种配套措施的跟进，在可能的情况下要集中优势教育资源集中办学。

（二）灵活撤并村办义务教育学校，实现义务教育资源聚合化

长期以来，义务教育体制是县、乡、村三级布点模式，使用的是“地方负责，三级办学，分级管理”体制。这样的办学体制对解决入学机会均等发挥过重要的作用。但当前情况下，由于社会生活环境的变化，三级布点机制已经出现诸多问题，村办小学的生存堪忧，主要表现在：一是村办小学的生存空间被严重挤压，生源往往不足。这是因为20世纪90年代以来，越来越多的农村人到城里打工，甚至在城里生活，孩子随父母前往城市，进入城市的小学读书；另外，即使不随父母进城的适龄儿童，因为父母经济条件逐渐改善，为了让孩子接受更好的教育，为其以后的人生发展奠定基础，父母往往把孩子送往县城或乡镇中心学校就读。二是村办小学的资金及师资匮乏。有调查发现，村办小学往往接受乡镇中心学校的领导，缺少独立的法人资格，其资金是通过中心学校下拨的，由各种原因导致村办小学难以获得足够的资金支持。另外，由于住房、待遇、婚姻和发展机会等，大中专毕业生极少愿意去村办小学长期任教，师资的匮乏难以保证教学质量。三是管理难以到位，很难进入合格学校行列。由于过去村办小学较多，县级管理部门只能委托乡镇中心学校管理，乡镇中心学校又难以真正实施管理或干脆不愿意管理。这样一来，村办小学教育教学质量难以得到保障。鉴于此，根据实际撤并某些村办小学应该是优化教育硬件资源配置的一条重要途径。

义务教育学校布局的不合理，稀释了优质教育资源，不利于教育资源的合理

配置和高效利用，因此，需要根据实际情况撤并某些村办学校或生源很少的学校，不过撤并时还要考虑各方利益，不管怎么说，合理布点的宗旨让学生更好地读书，更好地成长。

（三）制定政策，促进学校布局合理，综合利用资源

各县区根据本县区情况撤并学校，重新布局学校是集约利用教育资源的途径之一。但撤并学校不是一个简单的合并过程，在撤并学校的同时，为了保障入学机会均衡，为了保障学生入学的便利和保障教育教学质量，还需要注意以下几方面的问题。

首先，合理布点应该纳入市、县义务教育均衡发展规划。把握乡镇学龄人口减少、城镇人口逐渐增加的趋势，制定学校布局的合理规划，并向社会公布，在明确征求社会意见的基础上，修改完善学校布局，实现集中办学和教学点教学两级布局。

其次，寄宿制学校的标准化建设应该引起重视。撤并村级小学，实现县乡两级布点后，学校的生源范围扩大，这就要求县乡两级创造条件，满足学校规模的扩大带来的需求，在土地、资金等方面予以支持。另外，由于教学点集中化，撤并学校的教师安置、学生入学距离变远及学生在校生活等方面的问题就会凸显，这就要求各级政府部门及学校要切实负起责任，制定相应的应对策略：一是为低龄学生配备保育教师。保育教师可以由在校教师转岗而来，也可以从社会招聘，但不论如何都要监督他们切实负责，能够照顾好住校学生的衣食住行及心理需求，以解除家长的后顾之忧。二是建立县乡两级政府协调机制。具体讲可以由县乡两级政府部门牵头，成立由学校、医院、派出所、供电等部门参与的工作保障小组，及时解决寄宿制学校面临的各种问题。三是建立家校联系卡制度，学校通过家校联系卡，及时让家长了解子女在校的学习生活状况。四是为学生免费提供交通工具，为家庭收入低于一定标准的学生提供免费食宿，这样可以减少因重新布局学校给家庭带来的交通及经济负担。五是实施家长义工制度。学校应该欢迎那些有热情、有时间并自愿为学校提供义务服务的学生家长到学校提供服务，允许他们和保育教师一起照料学生的生活，家长义工制可以加深家校联系和沟通，也可以增进感情。

二、校舍、场地建设标准化，保障义务教育建筑面积达标

长期以来，以县乡财政为投资主体的义务教育学校在校舍、运动场地、学生宿舍、食堂等设施建设资金上常常捉襟见肘，不少县区把有限的资金投入到了个别的重点学校，而忽视大多数农村学校及乡镇学校的建设。这样一来，造成县域内各学校在校舍条件方面极不均衡，这也是家长择校，社会对义务教育办学条件不满的重要原因之一。按道理来说，政府投入应该是均等的，在学校的生均占地面积、生均建筑面积、生均运动场地面积上应该相对均衡。根据相关研究成果并结合实际，我们认为，要实现校舍均衡，保证适龄儿童享有平等硬件设施，需要从以下几方面努力：一是改变教育经费投入对县乡财政的依赖性，把义务教育投入的主体确定为省或中央财政，这样可以利用中央及省级财政的实力保障建设资金投入。二是多方筹措建设资金。义务教育经费只靠财政投入，会导致经费渠道单一，政府压力过大，地方和个人积极性受到压抑，因此，在明确中央、省、县分级投入、灵活分摊比例的基础上，要积极引导社会资金或慈善资金投入义务教育学校的建设。实现建设资金来源多元化，保证建设资金的来源全面、稳定，也可以推动学校建设由初级达标向更高水平迈进。三是明确义务教育学校标准化建设标准。国内外的经验表明，标准化建设不是要打造豪华学校，不是要把学校校舍建设绝对平均化，绝对平均化既无可能性也无必要性，学校校舍建筑的标准化主要是指对各个学校财政投入的统一化、标准化。比如运动场地建设、实验室用地、食堂宿舍建设要达到学生使用基本标准，对比较薄弱的学校，要适当增加财政投入，对条件优厚的学校要适当减少投入，以缩小办学条件在建筑水平上的差异，体现教育公平。

三、其他硬件资源的均衡化

合理布局学校，在校舍、运动场地及馆所方面的建设向薄弱学校倾斜是现阶段缩小学校间差距的重要举措。只有这些还不够，还不足以体现硬件方面的资源配置合理、均衡化，为了实现均衡化，优化硬件资源配置，也为了兼顾公平与效率，还需要在其他硬件设施上实现相对均衡。

（一）仪器设备的均衡化

一个学校的教学仪器设备的配置水平，会直接影响到课堂教学质量提高和学生基本技能的培养。仪器设备主要包括理化生实验仪器、体音美专用设备及计算机设备等。调查发现，义务教育学校设备方面的差距不仅表现在县区间的差异上，还表现在同一县区城乡间、同一乡镇学校间的差异上，有些差异还比较大。以开封市为例，有的学校体音美设备极其匮乏，因体育、音乐器材缺少，有的学校干脆压缩了这些学科的教学和实践环节。另外，某些农村和城市中的薄弱学校，生均计算机设备少得可怜，而且计算机设备往往是早已淘汰的旧机器，这些计算机设备根本无法满足学校教学的要求，也不利于学生掌握现代化的技术手段。仪器设备方面的生均差异过大，对适龄儿童的教育是不公平的。要实现仪器设备的均衡化，需要投入资金，需要制定本地义务教育均衡发展在仪器设备方面的技术装配标准。对河南的学校来说，要按照《河南省中小学教育技术装备标准（试行）》配备体音美器材，实施标准化建设，使每个学校都能达标，保障最基本的办学条件得到满足。另外需要注意的是，达标只是当下最基本条件的满足，随着时间的推移，达标应该是一个动态过程，仪器设备需要不断淘汰、更新，因此，需要建立长效的仪器设备折旧评估机制和完备的仪器设备更新机制。

（二）图书资料的均衡化

图书资料的区域性不均衡、城乡间不均衡、学校间不均衡也是客观存在的。有关统计表明，农村学校学生生均拥有图书资料的数量显著低于城市学生，经济投入的不同导致学校拥有投入购买图书资料的专项资金不同，较发达县区，学生拥有图书资料的数量显著高于其他县区。要改变这种不均衡状况，可以从以下几个方面进行努力：首先，增强购买图书意识。农村学校购买图书资料意识需要引导。调查发现，在经济条件比较宽裕的情况下，农村家长不吝啬给孩子购买玩具，不吝啬给孩子购买物资，这些虽然是必要的，然而在适当满足的情况下，多余的购买对孩子来说不能满足其更高水平的精神需要，不能提升孩子的文化水平。学校要通过家长会等方式进行引导，让家长意识到购买图书资料的意义和价值，引导家长增加这方面的投入；其次，图书资料是教育教学水平提高的基本条件，因此，学校要从教育经费的投入中划拨专项基金，用于购买图书资料，并对购买图书资料的资金使用情况进行监督审计，以达到应有效果。再次，拓展渠道，使图书资料的来源多元化，鼓励社会捐助学校图书，鼓励有实力的地区或学校对薄弱学校实施图书资料对口捐助，也可以鼓励学生把手中的图书资料共享化，比如建立校园共享图书室或班级共享图书角等，这些都可以增加学校的图书资料，实现图书资料校际间均衡。最后，在关注图书资料数量上均衡的同时，还要关注图书资料质量上的均衡，图书资料质量上的均衡表现为资料的不断更新、学科门类间的图书数量均衡上。调研发现，有的学校虽然拥有图书的数量达标，但图书都比较陈旧，不能反映学科发展前沿的成果，图书的重复率较高，一本图书的数量有上百册，有些学科较多，有些却极少，这些问题的存在都说明图书均衡不仅仅是数量的问题，更应该关注质量的均衡。

学校布局、校舍建设、仪器设备、图书资料的达标与标准化建设，有利于推动义务教育学校办学条件的基本均衡，有利于维护教育公平，需要引起各有关部门重视，然而仅有办学硬件条件的满足并不意味着均衡化发展，真正的均衡化发展应以硬件资源均衡化为基础，大力推进教育软件资源的均衡化。

第四节
优化软件资源配置，实现均衡发展

义务教育县域间、城乡间、学校间硬件条件的不均衡客观存在，在区域经济不断发展，中央、省市及县乡教育经费投入不断增加的背景下，这些方面的均衡是比较容易实现的。但也有报道见于网络报刊，有的区域为了响应国家义务教育均衡发展的倡议，也看到了义务教育发展对本地国民素质提高及对地方经济社会发展的长远意义，投入大量资金建设标准化学校，可这些学校建设完成后长时间闲置，究其原因，在很大程度上是因为有华丽的外表，却没有深刻的内涵。好的硬件设施固然有助于优化教育软件资源配置，但还不足以满足软件资源配置的要求，因此，优化软件资源配置，才是改变义务教育失衡发展的根本点，才是实现义务教育公平化的内在途径。

优化教育软件资源配置，促进义务教育均衡发展是一个系统化的工程，需要制定政策，需要选择方法，更需要改变人们的职业选择意识。目前情况下，义务教育均衡发展的软件资源配置可以从以下几个方面进行。

一、师资队伍均衡化

(一)创新教师交流和支教机制

新义务教育法第三十二条明确规定:“县级人民政府教育行政部门应当均衡配置本行政区域内学校师资力量,组织校长、教师的培训和流动,加强对薄弱学校的建设。”从国内外的研究和实践经验来看,建立教师交流机制是促进教师资源均衡化的重要方法。交流机制的建构应该包括城乡教师交流和校际间教师交流两个层次,具体讲,教师资源交流机制的构建可以从以下几方面进行。

首先,建立校长定期轮岗制度。一位好的校长就是一所好的学校。这是因为校长是一个学校的中心,好的校长有着较强的学校发展规划能力,有着先进的教育教学管理理念,这对学校的不断发展具有引领作用。农村学校的校长为学校的发展付出了艰辛的劳动是值得肯定的,然而也由于其视野不够开阔,先进的教育教学理念难以及时获得,科学的学校规划和先进的办学理念不能及时形成,这也是导致学校间、城乡间差异的重要原因。所以,实施义务教育均衡发展,物质条件是保障,学校教师是基础,校长是关键。要积极建立校长交流机制,比如薄弱学校校长要到优质学校去“留学”,农村学校校长要到城市学校去挂职、兼职等,以便学习管理经验及办学理念,城区或优质学校校长也要到农村或薄弱学校任职、帮扶,以便把办学理念和管理模式渗透到农村或薄弱学校。

其次,构建教师交流机制。通过鼓励政策、职称评定等政策的制定和完善,要求城市学校的教师定期或不定期前往农村学校支教,在农村学校自身教师资源及素质难以短期改变的情况,通过教师交流机制提升农村学校的师资水平。同时,制定政策、实施专项补助、设置专项交流经费等办法鼓励先进地区的教师对口支援落后地区的学校。创设条件让工作在农村,尤其是贫困地区的教师到高校或城市中的名校学习提高。

最后,完善支教制度。按照均衡化发展要求改变农村教师结构,提升薄弱学校教师的整体素质需要一个长期的过程,当前情况下,制定政策引导师范类大中专毕业生前往农村支教是可行的政策。可以规定师范类毕业生需要有农村支教经历才具有入职教师岗位资格,在支教期间,支教生要享有与正式教师一样的工资待遇。

（二）改善城乡薄弱学校教师待遇，为教师创造良好工作条件

长期以来，大中专毕业生不愿意前往农村做中小学教师，一个重要的原因就是农村教师的待遇低，工作环境条件差。没有人才补充导致城乡师资水平不断拉大，农村教师队伍教育教学水平不高。因此，为了改变这种师资失衡状态，就要改善农村教师工资待遇，为教师创造良好的工作条件。具体可以从以下几个方面进行。一是提升农村教师工资水平，让农村教师和城里教师一样通过自己的劳动获得可观的工资收入，医疗保险、住房公积金、养老金等足额按时发放。另外，设立专门的农村教师尤其是边远地区教师岗位津贴，逐步使贫困及边远地区教师工资水平高于城市，以补偿这些教师在艰苦的条件为农村教育事业做出的努力和付出的艰辛。二是改善农村薄弱学校教师的发展机会。按照马斯洛的需要层次理论，每个人都有追求自我实现的需要，教师从业者更是如此。在以往长期实行的政策中，农村教师在职称晋升上往往处于劣势，严重压抑了农村教师不断学习、不断努力以提高自身的教育教学水平的愿望，挫伤了教师的工作积极性。因此，可以出台相关规定，放宽农村教师晋升高一级职称的条件。总之，通过各种途径改善农村学校教师的生活条件、工作条件及人生成长机会是促进教师整体水平提高，最终实现教师资源城乡差异逐渐缩小的重要途径之一。

（三）加强教师培训

义务教育均衡发展的实质是教育质量的均衡，教育质量的均衡在很大程度上取决于教师素质的均衡，教师素质的均衡又在一定程度上取决于教师的不断学习，不断提高。因此，采取有效措施促使教师积极参与培训和教育科学研究，是促使教师整体素质提升，促进教师素质均衡化的重要途径。结合理论研究和实际调查结果，我们认为，教师的培训提高可以从以下几个方面进行：一是学历培训。在城市的义务教育学校中，教师的学历层次一般都能达到甚至超过国家规定的标准，而农村学校特别是贫困地区学校教师学历普遍比较低，因此，要创造条件，提供机会，提升农村中小学教师的学历层次。二是引导农村小学教师参与教育教学研究。各地教科所、教研室要负起责任，按照上级科研部门要求，结合本地实际，拟定本地教育科研课题，引导教师特别是农村教师参与到课题申报和实际研究中来，通过研究一方面教师可以证明自己的价值，另外一方面可以通过研究中的资料查阅过程、实际调查过程增强自己分析问题和解决问题的能力，也可以提高自己的知识水平，从而有利于改变原有的教育教学方式。三是利用现代化教育技术

手段，为教师创造培训平台。以往的培训模式往往是集中培训，需要教师利用节假日开展培训。这种培训模式虽有它积极的方面，但培训内容的更新不及时，培训时间安排过于死板，常常导致培训效果不佳。随着现代教育技术的广泛应用，以县或以市为单位，借助互联网建立远程培训网络，培训内容为优质教育资源的教学视频、教育教学理论等。通过这种途径教师可以灵活安排时间，可以不断获取教育教学方面的新知识、新信息。

二、信息技术均衡化

当今时代是一个信息时代，是一个技术时代，互联网信息技术已经深入到了我们生活的方方面面，改变着我们的生活模式和对问题的理解方式。在教育领域，多媒体技术、互联网技术、远程教育技术等打破了原有的教学模式，使教与学的活动发生了革命性变化。突破传统学校界限，使教育时空大大扩展，教育信息技术为优质教育资源的共享和有效扩张提供了平台，也为义务教育均衡发展带来了新的方便途径。

（一）信息技术均衡化的意义

教育信息化是指教育领域应用信息技术，深入开发、广泛利用信息资源加速实现教育现代化的过程，它具有数字化、网络化、智能化和多媒体化的特征。教育信息化是新时期衡量教育发展水平和评估教育均衡发展的重要指标。信息技术均衡化建设的价值在于：首先，教育信息化技术在更大范围的时空里，使优质教育资源共享成为可能。优质教育资源是有限的，在当前情况下，优质教育资源往往集中在城市学校或城市中的重点学校中，对广大的农村学校而言，由于学校的办学条件差，与城市相比，其生存环境和待遇保障不能有效吸引优质教育资源，这种情况下，通过远程教育技术、互联网技术开展在线教学，使优质教育资源通达农村薄弱学校。其次，信息技术的普及和均衡化可以为薄弱学校教师提供在线培训平台。农村学校教师由于获取信息资源有限，接受培训的机会较少，在信息、知识爆炸的今天，教师不学习就是退步，就不能跟上时代要求，也不能满足教育教学需要。这种情况下，若能为农村学校建立信息技术平台，农村教师就可以参与优质学校教师的教研，可以通过信息技术平台得到城镇学校教师的在线指导或共享教案、教学视频等资源。可以说，教育信息平台为农村薄弱学校教师搭建了一个再学习、再提高的培训平台。最后，信息技术建设均衡化可以为薄弱学校的孩子提供掌握信息技术的机会。农村孩子因为各种各样的原因接触信息技术较少,信息技术操作水平难以提高,这不符合信息时代的要求,也不利于他们适应未来的信息技术社会。通过信息技术建设的均衡化,可以增加农村特别是边远区域学生的信息技术操作能力,无疑有助于提升学生的整体素质。

（二）信息技术均衡化应注意的问题

近年来,各级政府和教育行政部门认识到了信息技术对教育的深远影响,在推动教育信息化方面也做了大量的工作,取得了显著成绩,但是,信息化内涵建设和城乡、学校间均衡化程度还存在着不少问题。针对这些问题,在教育信息化建设过程中要注意以下几点:首先,硬件建设投入要加强。调研中发现,城市中的非重点学校、农村学校计算机配置数量及水平还比较低,计算机更新程度不能满足教育教学需要。互联网的普及率不够,学校教师不能通过互联网获取现代教育信息资料。教育技术硬件设施的投入需要各级政府承担,需要更多专项资金投入,需要向薄弱学校和农村学校倾斜,以满足硬件购买和更新需要。其次,要重视教师信息技术培训,特别是农村学校和薄弱学校。由于区域经济发展不均衡,这些地区的教师整体素质往往要低于经济发展较好的县区,学校教师信息技术知识和信息技术操作水平较低,因而,提高落后农村学校或薄弱学校教师的信息技术水平,进而提高教育教学质量。再次,通过教育,提高学校领导和教师深刻认识信息技术在教育教学中的应用价值。信息技术的使用有助于提高教育教学质量,有助于提高教师的教育教学能力,也有助于学生的身心素质发展。但是,由于借助信息技术手段的学习需要花费教师的时间和精力,许多教师还只是满足于通过信息技术手段查阅一下资料,远程交流、在线学习、运用多媒体技术辅助教学等在许多薄弱学校的教师中还缺乏必要的应用,因此,必须通过多种形式的教育学习活动,使广大教师能够在教育中自觉应用教育信息技术。最后,开发各阶段教育的信息资源,以满足学校教师教学和共享需要。教育信息建设均衡化的目标绝不能仅仅停留在普及计算机、开通网络这样的初级阶段,真正的信息技术均衡化应该注重教育资源开发,构建内容丰富的教育信息平台。教育信息化平台及其内容的构建,应该是软硬件环境协调发展,在内容开发上要组织计算机方面的专家负责编程,组织具有富有经验的教师和教育技术专家编制信息化具体内容。

（三）信息技术平台建设

为了充分发挥信息技术在教育教学中的促进作用,需要建立信息管理系统和数据库。信息管理系统应该建立在各学校达成供求协议的基础上,实现优质教育资源的在线及时发布、查询、共享申请与内容优劣评价。资源管理方、资源提供方、资源使用方三方构成资源流通体系,流通体系各方要协调一致,统筹运作,实现网上资源共同开发、共同使用。信息平台的使用对象可以是教师,也可以是学生;可以是学校管理员,也可以是平台管理员。为了维护信息资料的使用安全,需要赋予不同用户以不同的权限,在技术实现上可以采用不同的登录界面,实现不同的内容浏览和发布。信息平台的应用包括备课管理模块、主题教育资源共享模块、教师工作室模块、课程管理模块等业务模块。

教育信息化的灵活性及其易扩展性,使教育信息化平台成为义务教育均衡发展的一个强有力的平台。借助教育信息化,可以实现优质教育资源的开发和共享,可以突破时空限制实施传播;借助教育信息化,可以使学校管理动态化,提高管理效率;借助教育信息化可以实现教师的在线培训和学习,提升义务教育阶段教师的整体素质;借助教育信息化,可以整合课程,实施远程教育,让学生能够在现有条件下接受优质教育。教育信息化平台建设的这些优势作用的充分发挥,可以在更高水平上促进义务教育均衡发展。

参考文献

（一）论文类

[1]袁连生.论教育的产品属性、学校的市场化运作及教育市场化[J].教育与经济,2003(1).
[2]姚永强.关于基础教育资源优化配置的理论思考[J].西华师范大学学报(哲学社会科学版),2005(2).
[3]翟博.均衡发展:我国义务教育发展的战略选择[J].教育研究,2010(1).
[4]鲍传友.义务教育均衡发展:内涵和原则[J].国家教育行政学院学报,2007(1).
[5]王定华.关于我国义务教育均衡发展之审视[J].中国教育学刊,2010(4).
[6]刘新成,苏尚锋.义务教育均衡发展的三重意蕴及其超越性[J].教育研究,2010(5).
[7]熊川武,江玲.论义务教育内涵性均衡发展的三大战略[J].教育研究,2010(8).
[8]王景春,张春宏.县域义务教育评价指标体系的构建与内容解析[J].教育测量与评价,2009(8).
[9]楼世洲,宁业勤.县域教育均衡发展督导评估方案研究[J].学校管理与发展,2009(2).
[10]翟博.教育均衡发展:理论、指标及测算方法[J].教育研究,2006(3).
[11]张惠.义务教育校际均衡监测指标的研究[J].宜宾学院学报,2008(12).
[12]高智源.县域义务教育均衡发展的评价研究[J].教育前沿,2009(8).
[13]崔慧广.县域义务教育均衡发展测度指标与方法的研究[J].创新.2010(1).
[14]陈世伟,徐自强.县域义务教育均衡发展指标体系构建研究[J].内蒙古农业大学学报(社会科学版),2010(4).
[15]曲乐.我国县域义务教育均衡发展评估指标体系的构建[D].沈阳师范大学,2011.
[16]李晓波,张莉.我国应适当提高基础教育师资学历标准[J].内蒙古师范大学学报(教育科学版),2010(6).
[17]顾明远.论学历主义与教育[J].教育研究,1995(4).
[18]王安全.教师学历发展功能及其正向化方式[J].中国教育学刊,2012(2).

[19]严清华.第三配置及其路径依赖偏好[J].武汉大学学报,2001(3).
[20]田正平,李江源.教育公平新论[J].清华大学教育研究,2002(1).
[21]刘尧.教育公平研究综述[J].交通高教研究,2002(4).
[22]章毛平.论教育公平与公平教育[J].江苏社会科学,1997(5).
[23]李立国.教育公平辨析[J].江西教育科学,1997(2).
[24]郑晓鸿.教育公平界定[J].教育研究,1998(4).
[25]胡劲松.论教育公平的内在规定性及其特征[J].教育研究,2001(8).
[26]郑淮.略论我国的社会分层变化及其对教育公平的影响[J].华南师范大学学报(社会科学版),1999(2).
[27]李慧.教育公平与教育效率关系再探[J].教育与经济,2000(3).
[28]肖建彬.论教育公平研究中的若干理论问题[J].西北师大学报(社会科学版),2003(5).
[29]郭彩琴.教育公平:内涵和规定性[J].江海学刊,2003(3).
[30]徐建,姚建龙.家庭教育立法的思考[J].当代青年研究,2004(05).
[31]中国妇联.全国未成年人家庭教育状况抽样调查的报告(节选)[J].中国妇运,2008(05).
[32]陈娟."双向互动":公共服务供给主体的角色定位与路径选择[J].中共福建省委党校学报,2012(02).
[33]张绘.我国城市流动儿童初中后教育意愿及其政策含义[J].教育学报,2013(01).
[34]左小彩.改善城市流动儿童教育现状的对策分析[J].教学与管理,2010(18).
[35]谭细龙.教育凭证制度与农村基础教育均衡发展[J].基础教育研究,2003(22).
[36]王水珍,刘成斌.流动与留守——从社会化看农民工子女的教育选择[J]. 青年研究,2007(01).
[37]程福蒙,柯洪霞.关于流动儿童教育问题的再审视[J]. 教育探索,2006(08).
[38]陶西平.我国流动儿童教育问题的制约因素和政策出路[J]. 教育科学研究,2012(05).
[39]赵笑梅,李婷. 流动儿童社会支持与自尊的关系研究[J]. 宁波教育学院学报,2010(03).
[40]张兴杰,游艳玲. 农民工子弟学校教师现状与管理对策研究——基于广东省珠三角地区的调查分析[J]. 中南民族大学学报(人文社会科学版),2009(02).
[41]宋国栋. 兰州农民工子女教育现状及对策[J]. 甘肃理论学刊,2006(02).
[42]王颖.流动儿童自我效能感和学校适应的研究[J]. 内蒙古师范大学学报(教育科学版),2013(06).
[43]廖国娟. 农民工子女教育的现状与对策[J]. 兵团工运,2005(06).
[44]张铁明. 论中国教育需求趋势与巨大市场空间[J]. 教育科学研究,2004(11).
[45]王涤.关于流动人口子女教育问题的调查[J]. 中国人口科学,2004(04).
[46]段成荣,黄颖.就学与就业——我国大龄流动儿童状况研究[J]. 中国青年研究,2012(01).
[47]王中会,夏菡.流动儿童积极心理品质及对其城市适应的影响[J].中华女子学院学报,2013(03).

[48]张弛．“村庄社区化”管理的社会资本分析[J]．安徽警官职业学院学报,2011(06).
[49]万蓓蕾.我国流动儿童义务教育问题之症结[J]．福建论坛(社科教育版),2011(06).
[50]冯晓英.论北京“城中村”改造——兼述流动人口聚居区合作治理[J]．人口研究,2010(06).
[51]燕学敏.北京市流动儿童不同学习需要的调查研究[J]．中国特殊教育,2010(10).
[52]王东.“两为主”政策背景下流动儿童家长“择校”行为分析——基于对北京市的相关调查[J]．教育发展研究,2010(12).
[53]聂乐乐,孔园园.农民工子女教育政策的演进[J]．中国科教创新导刊,2009(07).
[54]易承志.城市农民工子女教育保障的逻辑与路径反思——公民权的视角[J]．兰州学刊,2010(04).
[55]洪雁,方爱清.城市社区农民工子女的教育期望与社会工作回应[J]．前沿,2010(10).
[56]赵真真,贺林珂.流动儿童教育起点公平问题探析[J]．现代教育科学,2007(02).
[57]吴霓.民办农民工子女学校设置标准的政策困境及解决措施[J]．教育研究,2010(01).
[58]曾守锤.公办学校中流动儿童的心理健康问题[J]．当代青年研究,2009(08).
[59]曾守锤.流动儿童的社会适应状况及其风险因素的研究[J]．心理科学,2010(02).
[60]徐丽敏.农民工子女在城市教育过程中的社会融入研究[J]．学术论坛,2010(01).
[61]王涤.关于流动人口子女教育问题的调查[J]．中国人口科学,2004(04).
[62]邵国栋.城市农民工子女受教育状况调查——以南京市某民工子弟小学为例[J]．江西农业学报,2006(05).
[63]金南顺.城市农民工子女上学难问题探讨[J]．济南大学学报(社会科学版),2006(03).
[64]陈家斌,王守恒.进城农民工子女教育的回顾与思考[J]．内蒙古师范大学学报(教育科学版),2009(02).
[65]陶红,杨东平.北京市“流动儿童”教育面临的问题与对策[J].江西教育科研,2007(01).
[66]赵文博.试析农民工流动儿童的教育衔接问题[J].南都学坛,2012(04).
[67]赵利侠.关注弱势群体:从教育公平看农民工子女教育问题[J].现代中小学教育,2010(11).
[68]李伟梁.试论流动人口子女家庭教育问题的成因及特点[J].中南民族大学学报(人文社会科学版),2005(02).
[69]王传瑜.规范简易农民工子女学校管理亟需实质性政策[J].现代教育论丛,2009(07).
[70]胡于成.城市化进程中农民工子弟学校问题探析[J].中共郑州市委党校学报,2008(05).
[71]周佳.进城务工就业农民子女义务教育政策执行研究[J].清华大学教育研究,2006(04).
[72]熊少严. 城市流动儿童的社会整合与学校教育的指导策略[J].广东社会科学,2006(01).
[73]林盈盈,唐峥华等.流动儿童孤独感、自我接纳和行为问题调查[J].中国公共卫生,2013(09).
[74]许舒雯.流动儿童学习适应力研究[J].法制与社会,2013(11).
[75]师保国,邓小晴,刘霞.公立学校流动儿童的幸福感、歧视知觉及其关系[J].首都师范大学学报(社会科学版),2013(03).

[76]苑雅玲,侯佳伟.家庭对流动儿童择校的影响研究[J].人口研究,2012(02).

[77]吴新慧,融合教育.流动儿童师生关系及其校园适应[J].教育科学,2012(05).

[78]严清华.第三配置及其路径依赖偏好[J].武汉大学学报,2001(3).

[79]杨东平.从权利平等到机会均等——新中国教育公平的轨迹[J].北京大学教育评论,2008(05).

[80]杨东平.对建国以来我国教育公平问题的回顾和反思[J].北京理工大学学报(社会科学版),2000(11).

[81]郭元祥.对教育公平问题的理论思考[J].教育研究,2000(03).

[82]褚宏启.关于教育公平的几个基本理论问题[J].中国教育学刊,2006(12).

[83]张良才,李润洲.关于教育公平问题的理论思考[J].教育研究,2002(12).

[84]翁文艳.教育公平的多元分析[J].教育发展研究,2001(03).

[85]王善迈.教育公平的分析框架和评价指标[J].北京大学学报(社会科学版),2008(03).

[86]褚宏启,杨海燕.教育公平的原则及其政策含义[J].教育研究,2008(01).

[87]石中英.教育公平的主要内涵与社会意义中国[J].教育学刊,2008(03).

[88]陶西平.树立科学的均衡发展观[J].中国教育学刊,2010(07).

[89]袁德林.基础教育均衡发展一定要坚持科学发展观基础[J].教育研究,2006(9).

[90]翟博树.立科学的教育均衡发展观[J].教育研究,2008(1).

[91]杨想森.落实科学发展观,促进基础教育均衡发展[J].人民教育,2005(2).

[92]马林靖、孙龙建.基于科学发展观的县域均衡发展指数测度研究[J].云南财经大学学报,2010(1).

[93]李明,陈万勇.均衡发展:区域教育科研科学发展的战略思考[J].教育理论与实践,2012.

[94]高洪,郑华.科学发展观与玉溪城乡义务教育的均衡发展[J].玉溪师范学院学报,2009(10).

[95]张鸿雁,石文浩.以科学发展观为指导 实现义务教育均衡发展[J].辽宁教育,2007.

[96]强红芳,袁素瑛.以科学发展观指导区域教育均衡发展[J].教育探索,2009.

[97]柳谦.反思教育民主[J].教育学报,2010(8).

[98]郭丽英.教育民主:一个具有多学科意义的概念[J].宁波大学学报(教育科学版),2006(11).

[99]康伟.教育民主的内涵、路径及限度[J].徐州工程学院学报(社会科学版),2014(1).

[100]朱咏北,龙献忠.教育民主与学生个性培养[J].现代大学教育,2005(4).

[101]潘峻岭.教育民主与中国基础教育的发展[J].交通职业学院学报,2013(9).

[102]高洁.教育信息化背景下的教育民主问题探析[J].学术论坛,2009(4).

[103]邓飞.两类教育民主的前提反思及其实践逻辑[J].当代教育科学,2012(7).

[104]冯建军.论教育的外部民主与内部民主[J].全球教育展望,2009(4).

[105]宋歌.晏阳初教育民主思想浅析[J].文史纵横,2013(5).

[106]殷世东,朱明山.农村留守儿童教育社会支持体系的构建——基于皖北农村留守儿童教育

问题的调查与思考[J].中国教育学刊,2006(2).
[107]李广宇等.农村留守儿童的教育现状分析[J].改革与开放,2014(8).
[108]段成荣,杨舸.我国农村留守儿童状况研究[J].人口研究,2005(8).
[109]刘朝晖,蒋志宏."流动儿童"义务教育问题探析[J].现代教育科学,2005(10).
[110]宋茂华.流动儿童义务教育面临的困境及反思[J].湖北文理学院学报,2012(9).
[111]赵玮.勿将留守儿童标签化为"问题儿童"——河南省农村留守儿童教育问题的调研报告[J].现代教育科学(普教研究),2008(3).
[112]范先佐.农村留守儿童教育面临的问题及对策[J].国家教育行政学院学报,2005(7).
[113]李春梅,孟荣荣.农村留守儿童教育问题分析与对策[J].决策咨询,2012(7).
[114]江荣华.农村留守儿童心理问题现状及对策[J].成都行政学院学报,2006(2).
[115]姚云.农村留守儿童的问题及教育应对[J].教育理论与实践,2005(4).
[116]沈辉香,戚务念.农村留守儿童的成长迫切需要父母的关心[J].当代教育论坛,2005(5).
[117]王敬峰.农村留守儿童心理与教育问题及其对策研究[J].继续教育研究,2010(4).
[118]王秋香,李倡平.义务教育阶段农村"留守儿童"社会化的困境[J].当代教育论坛,2012(5).
[119]周皓,荣珊.我国流动儿童研究综述[J].人口与经济,2011(5).
[120]张仪.浅析流动儿童义务教育问题[J].开封教育学院学报,2011(6).
[121]曾聪俐.农村"留守儿童"义务教育问题对策研究——以我国农民工权益保障为视角[J].法制与社会,2013(2).
[122]张维新.关于留守儿童义务教育问题的探讨[J].安徽农业科学,2010(10).
[123]吴霓.农村留守儿童问题调研报告[J].教育研究,2004(10).
[124]鲁秀美,李培湘.农村"留守儿童"问题的成因及对策思考[J].黑河学刊,2007(1).
[125]高闰青.农村留守儿童教育问题探析[J].河南理工大学学报,2010(8).
[126]胡枫,李善同.父母外出务工对农村留守儿童教育的影响——基于5城市农民工调查的实证分析[J].管理世界,2009(2).
[127]田录梅等.留守儿童与非留守儿童学习、生活及心理成长状况的比较研究[J].中国特殊教育,2008(2).
[128]周宗奎等.农村留守儿童心理发展与教育问题[J].北京师范大学学报,2005(1).
[129]钱洁,齐学红.谁定义了留守儿童——留守儿童与大众媒介的一次对话[J].上海教育科研,2011(2).
[130]卢晓旭.基于空间视角的县域义务教育发展均衡性测评研究——以江苏省常熟市为例[D].南京师范大学,2011
[131]于发友.县域义务教育均衡发展研究[D].山东师范大学,2005
[132]王巧云.我国义务教育均衡发展问题研究[D].青岛大学,2007
[133]丁郭.义务教育均衡发展的研究——以长沙市为例[D].湖南师范大学,2011

[134]崔红菊.义务教育均衡发展政策研究[D].厦门大学,2009

[135]祝乐.和谐社会视域下的公平教育问题研究[D].湖北工业大学,2010.

[136]杨忠.教育公平与当前我国教育改革问题研究[D].湖北师范大学,2011.

[137]宋友根.马克思主义教育公平观视野下促进我国教育公平的对策研究[D].东华理工大学,2012.

[138]印小玲.毛泽东教育公平思想研究[D].湘潭大学,2011.

[139]金茂春.科学发展观的哲学思考[D].福建师范大学,2006.

[140]胡俊修.悲剧的终结——蔡元培的教育民主探索与实践[J].周口师范学院学报,2004(1).

[141]庞露荷.全球视域下科学发展观研究——论科学发展观的真理原则与价值原则的辩证统一[D].西南石油大学,2012.

[142]姚丽.关于农村留守儿童现状的分析与对策——以万荣县留守儿童为例[D].山西大学,2012.

[143]张磊.农村中小学留守儿童教育问题研究[D].江苏大学,2008.

[144]孟茜茜.农村留守儿童教育问题探析[D].西南财经大学,2009.

[145]王谊.农村留守儿童教育研究——基于陕西省的实地调研[D].西北农林科技大学,2011.

[146]高群峰.当前我国农村留守儿童问题研究[D].广西大学,2008.

[147]赵丽.农村留守儿童教育问题调查研究——基于河南南阳市A镇留守儿童现状调查[D].郑州大学,2013.

[148]史玉丁.农村留守儿童道德行为养成教育研究——基于渝东南三所农村留守儿童学校的考察[D].西南大学,2012.

(二)著作类

[1]萨缪尔森.经济学上册[M].北京:商务印书馆,1979.

[2]阿瑟·奥肯.平等与效率[M].成都:四川人民出版社,1988.

[3]张人杰.国外教育社会学基本文选[M].上海:华东师范大学出版社,1991.

[4]王善迈.教育经济学简明教程[M].北京:高等教育出版社,2000.

[5]罗尔斯.正义论[M].何怀宏,等译.北京:中国社会科学出版社,1988.

[6]哈耶克.自由秩序原理[M].上海:生活·读书·新知三联书店,1997.

[7]查尔斯·赫梅尔.今日的教育为了明日的世界[M].北京:中国对外翻译出版社,1983.

[8]何怀宏.契约伦理与社会正义[M].北京:中国人民大学出版社,1993.

[9]刘复兴.教育政策的价值分析[M].北京:教育科学出版社,2003.

[10]莱斯利·雅各布.民主视野后记[M].吴半定,刘凤罡,译.北京:中国广播电视出版社,2000.

[11]张小平.中国之民主精神[M].成都:四川人民出版社,2000.

[12]杜威.民主主义与教育[M].王承绪,译.北京:人民教育出版社,2001.

[13]杜威.人的教育[M].北京:人民教育出版社,1965.
[14]米亚拉雷.现代教育史[M].台北:台北五南图书出版公司,1993..
[15]刘杨等著.流动儿童社会处境、发展状况及影响机制[M].北京:北京大学出版社,2013.
[16]王毅杰等著.流动儿童与城市社会融合[M].社会科学文献出版社,2010.
[17]肖庆华著. 农村留守与流动儿童的教育[M].中国社会科学出版社,2012.
[18]周皓著. 流动儿童发展的跟踪研究[M].北京大学出版社,2014.
[19]曾守锤著.流动儿童的社会适应:研究与实务[M].华东理工大学出版社,2012.
[20]刘福垣著.社会保障主义宣言[M].社会科学文献出版社,2006.
[21]王定华,田玉敏.中外教育史[M].天津:天津社会科学院出版社,1991.
[22]袁振国.当代教育学[M].北京:教育科学出版社,1999.
[23]陈桂生.教育原理[M].上海:华东师范大学出版社,2000.
[24]联合国教科文组织国际教育发展委员会.学会生存:教育世界的今天和明天[M].北京:教育科学出版社,1999.
[25]谈松华.中国教育现代化的区域发展[M].广州:广东教育出版社,2003.
[26]叶敬忠.中国留守儿童现状调查[M].北京:中国农业大学出版社,2005.
[27]赵俊超.中国留守儿童调查[M].北京:人民出版社,2012.
[28]全国妇联儿童工作部.农村留守流动儿童状况调查报告[M].北京:社会科学文献出版社,2011.
[29]林崇德.教育与发展[M].北京:北京师范大学出版社,2003.
[30]袁振国.教育新理念[M].北京:教育科学出版社,2002.
[31]鲁洁.教育社会学[M].北京:人民教育出版社,2001.
[32]李力红.青少年心理学[M].吉林:东北师范大学出版社,2000.
[33]叶敬忠,詹姆斯・莫瑞主编.关注留守儿童:中国中西部农村地区劳动力外出务工对留守儿童的影响[M].北京:社会科学文献出版社,2005.
[34]惠宁,霍丽.中国农村剩余劳动力转移研究[M].北京:中国经济出版社,2007.
[35]Paula Allen - Meares.儿童青少年社会工作[M].李健英,范志海译.上海:华东理工大学出版社,2006.
[36]杜鹰,白南生.走出乡村——中国劳动力流动实证研究[M].北京:经济科学出版社,1997.
[37]马克思,恩格斯.马克思恩格斯全集[C].北京:人民出版社,1972.
[38]毛泽东.毛泽东选集(第四卷)[C].北京:人民出版社,1967.
[39]邓小平.邓小平文选(第三卷)[C].北京:人民出版社,1997.
[40]列宁.列宁全集(第三卷)[C].北京:人民出版社,1996.
[41]顾明远.教育大辞典(第六卷)[C].上海:上海教育出版社,1992.

后 记

义务教育是国家统一实施的所有适龄儿童、少年必须接受的教育,是国家必须予以保障的公益性事业。随着时代的发展,区域内义务教育均衡发展是应对知识经济和全球化挑战的战略选择,是解决教育发展失衡、破解"择校""乱收费"等教育热点难点问题的必由之路,也是我国现今乃至今后相当长一段时期教育事业发展的基本战略。由此,我们立足开封实际,申报了开封市科技局软科学项目"开封市义务教育均衡发展保障机制构建研究",本书正是这一项目的最终结晶。

本书由杜复平、张谦同志进行策划与统稿,由陆水东、杜岸政、杨会萍进行初审,由牛洛江、王振存进行最后审稿。各章编写人员如下:第一章《区域内义务教育均衡发展概述》,撰写:张谦、陆水东;第二章《区域内义务教育均衡发展的理论依据》,撰写:杜复平、宋立虎、杨会萍;第三章《区域内义务教育发展失衡的表现及原因》,撰写:陆水东、吕中伟;第四章《开封市义务教育均衡发展存在问题及影响因素分析》撰写:杨会萍、刘曼曼、申明展、冯东辉;第五章《国外推进义务教育均衡发展的经验》,撰写:陆水东、刘俊杰;第六章《义务教育均衡发展在国内的实践探索》,撰写:杜岸政、李智慧;第七章《实现区域内义务教育均衡发展对策》,撰写:杜岸政、宋祥山、可凌超。

本成果在编研过程中,得到了开封市科技局、开封市财政局、开封市教育局的大力支持,得到了课题组顾问、原开封一师副校长牛洛江同志与河南大学王振存副教授的悉心指导,得到了课题组成员单位的大力支持,在此致以诚挚的感谢。

我们在研究、撰写过程中,虽然力求科学、准确和严谨,但由于我们经验不足和水平局限,还存在不少缺陷和疏漏,诚恳希望广大读者批评、指正。

编者

2014年2月